한국전쟁과 세계문학

이기윤, 신영덕, 임도한 엮음

국학자료원

국립중앙도서관 출판시도서목록(CIP)

한국전쟁과 세계문학 / 이기윤 ; 신영덕 ; 임도한 [공]엮음. --
서울 : 국학자료원, 2003
 p. ;   cm

ISBN 89-541-0060-0 93810 : ₩12000

809.9-KDC4
809.93358-DDC21   CIP2003000513

책머리에

　금년은 한국전쟁이 발발한 지 53년이 되는 해이다. 꽤 많은 세월이 흐른 셈이다. 그 동안 많은 자료들이 공개되고, 이에 대한 논의도 활발하게 진행되어 한국전쟁에 대한 연구가 상당한 수준에 도달한 것으로 여겨진다. 그러나 한국전쟁에 대한 기존의 논의들이 대부분 정치학적 관점에서 이루어진 것이라는 점에서 각 연구자의 몫은 여전히 남아 있다. 보다 다양한 방면에서의 깊이 있는 연구를 통해 한국전쟁에 대한 총체적 이해를 모색할 필요가 있다.
　이 책은 한국전쟁에 대한 총체적 이해를 위해 마련되었다. 한국전쟁을 다룬 문학작품을 연구하는 것은 한국전쟁에 대한 문화사적 접근이라는 점에서 의의를 지닌다. 우리 연구자들은 기존의 이데올로기적 대립의 한계를 넘어 새로운 시대의 바람직한 시각에 부응하는 태도를 의식하며 연구하였다. 필자들은 남북한의 작품은 물론 세계 여러 나라의 문학 작품들 속에서 한국전쟁을 다룬 문학작품을 찾아 살펴보았다. 이를 통해 한국전쟁에 대한 각 나라의 인식과 그 형상화 양상을 고찰하면서 한국전쟁문학이 각 나라의 문학사에서 차지하는 위상을 더듬어보았다. 독자들은 이 책을 통해 한국전쟁에 대한 세계 여러 나라의 다양한 시각과 그 나라 문학의 성격을 어느 정도 알 수 있게 될 것이다.

이 책은 2부로 구성하였다. 1부에서는 남북한 문학 작품에 대해 다루었다. 한국전쟁을 다룬 남북한의 작품들에 대한 논의는 기존에도 많이 있었으나, 여기에서는 그동안 미흡했다고 여겨지는 분야에 대해 연구하고자 하였다. 특히 남북한 문학에 대한 기존의 논의는 별개의 것으로 간주되어 온 경향이 없지 않은데, 여기에서는 공통적인 기준 하에 사실을 바탕으로 남북한 문학의 특수성을 비교 검토하고자 하였다.

2부에서는 미국, 중국, 터키, 일본 4개국의 작품에 대해 다루었다. 미국, 중국, 터키는 한국전쟁에 적극적으로 참전한 나라들로서 전쟁 기간 동안 상당한 인적 물적 피해를 감수하였으며 현재까지 한국전쟁을 다룬 많은 작품을 발표하였다. 한편, 일본은 직접 참전하지는 않았으나 전쟁 당시 유엔군의 사령부가 주둔하였고 병참기지, 휴양지 등으로 한국전쟁과 긴밀한 관계를 지녔으므로 역시 한국전쟁을 다룬 작품들을 많이 발표하였다. 2부는 이러한 사실에 주목하여 그 동안 알려져 있지 않았던 이 작품들에 대해 논의한 것이다.

따라서 이 책은 한국전쟁문학의 세계문학사적 의의를 구명하고자 한 국내 최초의 시도라는 점에서 우선적 의미를 지닌다고 생각한다. 이를 계기로 앞으로 이 분야에 대한 많은 발전이 있기를 기대한다. 그런데 이 책이 세상에 나오기까지 많은 분들의 도움이 필요하였다. 먼저 이 책의 기획 의도에 맞도록 연구하시고 귀한 원고를 보내주신 이익성, 정연선, 안정숙, 조대호, 양회석, 오은경 교수님 그리고 귀한 글을 게재하도록 허용해 주신 일본 이즈 토시히코(伊豆利彦)교수님, 번역을 맡아준 오준영 교수님께도 감사의 말씀 드리고자 한다. 아울러 어려운 여건 하에서도 출판을 맡아준 정찬용 사장님께도 심심한 감사를 표한다.

2003. 5.
이기윤, 신영덕, 임도한

목 차

제1부 한국전쟁과 남북한 문학

임도한___韓國戰爭과 南北韓의 戰爭詩 ································ 11
신영덕___한국전쟁기 남북한 소설에 나타난 미군·중국군의 형상화 특성 · 71
이기윤___한국 전쟁소설의 유형론적 연구 - 피난민 소설을 중심으로 - ········ 95
이익성___전쟁소설 <불꽃>의 문체와 서사구조 ······················· 131

제2부 한국전쟁과 세계문학

정연선___중단된 聖戰 : 한국전쟁에 대한 미국소설의 연구 ············ 159
안정숙___『매쉬』연구 : 구세주 이미지를 중심으로 ··················· 195
趙大浩___楊朔의 韓國戰 參戰文學 硏究 - <三千里 江山>을 중심으로 - · 215
양회석___중국 연극 <奇襲白虎團>과 한국전쟁 ······················ 245
오은경___한국전쟁과 터키문학 ····································· 263
伊豆利彦(이즈 토시히코)___한국전쟁과 일본문학
　　- 『記念碑』『玄海灘』『風媒花』- ······························ 291

제1부
한국전쟁과 남북한 문학

韓國戰爭과 南北韓의 戰爭詩

임도한*

I. 戰爭과 文學의 運命

　한국전쟁은 남북한의 대립과 갈등을 대표적으로 보여주는 사건으로서 이후 한국 현대사에 대한 源體驗的 의미를 지니고 있다. 만 3년간의 엄청난 희생에도 불구하고 '38선'이 '휴전선'으로 이름만 바뀌었을 뿐 남북의 갈등은 고스란히 남았으며 이 갈등은 여러 측면에서 이질화 현상을 낳았다 특히 문학은 그 매개인 언어의 이데올로기적 성격 때문에 이념 대립의 영향을 더 강하게 받았다.

　필자는 한국전쟁 당시 창작된 남북한 전쟁시의 면모를 살펴보고자 한다. 남북한의 갈등이 가장 적극적으로 반영된 작품에 나타난 공통점과 차이점은, 분단문학의 대립상을 지양 극복하는 통합의 원리를 찾는데 중요한 참조점이 될 것이다.

　이 시기의 戰爭詩는 小說이나 戱曲보다 창작체험과 실제 창작 사이의 시간이 짧은 詩라는 점에서 戰時의 대립상이 작품에 반영되었을 확률이 높고, 개성이 강한 '戰爭文學'이라는 점에서 이질화된 작품을 한 자리에서 다

---

* 공군사관학교 교수, 주요 논문으로 『한국 현대 생태시 연구』(1999) 등이 있다.

룰 수 있을 것이다.

전쟁문학의 개념에 대해서는 휴머니즘에 입각한 反戰文學이어야 한다는 견해1)가 먼저 주장되었다. 반전문학으로서 전쟁문학이란 전쟁의 인간 존엄성 파괴상을 비판하고 전쟁 피해자에게 동정의 눈길을 보내는 문학이다.

전쟁문학의 반전문학적 의의를 인정하면서 전쟁도 역사적 현실인 만큼 작품이 전쟁을 다루는 것이 당연하며 정의로운 전쟁인 경우 그에 적극적으로 참여할 수도 있음을 주장하는 견해도 있다.2) 이때 전쟁은 독특한 창작 체험을 제공함으로써 문학 발전의 밑거름이 된다.

한국 전쟁 문학에 대한 본격적인 연구는 약 10여 편이 있다.3) 각 연구는 검토한 1차 자료의 수준에 따라 큰 편차를 보인다.4) 전쟁문학 작품의 수준

---

1) 鄭奉來,「전쟁문학론」,『자유문학』(1960.1)
  白 鐵,「전쟁문학의 개념과 그 양상」,『세대』(1964.6)
  趙秉洛,「전쟁문학에 관한 개념규정에 관한 연구」,『육사논문집』3(1965)
  金錫九,「한국전쟁문학서설」,『군산교대 논문집』1(1967)
  郭鐘元,「전쟁문학이란 무엇인가」,『월간문학』12(1969.10)
  윤병로,「전쟁문학 시론」,『성균관대학교 논문집』24(1977)
2) 金泰鎭,「전쟁문학연구」,『용봉논총』2(1973)
  吳英植,「한국전쟁문학론」, 경희대 석사논문(1974)
  吳鉉奉,『한국현대문학의 사회학적 시고』(형설출판사,1990)
  吳世榮,「한국전쟁문학론 연구」,『서울대인문논총』28(1992)
3) 신익호,「戰爭文學 小考 - 6·25 이후 韓國詩에 나타난 戰爭觀」,『3사논문집』8(1978)
  이동근,「韓國戰爭(6·25) 詩의 主題樣相攷」,『3사논문집』20(1985)
  최진송,「종군시의 의미와 분단극복」,『동의어문논집』(1988. 4.)
  이기윤,「1950년대 한국소설의 전쟁체험 연구」, 인하대 박사논문(1989. 2)
  박태일,「1950년대 한국 전쟁시 연구」,『경남어문논집』5(1992)
  吳世榮,「한국전쟁문학론 연구」,『서울대인문논총』28(1992)
  임도한,「한국전쟁기 전쟁시 연구」, 서울대 석사논문(1994)
  이지엽,『한국 전후시 연구』(태학사, 1997)
  신영덕,「한국전쟁기 시인들의 종군활동 연구」,『국어국문학』122(1998. 12.)
  홍용희,「한국전쟁기, 남·북한의 시적 대응 비교 고찰」, 경희대『인문학연구 2』(1998. 12)
  한정호,「경인전쟁기 시의 가족 체험」,『지역문학연구』6 (2000. 10.)
4) 종군시를 다루는 논의에서 남한의 경우 한국전쟁 당시의 전쟁시를 본격적으로 수록한 시집

에 대해서는 과도한 참여성 때문에 문학성이 떨어진다는 견해가[5] 일반적이었으며 이후의 연구자에게 상당 기간 선입견으로 작용하였다.

전쟁시 나름의 의의를 긍정적으로 인정하는 견해는, 문학사 정리 작업과 함께 등장한다. 전쟁시를 당대 문단의 필연적 소산으로 보며 그 문단사적 의의를 인정하기도 하고[6], 현대시의 발전 과정에서 1930년대 모더니즘과 1950년대 전후 모더니즘을 이어주는 연결고리로서 평가하기도 한다.[7]

金載弘은 일련의 연구[8]에서, 전쟁체험을 문학적으로 형상화하려는 노력을 통해 한국 현대시의 應戰力이 성장하였다는 견해를 제시하였다.

吳世榮은, 전쟁문학의 본질이 휴머니티에 대한 탐구여야 하지만 '督戰 戰爭詩' 역시 인간사와 함께 하는 문학으로서 인정해야 함을 강조하면서 전쟁시의 쟝르적 성격과 주제를 다음과 같이 규정하였다.

이 없다고 주장한 경우도 있다. 필자의 경우 1993년 석사논문을 준비할 때 약 80권을 확인하였고 현재까지 110여 권을 확인하였다.
5) 李哲範, 「歷史와 함께 記錄된 稜線의 悲劇」, 『세대』(1964.6)
　이영섭, 「50년대 남한의 현실인식과 시적 형상」, 『1950년대 남북한 문학』(평민사, 1991)
6) Ko Won, Contemporary Korean Poetry, (Univ.of Iowa Press, 1970)
　鄭漢模, 「광복 30년의 한국시 개관」, 『심상』(1975. 8)
　具　常, 「韓國詩에 나타난 韓國動亂」, 『구상문학선』(성바오로 출판사, 1975)
　金南石, 「鮮血의 流域에 피어난 生命律」, 『한국전쟁시선 2』(참전시인협회편, 1981)
　鄭漢模, 『한국현대시의 현장』(주영문화사, 1983)
　한형구, 「1950년대의 한국시」, 『1950년대 문학 연구』(예하, 1992)
7) 宋　穉, 「현대시의 반성」, 『문학예술』(1957. 3)
　金允植, 『한국현대문학사』(일지사, 1976)
　具仲書, 『韓國文學史論』(대학도서, 1979)
　金載弘, 『현대시와 역사의식』(인하대출판부, 1988)
　韓啓傳, 「전후시의 모더니즘적 특성과 그 가능성」, 『시와 시학』(1991, 봄/여름)
　尹晸龍, 「1950년대 한국 모더니즘 시 연구」, 서울대 박사논문(1992)
8) 김재홍, 「6·25와 한국문학」, 『시와 진실』(이우, 1984)
　＿＿＿, 「해방 40년 남북한 시의 한 변모」, 『한국현대시사의 쟁점』(시와시학사, 1991)
　＿＿＿, 『한국현대문학의 비극론』(시와시학사, 1993)

(1) 선전 선동시
 (가) 讚歌 (나) 檄詩 (다) 祈願詩 (라) 決意詩 (마) 哀悼詩

(2) 전쟁 기록시
 (가) 전장에 관한 기록시 (나) 후방에 관한 기록시

(3) 전쟁 서정시
 (가) 인간을 대상화한 것 (나) 생활을 대상화한 것 (다) 자연을 대상화한 것
 (라) 사물을 대상화한 것 (마) 내면화된 서정시[9]

박태일은, 전쟁에 참여한 작품에 담긴 '공식적 목소리' 이른바 '적극적인 참여작품' 속에 전쟁 체험의 진실성이 담겨있음을 강조하면서 그 진실한 목소리를 찾아내는 연구자의 노력이 필요함을 주장한다.[10]

이지엽은 실증적 작업의 성실성이 돋보이는 연구[11]에서 남북한 작품을 비교한 끝에 남한의 작품은 전쟁현장의 긴박한 상황을 전투상황 중심으로 잘 구현하고 북한의 작품은 전쟁현장에서 만나는 비극적 사실을 구체적으로 표현한다고 분석하였다.

한정호는, 기존의 전쟁시 연구가 전투 현장을 다룬 작품에 치우친 점을 비판하면서 전란이 가족 체험에 끼친 영향을 중심으로 한 새로운 견해를 제시하여 전쟁시 연구의 폭을 확장하였다.[12]

현재는 참여성 짙은 작품도 그 나름의 의의를 인정하는 것이 보편적인데 오세영은 개념의 범주와 실재성 여부에 따라 전쟁문학을 다음과 같이 정리한다.

---

9) 吳世榮, 「6·25와 한국 전쟁시 연구」,4 『한국문화』 13(1992. 12) p. 47.
10) 박태일, 「1950년대 한국 전쟁시 연구」, 『경남어문논집』 5(1992) p. 41. 참조
11) 이지엽, 『한국전후시연구』(태학사, 1997)
12) 한정호, 「경인전쟁기 시의 가족체험」, 『지역문학연구』 6(2000. 10)

⑴ 개념의 범주에 따라
  ㈎ 좁은 의미의 전쟁문학 : 반전 / 휴우머니즘을 옹호하는 문학, 귀향문학, 순수전쟁서정문학
  ㈏ 넓은 의미의 전쟁문학 : 좁은 의미의 전쟁문학, 선동선전문학, 전쟁동원의 문학

⑵ 실재성의 여부에 따라
  ㈎ 실재 전쟁문학
   ① 전시문학 : 선전, 선동, 르포문학과 전쟁 서정시들
   ② 과거문학 : 호머의 서사시, 톨스토이의 <전쟁과 평화> 등과 전쟁 역사소설
   ③ 전후문학 : 대부분의 전쟁문학, 귀향문학
  ㈏ 비실재 전쟁문학 : 가상의 전쟁을 소재로 한 문학작품 <걸리버여행기> 등13)

정리해보면, 전쟁문학이란 근대 이후의 문학에서 문제시되는 개념이다. 전쟁문학의 개념은 전쟁의 개념과 깊이 연관된다. 전쟁은 힘의 논리에 따라 일종의 합의를 이끌어내는 것으로 볼 수 있다. 전쟁 당사국은 승전국이냐 패전국이냐에 따라 그 의의가 달라질 수밖에 없으므로 같은 전쟁을 다룬 작품이라 하더라도 전쟁문학 작품은 그 작품이 해당되는 문학사 속에서 평가해야 한다.

바람직한 전쟁 문학의 성격 문제는 전쟁문학의 중요한 테마로서 휴머니즘에 입각한 반전문학이어야 한다는 견해와, 휴머니즘을 구현한 작품의 의의를 인정하면서도 참여의 의의도 무시할 수 없다는 견해로 크게 나눌 수 있다. 그러나 바람직한 전쟁문학의 내용을 규정하기 전에 해당 문학사에서 전쟁이 차지하는 의의를 고려하면서 전쟁문학 작품에 구현된 체험이 어떤

---
13) 吳世榮, 「6·25와 한국전쟁시 연구」, 『韓國文化』 13(1992. 12.) p. 7. 참조.

의의를 지니는지 고찰해야 한다. 이때 작품이 전쟁수행에 기여하는지 반전적 태도를 취하는지 여부는 부차적이다. 중요한 것은 작가의 무한한 상상력에 의해 전쟁 체험이 어떻게 구현되었고 그 결과가 문학사의 폭과 깊이를 더해주는데 어떻게 기여하는지 여부이다.

필자는 한국전쟁기 남북한 전쟁시의 성격을 고찰함으로써 민족이 자주적인 독립국가를 이룩하고 동포를 서로 용서하며 하나가 되어 평화를 누려야 한다는 입장이 남북한 전쟁시에서 공통적으로 나타남을 확인하고 이 공통점을 분단문학 극복의 돌파구로 삼아야 한다고 주장한 바 있다.14) 남북한의 이질적인 문학을 한 자리에서 다루는 작업은, 장차 분단문학을 극복하고 통일문학의 논리를 수립하는데 기여할 것이다.

앞선 연구에서 남북한의 전쟁시를 동일한 맥락에서 다루기 위해 각 작품이 전쟁에 대해 취한 태도에 따라 '전쟁참여시', '전쟁비판시', '전쟁도피시'로 구분하였다. '전쟁참여시'는, 전쟁 수행에 긍정적으로 참여하는 내용의 작품이고, '전쟁비판시'는 전쟁이란 현실에 대하여 비판적인 작품이며, '전쟁도피시'는 전쟁을 긍정하거나 비판적으로 수용하기보다는 무엇보다 전쟁으로부터 벗어나고자 하는 의식이 앞서는 작품이다.

이와 같은 분류 방식에 대하여 세 가지 갈래의 장르적 특성이 분명하지 않고, '전쟁도피시'를 전쟁시로 다루는 것도 논리적으로 다소 무리가 따른다는 비판적 견해를 수용하여 '전쟁도피시'를 전쟁시의 대상에서 제외하고, 새로이 찾은 시집 30여 권의 전쟁시를 추가로 확인하여 앞의 논문을 보완하였다.15)

남한의 전쟁시는, 전쟁기에 출판된 단행본 시집의 작품을 대상으로 하였고 북한의 전쟁시는 현재 접할 수 있는 작품들을 최대한 확인하여 반영하였

---

14) 필자의 앞의 논문, p. 87. 참조.
15) 졸고, 「6·25전쟁기 전쟁시 연구」, 『공사논문집』 50(2002. 8.)

다. 북한의 모든 작품을 살펴볼 수는 없었지만 당시 창작이 당의 엄격한 지도 아래 이루어졌음을 고려할 때 현재 확인한 작품의 성격을 북한 전쟁시의 전반적인 특성으로 보아도 큰 문제는 없을 것이다.

북한의 연구는 연구 당시의 정치 노선과 밀접하게 진행된다. 1967년 이전에는 '맑스·레닌주의'가, 그 이후는 '주체사상'이 모든 가치판단의 기준이다.[16] 전쟁기 文藝路線과 동일한 기준아래 記述된 『조선문학 통사(하)』(사회과학원 문학연구소편, 1959)[17]에서는 文學人이 "인민과 군대를 승리에로 고무 추동하며 교양하기 위하여 자기의 모든 재능과 정열을 다 바"[18]치라는 시대적 요구에 적극 호응한 것을 전쟁기 문학의 의의로 규정한다. 시의 경우 大衆的 英雄主義의 발현에 유념한 것이 특징이며 ①전선에 관한 쩨마[19], ②후방의 쩨마, ③수령송가, ④국제 친선의 쩨마, ⑤미제만행 규탄 쩨마를 다룬 것 등으로 작품을 주제에 따라 분류한다.

김명수는, 작품의 선동성이 사상적 명백성과 목적 지향성을 더욱 선명히 함으로써 작품의 전투적 기능을 제고하였음을 전쟁기 시의 특징으로 평가한다. 서정시까지 정론적 성격을 띠었고 전황과 밀접한 내용을 다룬 사실을 정당한 것으로 본다.[20]

작품을 그 표현 기법이나 사조보다 테마에 따라 분류하는 방식은, 이후 북한문학 작품을 구분할 때 지속적으로 이어진다. 엄호석은 전쟁에 적극적으로 기여한 작품이 보이는 목적성을 한계로 지적하면서도 전쟁이란 특수한 상황이 문학에 풍부한 소재를 제공한 의의도 있음을 강조한다.[21]

---

16) 金成洙, 「북한학계의 우리문학사 연구 개관」, 『북한의 우리문학사 인식』(창작과비평사, 1991) p.411. 참조.
17) 1988년 남한의 인동사에서 출판된 것을 텍스트로 함.
18) 『조선문학 통사(하)』(사회과학원 문학연구소편, 1959) p.234
19) '테마'와 같은 말이다. 『조선말대사전』(북한사회과학원언어학연구소편, 1992) p.869. 참조.
20) 김명수, 「시대정신의 날개-시문학」, 『해방후 우리 문학』(1958, 조선 작가동맹) p.176. 참조.
21) 엄호석, 「조국해방전쟁과 우리문학」, 『해방후 10년간의 조선문학』(작가동맹출판사, 1955)

『조선문학사』(1945-1958)(과학백과사전 출판사, 1978)에서 "김일성 동지의 불멸의 형상창조에 바쳐진 작품들이 수많이 창작된 것"22)을 전쟁기 문학의 첫 번째 의의로 설명하는 것도 당시 주체이론이 확립되었음을 보여주는 사실이다. 서사시가 활발히 창작된 이유에 대해서는 구체적인 전투행동에 대한 事件的인 이야기를 묘사하기 위해서라고 설명한다.23)

박종원과 류만의 『조선문학개관Ⅱ』(사회과학출판사, 1986)도 李燦의 <김일성 장군의 노래>24)부터 해방 후 시문학의 발전이 시작되었다고 하고, '충성의 송가작품'이 활발히 창작된 점을 전쟁시의 최대 성과로 본다. 서사시 같은 장시가 발달하게 된 원인도 "위대한 수령님의 빛나는 영상을 정중히 모"시기 위함이라 설명하는 등 首領 中心 路線의 더욱 확고해졌음을 보여준다.

류만의 『현대 조선 시문학 연구 : 해방후편』(사회과학출판사, 1988)는 전쟁시의 형식적인 특성을 규명하고자 하였고 전쟁시가 일정한 사상을 담기 위한 문학작품으로서의 한 가능성을 보인 점을 문학사적 의의로 주장하는 등 詩論的 성격이 비교적 짙다.

김일성 사후에 출판된 『조선문학사 11 - 해방후편(조국해방전쟁시기)』(사회과학출판사, 1994)에서는 전쟁기에 창작되었으나 발표되지 않았던 김정일의 두 작품 <조국의 품>(1952)과 <축복의 노래>(1953)를 전쟁시의 대표

---

pp. 307-308. 참조.
22) 『조선문학사』(1945-1958),(과학백과사전 출판사, 1978) p. 160.
23) 앞의 책, p.196. 참조.
24) 1절 : 장백산 줄기줄기 피어린 자욱 / 압록강 굽이굽이 피어린 자욱 / 오늘도 자유조선 꽃다발 우에 / 력력히 비쳐주는 거룩한 자유
2절 : 만주벌 눈바람아 이야기하라 / 밀림의 긴긴밤아 이야기하라 / 만고의 빨찌산이 누구인가를 / 절세의 애국자가 누구인가를
3절 : 로동자 대중에겐 해방의 은인 / 민주의 새 조선엔 위대한 태양 / 이십 개 정강 우에 모두 다 뭉쳐 / 북조선 방방곡곡 새봄이 온다
후렴 : 아 그 이름도 그리운 우리의 장군 / 아 그 이름도 빛나는 김일성 장군

작으로 설명한다. 서사시의 대표적 시인에 대해서도 조기천이 아니라 <강철청년부대>(1950)를 지은 김람인을 먼저 내세운다. 김람인도 기존의 문학사에서 언급한 바 없지만 김정일의 관심에 의해 새로이 발굴되어 소개된 시인이다. 이런 사실은 무게 중심이 김정일로 옮겨졌음을 의미한다.[25] 이 외에도 수령에 대한 전사들의 다짐이 녹아있는 심봉원의 송가집 『전호 속의 나의 노래』(문예출판사, 1987)가 전쟁시를 수록한 시집으로 새로이 소개된다.

해금조치 이전 남한의 연구는[26] 북한문학의 비문학성을 비판하는 것이 대부분이었지만 해금 직후 북한 문학사의 내용을 정리하는 작업[27]이 이어졌고 이후 남북한 문학의 공통적인 면모를 밝히고 이질화 현상을 낳은 역사적 전개상을 다시 검토하는 한층 적극적인 이해의 자세를 보이는 연구들[28]이 이어졌다.

---

25) 김정일의 두 작품이 처음 소개된 시기가 1960년대이지만 실제 창작 시기는 전쟁기였다고 설명하지만이 작품을 한국전쟁기에 창작된 것으로 인정할 것인지 여부는 보다 확실한 정보를 확인할 때까지 유보할 수 밖에 없다.
26) 具 常, 「북한의 시」, 『통일정책』(국토통일원, 1978)
양태진, 「월북작가론」, 『통일정책』(국토통일원, 1978)
金炳璘, 「북한의 詩」, 『북한의 문학』(民族統一中央協議會, 1987)
홍기삼, 『북한의 문예정책과 문예이론 연구』(1979)
김대행, 『북한의 시가문학』(1985)
27) 성기조, 『북한의 비평문학』(신원문화사, 1989)
권영민 편, 『북한의 문학』(을유문화사, 1989)
윤재근/박상천 공저, 『북한의 현대문학Ⅱ』(고려원, 1990)
28) 오현주, 「북한의 혁명문학 40년」, 『사회와 사상』(1989. 2)
金載弘, 「해방 40년 남북한 시의 한 변모」, 『한국현대시사의 쟁점』(시와 시학사, 1991)
임도한, 「한국전쟁기 전쟁시 연구」, 서울대 석사논문(1994)
이지엽, 『한국 전후시 연구』(태학사, 1997)
홍용희, 「한국전쟁기 남・북한의 시적 대응 비교 고찰」, 『경희대 인문학연구 2』(1998. 12)

Ⅱ. 戰爭과 함께 한 文壇과 詩

1. 從軍文壇의 展開

남한 문단은 해방과 함께 좌익계가 주도했으나 남북한 독자정부가 수립된 이후 우익계가 주도권을 잡았다. 북한에서는 李北鳴, 安含光 등 在北 文人들[29]과 李箕永, 韓雪野 등 一次 越北作家들이 <북조선문학예술총연맹>(1946. 3. 25)을 결성하여 北朝鮮 文壇을 정비하였고 이 조직은 <북조선문학예술 총동맹>(1946. 10.)으로 확대된다.

이데올로기의 영향을 강하게 받은 남북문단은, 한국전쟁의 발발과 함께 신속히 종군문단으로 변모한다. 남한의 경우 1950년 6월 26일 <전국문화단체총연합회>의 대책회의가 열렸고 高義東과 毛允淑이 서울시민을 진정시키기 위한 강연회를 열었으며 金潤成과 孔仲仁은 檄詩를 낭독했다. 6월 27일에는 趙芝薰, 徐廷柱 등이 <비상국민선전대>를 조직했고 서울의 함락 이후 金松, 李漢稷, 朴木月, 具常, 李正鎬, 朴和穆, 林肯載, 李崇寧, 李元燮 등이 大田에서 <문총구국대>를 조직하였다.

서울수복과 함께 <문총구국대>가 자진 해산하자 문인들의 종군활동은, 각 군별 종군작가단에 참여하여 이루어졌고 북진하는 국군을 따라 개별적으로 활동한 경우도 있다. 특히 북한체제에 남다른 반감을 가졌던 越南文人들이 反共戰線의 선두에서 從軍活動에 적극적이었다.[30]

---

29) 평안북도의 안룡만, 이원우, 김우철 함경북도의 김북원, 천정송, 함경남도의 한석, 강원도의 최인준 해주에서 박팔양, 박세영, 윤기정, 안막 등이 가담하였다.
이우용, 『미군정기 민족문학의 논리4』, 태학사, 1992. p. 227. 참조

30) 김동명, 안수길, 김진수, 임옥인, 황순원, 구상, 조영암, 최상덕, 최태웅, 오영진, 유정 등 전쟁 전에 월남한 문인들은 中央文壇에서 민족진영에 가담하여 활동하였으며 1949년에 조직된 <월남문학자클럽>을 중심으로 <문총구국대>에 적극 참여하였다. 김이석, 강소천, 한정동, 함윤수, 박남수, 장수철, 원응서, 박경종, 한교석, 이인석, 김영삼, 양명문 등. 戰線의 北上을 계기로 남하할 수 있었던 文人들은 각 軍의 從軍作家團員으로 활약했다.

북한 문단은, "공화국 북반부 인민들은 자기의 모든 사업을 전시체제로 개편하고 원쑤들을 짧은 기간에 소탕하기 위하여 모든 힘을 전쟁 승리에로 동원하"31)라는 김일성의 지시32)에 따라 종군활동에 적극적이었고 "애국주의를 함양하고 인민군대의 영웅성을 부각함으로써 전인민의 전쟁의욕을 고취하는 것"을 문인의 책무로 삼았다.33)

전쟁 발발 하루 만인 1950년 6월 26일 金史良, 金朝奎, 韓泰泉, 田在耕, 朴世永, 李東珪, 金北原, 朴雄傑 등 20여명이 從軍作家團을 구성하여 戰線으로 떠났다. 이들은 점령지에서 선전문화공작을 하면서 전선 르뽀르타쥬를 써서 후방으로 송고한 끝에 7월 중순부터 작품이 후방에 도달했고 金史良의 글이 인기를 끌었다.34) 북한의 종군 문인들은 남한의 문인과 달리 최전선까지 동행하면서 전투 현장의 생생한 체험을 바탕으로 작품 창작에 임했다. 이는 사회주의권 종군 문인들의 공통적 태도이기도 하다.35)

---

31) 김일성, '모든 힘을 전쟁의 승리를 위하여'(1950.6.26 방송연설)『김일성 저작선집』(학우서방,1967) p.276.
32) 具體的인 指針은, "우리 인민의 숭고한 애국심과 견결한 투지와 종국적 승리에 대한 확고한 신심을 뚜렷이 표현하여야 하며 자기들의 작품이 싸우는 우리 인민의 강력한 무기로 되게 하며 그들을 최후의 승리에로 고무하는 거대한 힘으로 되게 하여야"한다는 김일성의 언급이다.
   김일성,「우리문학예술의 몇 가지 문제에 대하여」'(1951. 6. 30 작가,예술가들과의 대화),『김일성저작선집 1』(학우서방, 1967) p.289. 참조.
33) 소련에서도 보통사람들을 주인공으로 택하여 英雄主義나 愛國心과 같은 고상한 테마를 구현하고자 노력하였고 時事的인 소재를 통하여 창작에 힘쓴 것으로 파악된다.
   Marc Slonim, Soviet Russian Literature : Writers and Problems,1917-1977,(N.Y,Oxford Univ.Press,1977) 임정식, 백용식 역,『소련 현대문학사』(열린책들, 1989) pp.205-301 참조.
34) 玄秀,『敵治 六年의 北韓文壇』(국민사상지도원, 1952) pp.177-178. 참조
35) 蘇聯은 戰時 文人들의 1차적 문제로 그들이 戰線에 所屬되어 있는지 여부를 들었을 정도로 전쟁문학의 체험성을 강조하였고 作品이 곧 戰死者들에 대한 記念碑이면서 帝國主義 戰爭의 참모습을 폭로하는 목소리라고 하면서 직접적인 戰場참여 효과를 기대할 수 있는 창작을 추구하였다.
   Teodor Plivier,「반전문학에 대하여(1934.8.26)」,『사회주의 현실주의의 구상』(슈미트,슈람 편, 문학과 예술연구회 미학분과역, 태백, 1989) pp.271-276 참조.

2. 戰爭詩의 갈래와 特性

남한에서 戰爭期에 간행된 시집으로는 <문총구국대>가 1950년 10월에 간행한 『戰線詩帖』 1을 처음으로 具常의 『具常』(靑丘出版社, 1951.5), 金世翊의 『石榴』(대한문화사, 1951), 李潤守의 『戰線詩帖 2』(文總慶北支隊, 1951.1), 柳致環의 『步兵과 더부러』(문예사, 1951.9), 趙靈巖의 『屍山을 넘고 血海를 건너』(정음사, 1951.3), 金榕八의 『廢墟』(광지사, 1952.11), 張虎崗의 『銃劍賦』(삼성출판사,1952.9), 金淳基의 『勇士와 무덤』(동서문화사,1953.3), 李相魯의 『歸路』(백조사, 1953.7) 등 약 110여권이 있다. 이 외에도 『코메트』(공군), 『해군』, 『전선문학』(육군)과 같은 종군작가단의 기관지와 『문예』, 『주간문학예술』, 『문화세계』, 『신천지』, 『현대공론』 등의 문예지 그리고 『연합신문』, 『서울신문』, 『국제신문』 등 각종 매체를 통해 발표된 작품들이 있다.

북한 戰爭詩는 전쟁 기간 중 문화전선사에서 간행한 월간지 『문학예술』과 여러 북한 문학사에 소개된 작품을 포함한 250여 편을 확인하였다. 당대 작품을 담은 개인시집으로 김람인의 『강철청년부대』(금성청년출판사, 1989), 김북원의 『남해가 보인다』(문예출판사, 1986), 박석정의 『박석정 시 선집』(조선작가동맹출판사, 1956), 박팔양의 『박팔양 시 선집』(문학예술종합출판사, 1992), 심봉원의 『전호 속의 나의 노래』(문예출판사, 1987), 임화의 『너 어느 곳에 있느냐』(문화전선사, 1951), 정문향의 『승리의 길에서』(조선작가동맹출판사, 1955), 정서촌의 『정서촌 시 선집』(문학예술종합출판사, 1999), 조벽암의 『벽암시선』(조선작가동맹출판사, 1957)이 있고 모음집으로 『해방 후 서정시 선집』(문예출판사, 1979)과 『조선문학사 작품선집 2』(학우서방, 1982) 등이 있다.

가. 戰爭參與詩

'戰爭參與詩'는 전쟁수행에 적극 참여하는 내용을 담은 것으로서 남북한 모두 활발히 창작되었다. 적에 대한 비판과 아군에 대한 독려를 주 내용으로 하며 여러 가지 心理戰의 意圖가 나타난다. 남한의 경우 "군의 전투의욕을 고취하고 감화 혹은 계도를 통해 국민을 전쟁에 총동원하려는 의도로 창작"36)된 '선전선동시'가 대표적이다. 대부분의 창작이 黨의 지침에 따라 이루어진 북한의 경우는 대부분이 '戰爭參與詩'이다. 필자는 남북한의 戰爭參與詩를, 그 하위장르인 '讚歌', '檄詩', '祈願詩', '決意詩', '哀悼詩', '戰鬪狀況詩'로 함께 놓고 고찰할 것이다.

(1) 讚歌

'讚歌'는 고대 영웅을 찬양하는 서사시에서 출발한 것이지만 현대의 讚歌는 일반인을 주인공으로 하며 전쟁시에서는 하급 군인이나 민간인, 노약자 등이 주인공으로 등장한다.

南韓의 작품으로는 毛允淑의 <국군은 죽어서 말한다>, 柳致環의 <아름다운 軍兵>, 金世翊의 <전우 우일슨>, 張虎崗의 <戰友頌>, 金宗文의 <그대는 영원한 다비드>, 李馥雨의 <臨終>, 李炯基의 <종소리> 등이 있다.

> 나는 죽었노라 스물 다섯 젊은 나이에
> 대한민국의 아들로 숨을 마치었노라
> 질식하는 구름과 원수가
> 나려오는 조국의 산맥을 지키다가

---

36) 吳世榮, 「6·25와 한국 전쟁시 연구」, 『한국문화』 13 (1992.12) p.58 (이어지는 讚歌, 檄詩, 祈願詩, 決意詩, 哀悼詩의 특성 또한 이 글의 설명에 따름.)

드디어 드디어 숨지었노라
　(…)
조국이여 ! 동포여 !
내 사랑하는 소녀여 !
나는 그대들의 행복을 위해 간다
내가 못 이룬 소원 물리치지 못한 원수
나를 위해 내 청춘을 위해 물리쳐 다오

물러감은 비겁하다
항복보다 노예보다 비겁하다.

　　　　　　　　- 毛允淑의 <국군은 죽어서 말한다> 일부 -

원수를 물리치고
바람처럼 난데없이 밀어 든 고을
어두운 거리거리엔 뜻 않이
波濤 같은 兵車소리 銃劍소리
보라
군데군데 모닥불 火光을 에워
비록 戎衣는 낡고
풍모는 風餐에 야위었으되
오히려 원수에게도 자랑 높은 軍兵이여
祖國의 意志여
너희 밤하늘에 별처럼
조국의 邊邊方方을 이같이 지키시라

　　　　　　　　- 柳致環의 <아름다운 軍兵> 전문 -

　모윤숙의 <국군은 죽어서 말한다>는 친일문학의 의혹을 완전히 떨칠 수 없는 부분이 있지만 가장 널리 알려진 작품이다.[37] 이 작품의 화자는 전사한 군인이다. 생명을 잃고서도 감정을 노골적으로 드러내지 않으며 자신의 죽음이 동포의 榮華를 이끄는 숭고한 희생임을 강조한다. <아름다운 軍兵>은 남한 작가로는 드물게 부대를 따라 종군활동에 임했던 柳致環의 작품이다. 주인공을 평범한 사병으로 설정한 만큼 정감어린 어투로 차분하게 진술함으로써 찬양의 대상이 허구적인 영웅으로 빠지는 것을 막았다.

이외에도 장호강의 <戰友頌>은 현역 군인의 전투 체험에 기반한 작품으로서 감정을 직접적으로 토로하는 아쉬움이 있지만 생생한 전투 현장의 체험을 작품화한 부분은 한국 현대시의 시적 체험의 확장이라는 의의로 연결할 수 있다.

북한의 讚歌 작품으로는 박세영38)의 <나팔수>, 동승태의 <호랑이 사수>, 김학연의 <독로강 기슭에서>, 정문향의 <다시 한 번 그는 바라보았다>, 박석정39)의 <오늘 전선에서 영웅이 오다>, 김북원의 <우리의 최고 사령관> 등이 있다.

    인제 너는 여기에
    돌아오지 않는다
    이 물 맑은 독로강
    물결 도도한 기슭에 -

    어린시절의 숨결

---

37) 시인은 전란을 피해 경기도 광주 산간을 헤매던 중 국군 소위의시체를 보고 이 작품을 창작하였다고 밝혔지만 작품에 등장하는 "누우런 군복"과 "어께의 빛나는 표식"은 한국군 장교의 복제가 아니라 일본 육군장교의 복제에 해당된다. 상의의 깃에 달린 표식을 어께의 표식으로, 빛바랜 국방색을 누우런 색으로 오인하였을 수도 있으나 당시 장교들은 일본군복을 재활용하지 않았었다는 점을 고려할 때 진정 "대한민국 육군소위"를 노래한 것인지 의심스러운 면이 있다.
38) 안룡만,김우철,조기천 등과 함께 종군했으며 북한에서 가장 활약한 종군작가로 인정받음.
39) 1911. 7. 25 경남 밀양출생, 1927년『조선일보』학생문단에 박해쉬란 필명으로 <눈어둔 이들아>를 발표하면서 등단. 안막, 신고송, 리면상 등과 카프동경지부의 후신으로『동지사』를 조직하여 활동함.

아직도 살아있는
폭포골 모래터여!
그의 음성 아직도 에도는
푸른 언덕이여!

너의 품에서 나서
너의 품에서 자란
김옥근
우리함께 그를 자랑하자!

심장에 불을 안은
청년들이여!
모든 사람들이여
몸을 폭탄삼아
미국놈의 불아가리 터뜨리고
진격의 길
승리의 길을
피로써 열어놓은
영웅조선의 영웅을
우리 함께 노래하자!
대하로 향하는 독로강
도도한 흐름처럼 영원할,
그의 위훈을!

꺼질 줄 모르는
그의 영원한 심장의 고동소리
오늘도 우리의 가슴에 들려온다
그 고동소리에서
우리는 또 듣는다

- 김학연의 〈독로강 기슭에서〉 일부 -

너는 숨을 돌려가며
최후의 피 한방울이 다할 때까지
쓰러지면서도 돌격나팔을
불고 또 불었더라

오직 단하나
수령님과 당을 위하여
조국의 자유와 독립을 위하여
충성이 맺혀있는
너의 돌격나팔소리에

용사들은 불속을 헤치며
번개같이 내달아
기여오르는 적들을
모조리 쓸어눕힌 고지
승리의 만세소리
하늘땅에 울려퍼졌다.

어떻게 잊을 것이냐
나팔을 문채 쓰러진
나어린 나팔수 너를

너는 비록 승리의 나팔을
못다 분 원한이
하늘에 사무치랴
줄기찼던 너의 돌격나팔이
바로 승리의 나팔로
세상에 떨치지 않았더냐
지금은 어느 전선에서도
적을 무찔러갈 때마다

복수에 불타는 내 마음은
정녕 너의 웨침소리를 듣는다

- 박세영의 <나팔수> 일부 -

<독로강 기슭에서>는 친구 김옥근의 장렬한 죽음을 칭송한 것으로서 적에 대한 반감과 친구의 희생에 대한 아쉬움이 강하게 드러난다. 돈호법과 영탄법을 자주 사용하여 선동적 의도를 표출하였는데 화자가 쉽게 노출되고 감정이 노골적이자 적에 대한 비판과 죽음에 대한 안타까움이 죽은 이에 대한 칭송으로 이어지는 것이 이러한 작품의 핵심인데 노골적인 구호성 시어로 이어진 점이 아쉽다. 이 점은 전쟁 참여시의 특징이자 북한 전쟁시의 대표적 한계다.

<나팔수>는 예외적으로 서정성을 확보한 작품이다. 종결어미를 세련되게 다듬어서 각 연이 하나의 문장으로 되었으면서도 자연스런 호흡에 따라 율동감 있게 끊어 읽을 수 있다. 주인공을 나이 어린 소년 나팔수로 선정한 것은 '대중적 영웅주의'[40]를 구현하려는 시도이며 감정의 직접적 진술이 자제되었다. 이 외에도 가족애를 조국과 수령에 대한 충성으로 연결시키는 <경애하는 수령>이나, 종군기와 같은 표현으로 전장의 절박한 상황을 그림으로써 불굴의 영웅을 형상화한 <호랑이 사수>가 있다. <호랑이 사수>는 화자가 무성영화의 변사와 같이 戱曲의 '臺詞'와 '地文'과 같은 표현을 이용하여 청자의 공감을 유도하고자 시도한 것이 특이하다.

---

[40] "인민군대의 영웅성은 몇몇 병사들의 영웅성에 있는 것이 아니라 그의 대중적 영웅주의에 있습니다. (…) 꾸밈없는 소박한 행동 그대로를 묘사한다면 오늘날의 우리 공화국 영웅들이 될 것 (…) 전선영웅들의 투쟁을 그릴뿐 아니라 후방과 적의 강점에서 영웅적으로 싸운 우리 인민의 투쟁모습을 그려야 하겠습니다"
김일성, 「우리문학예술의 몇 가지 문제에 대하여」:1951.6.30 작가, 예술가들과의 대화, 『김일성저작선집』 1(학우서방, 1967) pp.290-296. (밑줄 강조 인용자)

남한의 讚歌는 노골적인 표현을 자제하며 화자의 길이 숭고한 것임을 은유적으로 표현하여 상대방에 대한 우월함을 과시한다. 장엄하고 엄숙한 語調와 "-하노라", "-하도다", "-하노니"와 같은 고어 투의 문어체가 빈번히 사용되었고 반어법 형식의 의문문과 호격 형식의 문장으로 청자의 참여를 유도한다.

北韓의 讚歌는 '대중적 영웅주의'의 구현을 위해 서술체가 우세하게 나타난다. 영웅적 정황을 상세히 묘사한 후 시적 화자의 감격과 다짐 내용에 공감할 것을 유도하거나, 평화로운 정경을 그리면서 전통적인 서정의 분위기를 먼저 묘사한 다음 그에 대비되는 장렬한 죽음을 제시함으로써 희생에 대한 안타까움과 그 숭고함을 강조한다.

(2) 檄詩

'檄詩'는 전쟁의 당위성과 정의로움을 설파하여 아군의 전투의욕을 고취시키고자 창작된 작품이다. 전쟁의 성격이 자주 등장한다는 점에서 이념 대립에 자주 이용되었다. 남한의 경우 趙芝熏의 <이기고 돌아오라>, 張虎崗의 <銃劍賦>, 趙靈巖의 <北伐辭>, <進擊의 노래>, <屍山을 넘고 血海를 건너>, 朴斗鎭의 <싸우며 나가리>, 鄭鎭業의 <어머니의 노래>, 盧天命의 <北으로 北으로>, <祖國은 피를 흘린다> 등이 있다.

　　우리는 이긴다
　　일찌기 不義와 邪惡이 亡하지 않은 歷史를 본 적이 있느냐
　　늬들 뒤에는 血肉을 같이 나눈 우리들이 있고
　　理想을 함께 하는 萬邦의 깃발이 뭉치어 따르고 있다

　　… 이기고 돌아오라 이기고 돌아오라
　　우리들 가슴을 벌리고 기다린다

하늘이 보내시는 너 救國의 天使들을.

- 趙芝熏의 <이기고 돌아오라> 일부 -

보라!
지금 平和의 새벽꿈을 깨트린 원수
大勢를 기울여 怒濤처럼 치밀어와
祖國의 運命 자못 위태로웁고
民族의 憤怒 하늘 가득 사무쳤나니
    (…)
이리하여 우리 세넋이 거듭 한몸 되면
坊坊谷谷 피여나는 무궁화 되고
四時長天 노래하는 不死鳥 PHOENIX 되여
錦繡江山을 아름다히 장식하며
白衣겨레를 무궁토록 찬미하오리

- 張虎崗의 <銃劍賦> 일부 -

  남한의 작품에서도 讚歌에 비해 작가의 역량에 따른 차이가 두드러지지 않는다. 승리의 당위성과 상대방에 대한 공격성을 드러내는 부분에서는 은유적 표현에 대한 의식이 거의 무시되기도 하였다. 남한 작품에서 제시된 전쟁 명분은 구체적인 정치적 정황이 아니라 평화와 자유를 수호해야 한다는 식의 추상적인 성격을 지니고 있어서 '조국해방전쟁'과 같은 구체적 정황을 내세운 북한의 작품과 구분된다.

  北韓의 경우 趙基天의 <눈길>(『로동신문』 1951. 1. 20), <죽음을 원쑤에게>(『로동신문』 1950. 12. 20), 안룡만의 <나의 따발총>(『로동신문』1950. 7. 24), <포화소리 드높은 7백리 락동강에>(『로동신문』 1950. 10. 4), 白仁俊[41]의 <얼굴을 붉히라 아메리카여>(『조선문학사 작품선집 2』), 김상오의 <증오의 불길로써>(『로동신문』 1950. 7. 29) 등이 있다.

월가의 야수들에게 끌려온
아메리카 청년은
조선인민의 피로써 물든
애인의 금반지값을 헤인다
아메리카의 「문명」의 값을…
「몇명이나 죽였느냐?
열딸라는 받겠지」 저주가 있으라 !
백악관의 식인종들에게
원한에 사무쳐죽은
모든 조선의 부부와 애인의 저주가
놈들의 밤꿈을 온 일생 괴롭히라
살려보내지부터 말라 그놈을!
저주가 있으라 !
아메리카 「문명」에…

       - 백인준의 ＜얼굴을 붉히라 아메리카여＞(1951) 일부 -

항복하지 않는 미제원쑤에게 복수의 섬멸전에 올라
싸우는 날과 날, 놈들을 물리쳐
신생의 기쁨에 안기여오는
해방된 마음과 거리, 동트는 아침
미제침략자들을 무찔러
저무는 저녁에
반짝이는 별빛
맞아주는 어느 지역 -
   (…)
나의 따발총아
사랑하는 동지의 이름으로
또 한알!

---

41) '凝香'사건의 주동자로서 현 북한 문화예술계의 최고실력자가 됨.

원쑤 향해 퍼부어라
불길을 뿜어라

- 안룡만의 <나의 따발총> 일부 -

<얼굴을 붉히라 아메리카여>는 북한의 문학사에서 이른바 '미제비판시'로 분류되는 작품 중 대표적인 것이다. 전체 220행이 넘는 긴 내용이 미국의 비인간적인 처신에 대한 詛呪와 욕설로 채워졌다. 정치에 종속된 문학의 모습을 극단적으로 드러낸 사례다.

<나의 따발총>은 張虎崗의 <銃劍賦>처럼 병사가 자신의 個人火器에게 다짐을 하는 내용이다. 火器의 이미지가 화자의 주제와 맞물려 작품의 주제로 승화되기 전에 화자의 결의가 강하게 진술되었고 소재를 형상화하는 측면에서 한계를 보인다. 북한의 檄詩는, 전선의 악조건 속에서도 승전 의지를 굽히지 않고 겨레를 보존하겠다는 결의를 비장한 어조로 노래한다. 낭송을 고려한 문장구성이 돋보인다.

檄詩는 讚歌에 비해 일상적인 어법과 구어체가 자주 사용되었고, 은유적 표현보다는 메시지 전달에 주력하였기에 미적 의식이 두드러지지 않는다. 북한전쟁시의 일반적 특성이라 할 수 있는 '강한 정론성'도 여전하며 전쟁의 명분을 주장하거나 청자의 호응을 갈구하는 부분에 이르면 더욱 격정적이고 감정적인 표현이 나타난다. 화자가 의도하는 바를 은근히 드러내려는 의식은 그다지 강하지 않으며 노골적으로 언급하는 성급함이 특징적이다.

(3) 祈願詩

'祈願詩'는 절대자 혹은 신성한 존재에게 승리를 祈願하는 작품으로서 시인들이 자제력 있고 호소력 짙은 표현에 유념하였음을 확인할 수 있다. 남한의 경우 李相魯의 <殺戮의 地域에서>, 趙靈巖의 <遺言>, 현역 대령으로서 서울 수복 작전과 장진호 전투에 직접 참여하였고 두 아우의 전사를 감내해야 했던 李永純의 <無題>와 朴斗鎭의 <聖誕에>, 趙芝薰의 <첫 祈禱> 등이 대표적이다.

　　나는 누구를 불러본다
　　포올·바레리가 아니라 아아놀드·토임비의 말을 생각해본다
　　-人類未來의 幸福과 文化遺産의 救出과… 아아, 痛熱한 絶望의 諷刺거나 哀歌와 같은 탄식의 노래가 그립다

　　그러나 主여, 예수·그리스도여!
　　나는 유다가 아닌 당신의 叛逆者입니다
　　그것은「不安」이란 것과「殺戮」이란 것과「絶望」이란 것에 대한 超自然的인 獨善·欺瞞의 惡이 미워서입니다
　　　　(…)
　　과연 人類의 고향이 거의 原爆의 洗禮를 받고 저 西藏이나 에스키모만이 남을 것인가

　　　　　　　　　　-李相魯의 <殺戮의 地域에서> 일부-

　　이 障壁을 무너뜨려 주십시오 하늘이여
　　그리운 이의 모습 그리운 사람의 손길을 막고 있는
　　이 詛呪 받은 障壁을 무너뜨려 주십시오

　　무참히 쓸어진 善意의 人間들
　　그들의 푸른 한숨 속에 이끼가 앉고있는 障壁을 당신의 손으로 하루 아침에 허물어 주십시오
　　　　(…)
　　빛을 주십시오 황소처럼 터지는 울음을 주십시오 하늘이어-

　　　　　　　　　　-趙芝薰의 <첫 祈禱> 일부-

<殺戮의 地獄에서>는 전쟁의 피폐함에 인류문명의 종말을 우려하게 되면서 절대자의 섭리가 긍정적으로 작용하길 기원하는 작품이다. 적의 격퇴를 주장하는 대신 문명사적 정통성 수호를 내세워 전쟁 승리를 우회적으로 표현한다.

<첫 祈禱>는 전형적인 祈願詩로서 전쟁의 고통이 "障壁"이라는 詩語 안에 상징적으로 표현되었고 호소력 짙은 어조와 비유적 표현이 자연스럽게 어우러졌다.

祈願詩는 시인들이 자제력 있고 호소력 있는 표현에 유념하였음을 확인할 수 있다. 직접적인 표현보다 우회적 표현을 선호하며, 문제의 해소를 어떤 절대적 존재에게 호소하는 형식을 취하고 있다. 작품의 수나 수준을 고려할 때 戰爭詩 중에서 활발하게 창작된 편은 아니다.

북한의 경우 정확히 祈願詩로 분류할 작품은 거의 찾을 수 없었다. 절대적 존재에 대한 기원은 패배주의적으로 간주될 우려가 있으므로 祈願詩 창작이 억제되었을 것으로 이해할 수 있다. 다만 首領을 향해 승리의 확신을 고백거나 전선의 자식과 후방의 부모가 서로의 안위를 기원하면서 자신의 전쟁수행 의지를 다짐하는 부분에서 祈願詩的 성격을 부분적으로 확인할 수 있다.

(4) 決意詩

'決意詩'는 화자가 자기 스스로 어떤 행위를 다짐하는 詩로서 自己告白的 언어가 주종을 이루며 어떤 불리한 상황도 戰勝의 결의로 승화되는 반전이 자주 등장한다. 南韓의 경우 張虎崗의 <싸워 이겨야 하겠다>, 李容相의 <戰爭으로 가는 길>, 柳致環의 <決意>, 趙靈巖의 <祖國戰線>, 金永三의 <의족을 짚고>, 李永純의 <再會>, <M1 라이플>, 宋在洪의 <기어코 가야만 하겠노라> 등이 있다.

듣는것 보는것 느끼는 것이
모두가 다 비위를 거스리고
믿었던 期待가 여지없이 깨어진양
도대체 재미없고 아니꼬와
벨꼴리는 焦燥한 心情을
억누를 도리조차 없구나
　　　　　(…)
… 善良한 이들이 이 陣痛期 앞에
누구보다 悲慘한 犧牲者가 아닌가
그렇다 이거리 이사람들에게
永遠한 光明을 주려면은
우리는 싸워야 하겠다
싸워 이겨야 하겠다
싸워 이겨야 하겠다

　　　　　- 張虎崗의 <싸워 이겨야 하겠다> 일부 -

내 마음과 車의 방향은 서로 다투위
血脈 어느 한구석이
터질것만같다 …

北으로 北으로 달리는 나-
사랑보다 더 한것
또 어데있기에
깜박이는 별빛을 바라보면서
낯서른 땅을
北역으로 가는고 …

「사랑」과 「祖國」을
미친듯 고함치며
뜨거운 숨결이어 -

戰爭으로 가는길

- 李容相의 <戰爭으로 가는길> 일부 -

<싸워 이겨야 하겠다>는 전장의 역경을 뚫고 휴가를 얻은 병사가 후방에서 위안을 얻기보다는 온갖 부조리를 접하고 자신들의 희생이 일부 기회주의자들의 豪奢를 지원했을 뿐이란 비애감에 휩싸이는 갈등을 다룬다. 그러나 화자는 역설적으로 자신보다 더 안타까운 처지에 있는 소외 계층의 삶을 보고 그들을 지키기 위하여 전선으로 떠날 것을 다짐한다. 이 작품은 군인이기에 알 수 있는 전장의 적나라한 표현이 등장하며 이데올로기 대립을 초월하는 강하고 건전한 군인정신을 형상화하는 데 성공하였다.

<戰爭으로 가는 길>은 사랑하는 이와 헤어져서 전선으로 향하는 병사의 심정 고백이다. 기교보다는 솔직한 어조로 내적 갈등을 드러냈지만 단조로운 진술이 아쉬운 점이다.

북한시로는 정문향의 <병사의 어머니>, <편지>, <병사들은 생각하였다>, 차덕화의 <수령>, 김조규[42]의 <이 사람들 속에서>, 안룡만의 <수령님의 이름과 함께>, 김영철의 <당과 조국을 위해서>, 조기천의 <조선은 싸운다> 등이 있다.

  또다시 이른 봄 초막 세운 어머니는
  눈물 없이 말한다

  -「아무리 늙어도 이 손으로
  그놈들을 멸망케 하고야 말려오」

---

42) 북한군 775부대를 따라 강원도 김화, 낙동강, 영천 지구 전선에 종군함.

병사는 사양없이
덮어주는 이불을 여미며
불빛이 서리는 뜨거운 눈시울을 감았다

-그렇다.…
나의 어머니여 …
반드시 갚으리다 당신의 념원을

- 정문향의 <병사의 어머니> 일부 -

애국의 뜨거운 가슴들이
얽히고 모이고
구름이 되고
불덩이가 되고,
우뢰가 되고, 번개가 되고 …

원쑤를 쳐부시는데
스스로 몸이 지뢰가 되는
이 젊은이들 속에서
내 어찌 비겁하랴
우리 어찌 승리하지 않으랴

- 김조규의 <이 사람들 속에서> 일부 -

北韓의 決意詩는 당의 노선이 명확했었던 만큼 대부분의 작품이 유사한 내용을 보이며 개인의 다짐을 언급하는 심정적인 부분에서만 여러 가지 소재가 등장한다. 인용한 작품을 보면, '아들을 생각하면서 인민군을 지원해주는 남한의 어머니', '전쟁 영웅', '모든 점에서 인민을 인도해주는 수령' 등에 대하여 시적 화자와 청자의 신뢰를 결의하는 내용이다. 작품 안에서 스스로 묻고 답하는 내용이 자주 등장하는 것은 이러한 작품을 통해 추구하는

韓國戰爭과 南北韓의 戰爭詩 37

강한 선동의지를 짐작할 수 있는 부분이다.

(5) 哀悼詩

'哀悼詩'는 戰死者를 追慕함으로써 독전효과를 노리는 작품이다. 애도의 대상에 대한 슬픔을 독전효과를 위해 어떻게 전환시키는 가에 작품의 핵심이 달려있다. 남한의 경우 李容相의 <나는 北韓人을 사랑할 수 있습니다>, 尹雲崗의 <人民軍 무덤가에서>, 박석교의 <故朴大領님 靈前에>, 趙靈巖의 <少年敵屍>, 盧天命의 <無名戰士의 무덤앞에>, 배종영의 <하늘의 수호신> 등이 있다.

   眉目이 저렇게 淸秀하오니
   金進士宅 망내아들 아니오니까

   서울로 쳐들어가는 新村 梨花大學 앞
   외로운 丘陵우에
   하얗게 입은 少年 敵屍 하나

   어슬픈 黃昏이면 잘새 날아드는
   포근한 마을에서

   부짭혀간 외아들 돌아올 날만
   기두리는 素服한 어머니 한분

         - 趙靈巖의 <少年敵屍> 일부 -

   荒凉한 싸움터에
   쓰러진敵의 屍體를 찾으면서
   夕陽에 무덤을 파고

十字架 세워주는 그대의 모습이 마치「미·레」의 그림처럼 뜰스러히 그
　　려집니다
　　　　　　(…)
　　허나
　　「나는 北韓人을 사랑합니다
　　다만 共産主義를 미워할 따름」이라고
　　쓰러진 敵의 屍體를 묻고
　　十字架 세워 祈禱드린 그대 …

　　　　　- 李容相의 <나는 北韓人을 사랑할 수 있습니다> 일부 -

　<少年敵屍>는 적의 주검을 보고 그의 가족사적 비극을 연상하면서 적이 당한 비극성을 더욱 부각시키는 작품이다. 표면적으로는 적의 죽음을 애도하지만 소년 병사가 당한 비극적 현실을 은근히 강조함으로써 적의 희생을 헛된 것으로 유도한다. 노골적인 표현을 자제하면서 정서적 반응을 이끌어 내는데 성공한 작품이다.
　이용상의 작품은, 詩人이 현역군인이었기에 전장의 구체적인 상황을 소재로 삼았다. 적의 시체를 찾아 묻어주는 인도주의적 행위를 그림으로써 共産主義에 대한 아량과 고상함을 내세우려 하였지만 화자가 자신의 의지를 설명하듯 드러내는 등 미학적 미숙함이 엿보인다.
　북한의 경우는 독전의지를 강하게 드러내야 했기에 희생에 대한 감회가 작품의 주도적인 정조로 자리하지 못했다. 그 결과 남한의 哀悼詩와는 부분적 비교만 가능한 수준을 보인다.

　　크나큰 슬픔에 잠긴 땅 우에
　　우리는 말없이 서있다
　　부는 바람도 숙연히
　　소리를 멈추는 이 땅우에

커다란 인류의 비통을
무엇으로 말할 수 있으랴 -
이 엄숙한 침묵에 싸인
인류의 크나큰 비애를

어찌 생각할 수 있으랴
그의 심장의 마지막 고통이
이 땅 우에서 멈추어진다는 것을

- <크나큰 슬픔 속에서> 일부 -

우리 조선사람은
죽은사람을 나삐 말하지 않는
관대한 도덕이 있다
그러나 모리스 올리센 - 미국 비행사여,
나는 너의 시체우에
침을 배앝을테다

네가 우리의 사랑하는
아름다운 푸른 하늘을 모욕한만큼
네가 신성한 우리의 국토를 모욕한만큼,
그만큼 나는 너를 모욕할테다

- 김상오의 <증오의 불길로써>(『로동신문』1950.7.29) 일부 -

<크나큰 슬픔 속에서>는 스타린의 죽음을 애도한 작품으로 대상의 죽음 그 자체에 대한 슬픔을 간절히 표출하고 있다. 순수한 애도의 뜻이 강한 만큼 남한의 戰爭詩나 일반시의 경우와 별다른 차이를 발견할 수 없는 작품이다.

<증오의 불길로써>는 남한의 哀悼詩와는 상당히 대조적이다. 話者는

敵의 屍身에 대하여 심한 詛呪를 퍼붓는다. 화자도 자신의 행위가 바람직하지 않음을 인정하지만 적의 더 추악한 태도에 대응하기 위한 어쩔 수 없는 처신임을 주장함으로써 상대방의 추악함을 강조한다.

(6) 戰鬪狀況詩

전쟁시 중에는 전투상황 자체를 그리는데 주력한 작품이 있다. 필자는 이러한 작품을 '戰鬪狀況詩'로 규정하여 분석하고자 한다. 다른 작품과 다른 점은 작품에 구현된 전투상황이 내용의 주조를 이룬다는 점이다. 작품의 길이도 비교적 길고 내용도 종합적이어서 앞서 소개한 讚歌, 檄詩, 哀悼詩 등의 성격을 부분적으로 포함하고 있다. '戰鬪狀況詩'는 전투 현장의 체험이 문학 작품에 직접적으로 구현된 경우로서 전쟁시 특유의 영역을 이룬다. 남한보다는 북한에서 활발히 창작되었다. 북한의 경우 김람인의 <강철청년부대>(1951), 김북원의 <락동강>(1950), 김영철의 <당과 조국을 위하여>(1952)가 있고 남한의 작품은 이영순의 <延禧高地>와 <地靈>이 북한의 작품과 흥미롭게 대비된다.

  1월 23일부터
  의성, 군위의 동쪽으로 나아가던
  련대의 길이 막혔다
  경기, 강원, 경북 3도의 괴뢰경찰
  미군해병단 1개련대
  괴뢰군해병대들과 마주쳤다

  우세한 적을 상대로
  부대는 싸우고 또 싸웠다
  낮에는 기동방어

밤에는 재빠른 기습

밤에 빼앗은 적의 탄약이
다음날 원쑤와 싸우는 밑천
총탄이 떨어지면 자주 육박전으로
해질 때까지 낮싸움 견지했다

- 김람인의 <강철청년부대> 일부 -

돌격의 명령은 언제 내리려나!
소금을 씹어 기침을 삼켜가며
비물 고인 포탄자욱에 엎드린채
병사들은 적진을 노려본다
　　(…)
밤도 자정이 기울었을 때
붉은 선을 류성처럼 그으며
돌격의 신호탄은 올랐다!
지뢰가 터지고 철조망이 하늘로 날아
고지를 뿌리채 뽑아버리는가,
미제 놈들의 비명과 더불어
하나 … 둘 …
입을 다무는 원쑤의 화구

- 김영철의 <당과 조국을 위하여> 일부 -

나는 선듯하는 腹部에 손을 탁 대며
뭉클하는 敵屍體를 밟는지도 모르고
塹壕속으로 뒤굴러 떨어졌다
　　(…)
그러나 뒤를 연달아 進擊하는 戰士들은
負傷한 우리 둘은 볼새도 없이

우리 둘의 머리 위를 뛰어 넘어서
二, 三 메-터 前方의
금시까지 敵兵이 있다가 물러간
塹壕속으로 쏜살 같이 뛰어 든다

그럴적 마다 몇 개의 流彈이
그 작은 城壁에 콱콱 박히며
뽀얀 먼지를 煙氣처럼 피우므로
머리끝 하나 들먹 할수도 없다

- 이영순의 <延禧高地> 일부 -

我軍은 飢寒 속에 彈丸도 없어지고
援軍은 오지 않고
一十萬大軍에게 完全包圍가 되고 ······

그러나 하나의 活路를 찾아서
突破口를 뚫고저
戰友들은 앞을 다투며
「南으로 南으로!」 몸부림치는
世界戰史에 보기 드문
아아 下碣隅里의 撤收作戰!

그러나 나는 무슨 심사인지
그 下碣隅里 싸움터의
가장 荒凉한 까치高地의 斷層을
훌쩍 떠나진 못하여
홀로 默默히 팔장을 끼고
한동안 우두커니 서있었다 ···

- 이영순의 <地靈> 일부 -

위의 작품들은 모두 실제 전투에 참가하여 적을 향해 총을 쏘고 수류탄을 던졌던 시인들의 작품이다. 이들 작품에 구현된 전투현장은 분대단위 이상의 부대가 치른 전투 상황이다. 전쟁영웅을 묘사하는 부분에서 개인적 모습이 드러나지만 그 개인이 이룬 戰功 또한 부대 단위의 승리를 다루면서 그려진 것이어서 종군기와 유사한 내용을 이룬다. 총탄과 포탄이 교차하고 부대가 이동하는 상황 등을 묘사한 부분에서 삼인칭 시점이 보여서 전투 현장과 화자의 거리감이 느껴지기도 하지만 마치 집체극을 공연하듯 전투상황을 생생하게 구현하는 효과를 낸다.

남한의 시인 이영순도 자신의 부상체험과 동생의 전사 상황을 생생하게 묘사하고 삶과 죽음이 닿아있는 순간의 갈등과 감회를 작품에 담았다. 북한의 戰鬪狀況詩가 항상 승리하는 영웅을 그리는데 비해 이영순은 전투현장에서 삶과 죽음의 경계를 넘나드는 개인을 사실적으로 그렸다. 북한 전쟁시에서도 비극적 사실이 구체적으로 나타나지만 궁극적으로는 승리를 향한 과정의 한 순간일 뿐이다.

나. 戰爭批判詩

(1) 南韓의 戰爭批判詩

'戰爭批判詩'란 戰爭의 갖가지 폐해를 비판하는 작품이다. 남한의 경우 전통적인 미학이 유효하여 목적성 강한 작품이 선호되지 않았다. 많은 시인들이 戰爭參與詩보다는 戰爭批判詩 창작에 주력했다. 작품의 주제에 따라 ① 戰爭의 悲劇狀에 對한 實存的 批判精神의 詩, ② 戰爭을 20세기 現代文明의 所産으로 간주하면서 現代文明을 批判한 詩, ③ 戰爭의 混亂狀이 야기한 社會의 不條理에 대한 批判詩로 나누어 考察하도록 하겠다.

趙芝薰의 <多富院에서>, <여기 傀儡軍 兵士가 쓰러져있다>, 朴暘均

의 <꽃>, 金世翊의 <내일>, 柳致環의 <旗의 意味>, <들꽃과 같이>, 金南祚의 <목숨>, 盧天命의 <누가 알아주는 鬪士냐> 등이 대표적이다.

　　　　사람들아 묻지를 말아라
　　　　이 荒廢한 風景이
　　　　무엇때문의 犧牲인가를 …
　　　　　　(…)
　　　　일찌기 한 하늘 아래 목숨 받아
　　　　움직이던 生靈들이 이제

　　　　싸늘한 가을 바람에 오히려
　　　　간 고등어 냄새로 썩고 있는 多富院
　　　　　　(…)
　　　　살아서 다시 보는 多富院은
　　　　죽은 者도 산者도 다 함께
　　　　安住의 집이 없고 바람만 분다.

　　　　　　　　　- 趙芝熏의 <多富院에서> 일부 -

　　　　여기 茫茫한 東海에 다달은
　　　　후미진 한 적은 갯마을

　　　　지나 세나 푸른 波濤의 근심과
　　　　외로운 세월에 씻기고 바래져

　　　　그 어느 세상부터
　　　　생긴대로 살아 온 이 서러운 삶들 위에

　　　　어제는 人共旗 오늘은 太極旗

關焉할바 없는 기폭이 나부껴 있다.

-柳致環의 <旗의 意味> 전문-

<多富院에서>는 죽음의 意義에 대한 깊이 있는 사색을 보여준다. 격렬한 전투가 남긴 것은 아군도 적군도 아니었다. 오로지 곧 썩어서 땅으로 되돌아갈 운명의 생명 잃은 고기 덩어리일 뿐이다. 생명의 소중함이 무참히 짓밟힌 현장, 삶과 죽음의 경계가 모호한 경지에 이르러 화자는 이념 대립의 부조리함을 넘어 세상사를 달관하는 의지를 표현한다.

<旗의 의미>는 이데올로기 대립의 허망함을 비판하는 작품이다. 문명과 동떨어진 어촌에 전황에 따라 휘날렸던 人共旗와 太極旗가 과연 주민들의 이데올로기를 제대로 표명하는 것인지 그리고 어느 한 쪽일 경우와 그렇지 않은 경우의 차이가 무엇인지 묻는다. 이 어촌은 韓國전쟁을 야기한 현대성과 거리가 멀다. 전란의 원죄로부터 자유로와야 할 공간이 배극에 처한 부당한 측면을 강하게 비판한다.

박양균의 <꽃>은 전란의 혼란 속에서도 성심껏 꽃을 피운 식물의 생명력을 찬양하여 인간 욕망의 한계를 비판하는데 사람이 스스로 망한 세상에서 하늘을 향해 피어오르는 한 송이 꽃은 진정 강한 존재일 수 있다. 행 나누기로 자연스런 호흡을 단절시켜 독특한 느낌을 유도한다. 노천명의 <누가 알아주는 鬪士냐>는 부역문제로 옥살이를 경험한 시인이 이데올로기를 따지는 현실의 부당함을 비판한 작품이다. 적극적인 참여시를 창작한 경우와 달리 자신의 실제 체험과 직결된 내용을 다루기 때문인지 자조적인 언어가 직설적으로 드러나기도 한다.

전쟁을 현대문명의 소산으로 보고 현대문명에 대한 비판의 목소리를 세운 작품도 활발히 창작되었다. 具常의 <발길에 채운 돌맹이와 어리석은 사나히와>, 金永三의 <우리들의 무덤은 없다>, 金相華의 <전설>, 辛夕汀

의 <여백>, 具慶書의 <호수와 거울과 나의 얼굴>, 朴寅煥의 <부드러운 목소리로 이야기 할 때> 등이 있다.

밤일수록
병들어가는 이거리에
어리석은 사나히 하나
발길에 채운 동맹이를 줏어서 풀매 할 곳을 노리고 있다

검은 장막이
수상히 드리운 밤하늘에
불사조인양 날려나 볼까
　　(…)
미칠듯이 달리는
낯 설은 쩖 이십세기와
돌맹이 하나로 도전해 볼까
　　(…)
하마 하늘을 찌를듯한 빌딩 위에
휘황히 번듯이는 마왕의 누깔들을
화살 삼아 겨눠나 볼까
　　(…)
이도 저도 아니라면
세기의 담판이 벌어 진 석조전에
평화의 사신으로 달려 보낼 까
밤일수록
병드는 거리에
어리석은 사나히와
발길에 채운 돌맹이와

온 곳도 모르고

갈 곳도 모르고

　　　-具常의 <발길에 채운 돌맹이와 어리석은 사나히와> 일부-

항상 현란한 태양이 굽어보는 곳에는 혈압이 높은 척추동물들이 모여서
살아왔다

그렇게 소중히들 여겨오는 역사랑
이 동물들의 원시적 표정과 포효와
포효에서 발신한 투쟁을 장식한 한장의 허잘것 없는 사망진단서의 저축
이다

아예 이 허망한 진단서에서
너의 청순과 애정과 빛나는
설계와 드높이 찬양할 죄와 벌의 기록일랑 찾지말라!

이렇게 비좁은 지군데도
저 너그러운 태양이 포기한 지역이 있어
그 어둔 풍토에서 마련되는 풍속을
도시 역사는 기록하지 않는
여백이 있는 것이다.

　　　　　　　　　　-辛夕汀의 <여백> 전문-

　<발길에 채운 돌맹이와 어리석은 사나히와>는 발길에 채인 돌맹이처럼 자신의 의지와 무관하게 닥친 현실 때문에 겪는 고민을 다룬다. 돌맹이를 집어들었다는 책임감에 어쩔 줄 몰라하는 화자는 당대의 무력한 지성인이자 한민족의 실상이다. 집어든 현실(돌맹이)을 어디론가 던져버리기 위해 생경한 20世紀를 겨누어 보기도 하고 찬란한 文明에 맞서려고도 한다. 강대국끼리의 협상에 기대를 걸어보기도 했다는 솔직한 고백까지 토로하지만 끝내

주저하는 상태에서 더 나아가지 못하는 한계를 보임으로써 역사의 비극성을 드러낸다.

<여백>은 너그러움을 상실한 현대인들이 스스로 초래한 전쟁의 희생물이 되는 현상을 비판한다. "척추동물", "사망진단서", "역사", "여백"과 같은 詩語들은 詩人이 마련한 文脈構造 속에서 원래의 의미와 동떨어지지 않으면서도 시인의 의도를 잘 구현한다.

전쟁이 야기한 혼란을 극복하고 달관의 경지를 청빈한 자세로 담아 낸 작품으로 서정주의 <無等을 보며>가 있다. "가난이야 결국 한낱 襤褸에 지내지 않는다./ 저 눈 부신 햇볕속에 갈매빛의 등성이를 들어내고 있는 여름 山같은 / 우리들의 타고난 살결, 타고난 마음까지야 가릴 수 있으랴/ 靑山이 그 무릎아래 芝蘭을 기르듯/ 우리는 우리 새끼들을 기를 수 밖엔 없다// 목숨이 丘陵, 江灣과 같이 휘어져드는 午後의 때가 오거던/ 內外들이여/ 하나는 앉고/ 하나는 차라리 그 곁에 누어라"[43)라는 고백은 인간의 욕망과 부질없는 갈등을 산을 향해 날려버리려는 의지를 표명한 것이다. 산은 자연의 섭리와 힘을 지닌 공간이다.

전쟁이 초래한 사회의 각종 부조리와 세파에 편승하는 인간상 또한 예외없이 작품에 반영되었다. 朴巨影의 長詩 『惡의 노래』, 鄭鎭業의 <사투리>, 李容相의 <後方에 와서>, 張虎崗의 <어느 용사의 집> 등이 있다.

    어느날 신문에서 본
    금성을지훈장을 받은 용사는
    틀림없는 오빠의 이름이었습니다

    오빠가 분대장이 되었다는 날

---

43) 湖南 11人, 『詩와 散文』(항도출판사, 1953) p. 17.

보리쌀을 구해오다 못해
올케는 어데론가 집을 떠났답니다

어린 동생들 배고파 우는 통에
열여덟살 난 큰 여동생은
생각 끝에 밤거리로 나섰답니다

병든 어머니 돌아가신 날
친척 하나 오지않는 판자집에
단 한사람 외국손님이 찾아왔더랍니다

어린 동생들 고아원으로 보낸 날 밤
폐병에 누워 우는 여동생 귀에 한국군은 가장 용감하다고 라듸오는 외쳤답니다.

　　　　　　　　　- 張虎崗의 <어느 용사의 집> 전문 -

악착같이 긴 나절에
악착같이 길게 우는
아기가 잇다

엄마는 군복을 이고
개울로 가고

아빠는 고깃배 오는
포구로 갓다

판자집도 비싼 것이
터세를 안 낸다고
미닫이를 부수고 가는
흙발이 있다

활짝 들어난 아랫목에
어린 누이는
아기가 못 알아 들을
함경도 사투리로
허리가 가늘어서
앙이 없는다 소리쳤다.

- 鄭鎭業의 <사투리> 일부 -

<어느 용사의 집>은 현역 군인이었던 시인이 전방에서 혁혁한 공을 세운 병사의 가족이 후방에서 완전히 허물어지는 부당한 현실을 읊었다는 점에서 문제적일 수 있다. 시인이 재현한 현실은 맹렬한 적의 공세보다 더 무력감에 빠지게 할 후방의 부패한 모습니다. 군인들이 목숨을 걸고 싸우는 동기로는 자신의 가족을 지키려는 마음이 첫 번째일 것이다. 이 작품에 등장한 후방의 가족은 여인들은 몸을 팔기 위해 거리로 나서고 폐병을 얻으며 아이들은 고아원으로 흩어지게 된다. 화자는 흥분을 자제하면서 담담한 어조로 실상을 표현하였지만 부조리한 후방 상황이나 자신의 목숨을 노리는 전방 상황이나 모두 부정적인 현실이다. 자신들의 희생이 궁극적으로 무의미할 수도 있다는 선까지 비판의 자를 댄 작품으로서 북한의 상황에서는 도저히 발표될 수 없는 내용의 작품이다.

<사투리>는 함경도에서 온 避亂民의 생활을 통하여 새로운 각도에서 사회를 바라본다. 전장에서만 동족상잔이 벌어지는 것이 아니다. 타지에서 살아남기 위해서 애쓰는 피난민 가족의 임시 거처를 세를 내지 않는다고 부수는 흙발도 있었다. 전쟁은 전투에 직접 임하는 남성들의 전유물이 아니다. 전란 중에 가족의 삶을 이어가는 것 또한 전선의 위험 못지 않은 고통이었다.

<惡의 노래>은 長詩로서 그 형식적인 면에서도 남다른 의의를 지닌 작품이다. 밀수와 각 기관원의 부정을 고발하고 전시 특수를 타고 성장하는 부

유층의 호화로운 생활을 비판한다. 화자의 직접적 목소리를 드러내지 않고 사회의 어두운 모습들을 냉소적인 어조로 계속 제시함으로써 우회적인 비판 효과를 노렸다. 戰爭批判詩는 활발히 창작되었으나 한국전쟁 자체에 대한 문제의식은 전후에 나온 張潤宇의 <戰爭>에 버금가는 작품을 찾을 수 없다. 이는 전란의 소용돌이 속에서 객관적이고 총체적인 역사의식을 갖추는 것이 얼마나 힘들었는지 짐작케 하는 사례이다.

> 他意에 의해 빚어진 喜劇
> 戰爭은 끝났다
>
> 砲煙 가시고
> 彈痕 박힌 살집, 째지는 悲鳴
> 뻐터와 치즈 냄새 가시고
> (…)
> 내가 兄弟가,
> 말려들지 않을 수 없었던 戰場
> 깡통과 껌으로 찢겨버렸다
> 그래도 이 땅엔 平和가 온 것이다
> (…)
> 전쟁은 權力者의 勳章
> 武器商人들의 競爭 立札場이다
> 번뜩이는 웃음 뒤엔
> 脂肪 낀 목덜미와
>
> 悔心의 祝杯가 있을 뿐이다
> (…)
> 찢긴 山河에, 墓碑없는 兄弟들에
> 눈물이 덮는다

(…)
　번들번들한 포신 위
　한마리 피로한 나비여
　전쟁은 정말 끝난 것인가

　　　　　　　- 張潤宇의 <戰爭> 일부44) -

　전쟁 당사자인 남북한 모두를 중립적 목소리로 비판한 작품은 徐廷鳳의 『素汀詩抄』(현대사, 1953)와 金燾星의 『갈대』(문원사, 1952)에서 찾을 수 있다. 徐廷鳳은 북한의 통제된 삶이 싫어 월남했지만 남한의 피당싸움에 실망하여 교육에 전념한 시인이다. <선인장>, <나의 밤> 등의 작품은 남북 대립의 허무함과 약자의 불안감을 표현한다. 金燾星은 <나의 화단>에서 민족의 대화합을 바유적으로 주장하였고 <민주주의>에서는 "자기 이름조차 때운 / 바보 바보 바보 / 왼 뺨까지 얻어 맞았으나 / 인제 무엇을 내놔야 하느뇨?"라 하여 당시 남북한 모두 내세웠던 '민주주의'가 본질에서 어긋나고 있음을 꼬집었다.
　전쟁에 비판적으로 대처하는 자세의 하나로서 '美學的 探索'을 들 수 있다. 일군의 시인들은 새로운 기법을 모색함으로서 전쟁시의 깊이를 더했을 뿐아니라 미학적 부족함을 보상하고자 했다. 이러한 노력은 전후 모더니즘 시의 전개와 맥이 닿아있다.
　金丘庸의 <성숙>, <탈출>, 朴洋의 <숲 속에서>, 李相魯의 <귀로>, 李永純의 <餘韻> 등에서는 새로운 散文詩體가 실험되어서 극적 상황에 대한 묘사를 강화하거나 독특한 리듬을 구현하는데 참신한 효과를 이끌었다.
　朴暘均의 <꽃>, 金相沃의 <창2> 등에서 시도된 호흡의 불규칙한 단절과 어법의 변형과 같은 諸般 形式上의 實驗精神은 戰爭批判詩의 한 面

---

44) 韓國文人協會篇, 『祖國이여 江山이여』(월간문학사,1976) p.102

貌를 이루었다

이른바 敍事詩45)로는 국난극복의 염원에서 그 前範이 될 수 있는 李忠武公의 위업을 선택하여 노래한 金容浩의 『南海讚歌』, 전시의 부조리를 비판하는 朴巨影의 『惡의 노래』, 전투현장의 생생한 장면을 구현하고 군인의 심경을 박진감있게 그린 李永純의 『地靈』 등이 있다. 이들 작품들은 北韓의 서사시와 달리 文壇의 路線이 깊이 반영되지 않았고 개인적 의도에 따라 개성있고 주제에 부합되는 표현이 가능했다.

(2) 북한의 戰爭批判詩

黨의 문예노선에 충실해야만 했던 북한의 상황을 고려할 때 戰爭批判詩의 창작을 기대한다는 것 자체가 무리일 것이다. 批判詩가 창작되었더라도 매체를 관장한 당의 통제를 벗어나 공개될 수 있었을 지도 의문이다.

북한 전쟁시에서는 남한 批判詩의 특징적 양상 중에서 일부의 면모를 지닌 작품들을 극소수 찾을 수 있다. 구체적으로는 전쟁을 겪으며 實存主義的 고민을 토로하는 휴머니즘적 태도가 부분적으로 구현된 작품과 전쟁 수행의 주체였던 당의 노선을 우회적으로 비판하거나 적극적으로 찬동하지 않음을 표현한 작품 등이 있다.

임화의 <너 어느곳에 있느냐>와 <평양>, 정문향의 <병사의 어머니> 등은 가족사적 비극에도 불구하고 승전을 확신하거나 수령에 대한 변함없는 충성을 다짐하는 내용이지만 혈육의 비극에 대한 안타까움을 토로하는 부분

---

45) 당시의 통칭을 그대로 인용한 것이다. 북한에서는 고대 영웅과 유사한 성격의 영웅적 인물이 주인공으로 등장하고 과다한 내용을 포함하기 위한 플롯이 갖추어 지는 등 독특한 양식을 이루어 서사시로 칭하고 있는데 남한의 경우는 長詩, 敍述詩, 現代的 意味의 敍事詩 등 여러가지가 있다. 韓國文學史에서 '敍事詩'의 性格에 대한 論議는 계속되어왔고 아직도 완전한 결론이 내려진 것은 아니다. 이에 대한 최신의 정리작업은 月刊 ≪현대시≫ (1993.10)의 企劃特輯 "서사시·장시"에서 행하여 졌다.

은 북한문단이 지향한 '대중적 영웅주의'로써 극복하지 못하고 비극적 회한에 그치는 감상적인 면이 상당부분 그대로 표출되었다.

앞서 언급한 세 작품 모두 北韓의 다른 戰爭詩와 마찬가지로 승전을 이루겠다는 다짐을 고백하는 등 북한의 노선에서 크게 벗어나지 않는 戰爭參與詩이다. 하지만 <너 어느 곳에 있느냐>는 전쟁 통에 딸을 잃은 아버지의 애끓는 심정이 그대로 드러나면서 남한의 시인인 구경서의 <旅路의 運命>과 기본적인 정서와 어투가 유사하다. 형식적인 면에서 話者와 聽者가 특정인으로 限定되어 劇的 狀況을 제시하는 데 강점이 있다.

    아직도
    이마를 가려
    귀밑머리를 땋기
    수집어 얼굴을 붉히던
    너는 지금 이
    바람 찬 눈보라속에
    무엇을 생각하여
    어느곳에 있느냐
        (…)
    사랑하는 나의 아이야

    한 밤중 어느
    먼 하늘에 바람이 울어
    새도록 잦지 않거든
    머리가 절반 흰 아버지와
    가슴이 종이처럼 얇아
    항상 마음 아프던
    너의 엄마와
    어린 동생이

너를 생각하여
잠 못이루는줄 알어라

            - 임화의 <너 어느곳에 있느냐> 일부 -

참혹한
북만의 광야
날카로운 시베리아 바람을 등에 지니고
검은 밀림속을 헤치는
조각달에 몸을 기대여
우리네 가족은 남쪽으로 오다
    (…)
순이야 어서가자
또 가야만 산다
무서운 호랑이가 뒤를 쫓아온다
어머니
우리는 이렇게 자꾸 가야만 사나
그렇다 우리는 가야만 산다

우리네 가족은 정처없이
남쪽으로 가면
누가 우리의 불상한 모습을 …
순이야
하지만 어서가자 어서 또 가자고나
파아란등이 빤짝이는 항구가로 가자

            - 具慶書의 <旅路의 運命> 일부 -

임화의 <평양>은 문화와 역사의 도시가 전쟁의 소용돌이에 휘말려 파괴되는 운명에 대한 안타까움을 절실히 그리고 있으나 自己告白的 언어로 일관하고 있어서 독자의 공감을 이끌어 내는데 약간 문제가 있다. 하지만 청자를 구체적으로 한정하지 않아서 폭넓게 수용될 여지가 있다. "아! 어느 누가/ 죽엄과 패망으로/ 원쑤를 멸하기 전/살아나서/여기에 돌아오리"라는 고백은 확고한 결의와 패배주의적 인식이 동시에 나타난 부분이다.

<병사의 어머니>는 단란하고 幸福했던 家庭이 파괴되어 상심한 어머니의 심정이 잘 드러난다. 당의 지침에 따른다면 이 어머니는 자신의 비극적 체험을 숭고한 아름다움으로 승화시키는 목소리를 냈어야만 했을 것이다. 화자가 병사이지만 이 작품의 어머니가 모두의 어머니일 수 있도록 폭넓은 공감을 얻고자 노력한 작품이다.

林和의 <기지로 돌아가거던>(『로동신문』1952.2.7)은 북한 정부의 노선을 비판하는 것이기에 戰爭批判詩의 성격을 가장 많이 지닌 문제적 작품이다. 이 작품의 화자는 지리산에 고립되어 싸우고 있는 인민유격대원이고, 청자는 지원을 마치고 북한의 기지로 귀환하는 인민군 공군기의 조종사다. 조종사를 향한 목소리에 북한 정부에 대한 남로당계 시인 림화의 비판이 엿보인다.

  밤하늘에 비껴오는 피비린내 베인 내음새
  아 또 어느 원쑤가 기어드는 것이며
  어느 형제가 다시금 목숨을 버리는 것이냐
    (…)
  기지로 돌아가거던 이르라
  일찌기 강철부대 동해병단의
  전통 용맹스럽고 오늘도
  남도부부대의 이름 령남땅을 진갈시키는
  동해 전구의 이름으로

  五병단 七병단 一군단
  김생 김달삼 리호제 박치우 서득은

여러 슬기로운 지휘관들의 피
　　(…)
김달삼 리덕구의 이름과 함께
영웅적 제주도 인민유격대의
피묻은 깃발 지금도 한라산 산봉 우
휘날리는 영웅의 섬의 이름으로
　　(…)
김지회 홍순석사령의 위훈
리현상 부대장의 용맹이
우뢰처럼 떨치는 백절불구한
지리산 전구의 이름으로

그리고 남조선 방방곡곡에
깨알로 흐터져
원쑤들에게 죽엄과 공포를 주는
인민 복수자들의 무수한 소조의 이름으로

경애하는 우리 수령에게
자랑스런 우리 인민 군대에게
친애하는 중국 전우들에게
그리운 우리 형제들에게

우리의 가슴에 불로 새겨져 타고있는 三.八 절의 뜨거운 인사를
조국에 바치는 우리들의
전투적 맹세를 전하라

품 속에는 비록
공민증을 지니지 아니했으나
조국의 태양과 별들이 머리우에 둥그런한 우리는 자랑스런 공화국의 공민

　　　　　　- 林和의 ＜기지로 도라가거던＞ 일부 -

패배주의적이라 하여 영웅적 죽음 외에는 인민군병사의 피해를 언급하지 못하던 시기에 "어느 형제가 다시금 목숨을 버리는 것이냐"라는 표현은 인민유격대의 피해 그것도 계속되어왔을 뿐 아니라 앞으로도 이어질 것을 전제로 한 것이므로 향후 북한 문단의 비난이 충분히 예상되는 표현이다.

남로당에 관한 언급에서도 북한의 노선에 대한 견해 차이가 드러난다. 전쟁 초기부터 남로당 출신들이 이룩한 전공들을 일일이 열거하며 그 의의를 강조한 다음 남로당 인민유격대의 불안한 위상에 대하여 간접적으로 항의한다. 당시는 휴전협상이 진행 중인 시기였는데 전쟁포로에 대한 처리문제가 특별히 부각된 상황이었다. 전쟁 전부터 남한에서 활동했던 빨치산의 경우 정규군으로서 북한으로의 귀환이 보장되지도 않았고 포로로 처리되지도 않았다. 이를 의식했는지 시인은 "품 속에는 비록 / 공민증을 지니지 아니했으나 / 조국의 태양과 별들이 머리우에 둥그런한 우리는 자랑스런 공화국 공민 // 몸에는 비록 군복을 입지 아니했으나 / 손에 무기를 잡은 한 / 우리는 영예로운 인민의 군대 /... / 전하라 용맹스런 하늘의 전우들아"라고 외치는 것이다.

표면적으로는 남한에서 고립된 유격대가 여러 가지 악조건 속에서도 김일성 首領의 뜻을 충성스럽게 따르겠다는 다짐을 고백하고 있으나 그 이면에는 북한 당국의 정책에 대한 아쉬움이 깔려있는 작품이다.[46]

---

46) 林和는 1952년 후반기부터 추진된 南勞黨系 肅淸作業에 따라 死刑당한다. 최근 사실로 밝혀진 '미제간첩'이라는 죄목 외에도 그의 창작에 대한 비판으로는 <흰 눈을 붉게 물들인 나의 피위에>, <너 어느곳에 있느냐>와 같은 작품에 나타난 敗北主義와 心情의 柔弱함이 집중적으로 지적되었다. 南勞黨系 肅淸과 戰後 김일성의 權力强化가 지닌 함수관계를 고려할 때 <기지로 도라가거던>에서 제시된 南勞黨의 목소리는 그 비극적 운명을 암시한다는 점에서 흥미롭다.

Ⅲ. 現實과 함께 呼吸하는 文學

한국전쟁기의 戰爭詩를 전쟁수행에 참여하는 내용인지 여부에 따라 戰爭參與詩와 戰爭批判詩로 나누어 살펴보았다. 戰爭詩는 반전문학과 휴머니즘을 옹호하는 문학 그리고 선전선동의 동원문학과 기록문학까지 포함하는 넓은 개념의 전쟁문학이다.

해방기의 문단은 남북한의 독자적인 정부가 수립되면서 이념적으로 첨예하게 대립하였다. 남한 문단의 우경화는 開戰과 함께 적극적인 종군문단으로 변모하게 하였다. 북한에서는 反帝反封建 勞動階級性을 기반으로 문단을 조직하였고 黨의 노선에 충실한 창작만이 가능했다. 작품의 주제는 김일성의 抗日武裝鬪爭의 精神을 계승하였다는 趙基天의 <백두산>과 李燦의 <김일성 장군의 노래>에서 비롯된 首領讚揚 姿勢가 중심을 이루었고 형식적으로는 민중을 선도할 내용을 반영하기 용이한 장르로서 長詩 形態의 敍事詩가 선호되었다.

戰爭參與詩는 전쟁시의 주도적인 성향으로서 상대방에 대한 궁극적인 극복을 추구한다. 남한에서는 이데올로기적 우월함과 북한의 침략으로부터 자유와 평화를 수호해야 한다는 사명감과 정당성을 주장하는 경우가 많고 북한에서는 조국해방전쟁의 정당함과 首領 중심의 단결의식을 강조하고 인민군 병사의 공훈을 구체적인 정황 구현을 통해 찬양하는 경우가 대부분이다.

戰爭參與詩는 총력전을 수행하는 중에 일시적으로 인정된 효용적 가치에도 불구하고 남북한 공히 점차 문단의 미학적 비판을 피할 수 없었다. 남한의 경우 작품의 강한 목적성이 미학적 결함을 낳는다는 지적을 받았고 북한에서는 창작의 도식성 극복이 과제로 제시되었다.

남한에서는 시인의 개별적인 노력에 의해 戰爭詩로서의 정당한 위치를 차지하면서도 미학적으로도 충분한 수준에 도달한 경우가 있었으며 북한에서는 민족적 전통의 창조적 계승을 주제로 한 寫實主義 창작 논쟁으로 이어진다. 이러한 노력이 구체적인 작품으로 구현되진 못했으나 主體路線이 확립되기까지 북한 문단의 주된 논제로 기여했다.

戰爭批判詩는 남한 전쟁시의 주류를 이룬다. 전쟁의 여러 정황을 비판적으로 체험한 시인들은 실존적 휴머니즘을 노래하였고 나아가 전쟁을 야기한 원인에 관심을 기울임으로써 문명에 대하여 그리고 혼탁한 사회상에 대한 비판에도 충실하였다. 동족상잔의 비극에 대한 비판이 왕성하였고 민족애를 바탕으로 포용의 자세를 노래한 경우 상당히 높은 수준의 작품을 얻을 수 있었다.

독특한 소재를 찾거나 새로운 기법을 실험하는 등 시의 성숙을 꾀한 시도들은 전후 적극적으로 창작된 모더니즘시에 대한 發芽的 의의를 지니고 있다. 戰爭批判詩의 중요한 성과는, 시인의 비판정신이 행사되는 곳이라면 시의 발전을 기대할 수 있음을 보여주었다는 점이다.

북한시의 경우 당의 구체적인 창작 지침에 따라야만 했기에 戰爭批判詩가 창작되기 어려웠던 여건이었지만 일부 戰爭參與詩 중에서 남한의 戰爭批判詩에서 찾을 수 있는 비판적 성향을 부분적으로 지닌 작품이 발견된다. 가족사적 비극을 감상적으로 토로한 것과 북한 정부의 정책을 우회적으로 비판한 경우가 있는데 현재까지 접한 자료로 볼 때 戰爭參與詩에 비하여 극소수에 그친다.

남북한 戰爭詩에서 공통적으로 나타나는 양상으로는 먼저 同族相殘의 비극상에 대한 안타까움이 강하여 서로를 구체적인 적으로 삼은 작품이 거의 없다는 점을 들 수 있다. 독자의 감동을 이끌기 위한 情緖換氣가 전원의 평화로운 가족분위기에 크게 의존하고 있는 점도 공통점이다. 이념적 대립이 극에 달했던 전쟁기에도 민족이 하나되어 평화를 누리고, 자주적인 독립을 이루고, 동포를 용서하는 자세에서는 공통성을 보인다. 이념 대립의 갈등과 이질적 문학의 한계를 넘어서기 위한 주제로서 한 민족 한 핏줄에서 오는 동질감 이상의 것을 찾기 힘들었을 것이다.

자료상의 부분적 한계에도 불구하고 남북한의 전쟁시에 나타난 공통점과 차이점을 살펴본 것은 그 동안 남북한이 한편으로 통일을 주장하면서도 다른 한편으로는 분단시대를 공고히 하여 더욱 이질적인 미학을 낳았다는 사실을 고려할 때 남북한 문학의 이질화 현상를 극복하는데 유익한 시도라 할 수 있을 것이다. 장차 전개될 통일문학사는 어느 한 쪽의 미학적 기준에 따라 다른 한 쪽을 문학 밖으로 추방하는 태도를 취하기보다는 분단문학 자체를 역사적 현실로 인정하고 그 문학사적 성격을 자리매김해야 할 것이다. 바람직한 통일문학의 논리를 세우는 작업은 상대방을 인정하면서 남북한 본연의 미학을 더욱 세밀하게 천착하는 작업에서 출발해야 한다.

참고문헌

· 전쟁기 시집 목록 ·

1951년

具慶書, 『爆音』(三盆出, 12)
具常, 『具常詩集』(靑丘出, 5)
金相璣, 『滄波 — 久遠의 香氣』(慶南警察局, 6)
金世翃, 『石榴』(대한문화사)
김영덕, 『꽃다발』(군경위문수첩발간위원회, 4)
李潤守, 『戰線手帖2』(文總慶北支隊, 1)
金春洙, 『旗』(문예사, 7)
毛允叔, 『風浪』(文星堂, 4)
朴巨影, 『惡의 노래』(국제신보사출판국, 8)
朴炳圭, 朴 鍾 善, 『祖國의 노래』(청구출, 1)
朴洋, 『별과 나무 밑에서』(南光문화사, 10)
백기만 엮, 『상화와 고월』(청구출판사, 9)
徐德出, 『봄편지』(대한문화사, 9)
徐昌洙, 『호롱』(청구문화사, 10)
심훈, 『그날이 오면』(한성도서, 11)
吳鍾奎 外, 『닭울음』(학생시우회, 7)
柳致環, 『步兵과 더불어』(行文社, 9)
李東柱, 『婚夜』(湖南公論社, 3)
李永純, 『延禧高地』(正民문화사, 6)
李永純, 『生命賦』

李容相, 『아름다운 生命』(시문학사, 10)
李孝祥, 『바다』(大建출, 6)
趙靈巖, 『屍山을 넘고 血海를 건너』(정음사, 3)

1952년

康世均(편), 『愛國詩33人集』(대한군사원호문화사, 3)
金京洙, 『꽃과 바다』
金冠植, 『落花集』(창조사, 8)
金薰星, 『갈대』(文元社, 7)
金東欽,辛 楨 漢, 『金鳥(I)』(삼일신문사출판국, 3)
金相吉 외, 『多島海』(민성문화사, 6)
金相沃, 『석류꽃』(현대사)
金相華, 『計算器가 놓여있는 診察臺』(국제신보, 9)
金松月, 『님의 노래』(槐山문화사, 3)
金榕八, 『廢墟』(廣知社, 11)
金容浩, 『푸른 별』(남광문화사, 3)
金容浩, 『南海讚歌』(남광문화사, 12)
金宗文, 『壁』(文憲社, 3)
金浩, 『樹液』(博文출, 11)
文道采, 『쌈지』(泰文堂書店, 10)
朴暘均, 『두고 온 指標』(춘추사, 11)
박용묵, 『信仰時調集』(대구문화청년회, 3)
朴一松, 『走馬看山』(농민신보사, 4)
박종화, 『월탄문학선』(수도문화사, 3)
徐廷鳳, 『반딧불』
신석정, 『촛불』(대지사, 5)
薛昌洙 외, 『삼인집(시, 창작)』(영남문학회, 8)

李路人,『久遠』(한국산업경제연구소, 1)
李珉瑛 외,『時間表 없는 停車場』(협동문화사, 12)
李雪舟,『彈丸』(춘추사, 5)
李雪舟,『미륵』
李永純,『地靈』(문총사, 10)
李鐘斗,『嶺』(세문사,7)
李漢稷(편),『韓國詩集(상)』(대양출판사, 12)
임해림,『路邊의 풀잎』(한국문화사, 7)
張虎崗,『銃劍賦』(삼성출판사, 9)
鄭文苑, 李 德 成,『凋落의 모닥불』(문총사, 11)
정윤봉,『봄피리』
趙炳華,『貝殼의 寢室』(정음사, 8)
趙芝薰,『풀잎斷章』(창조사, 11)
河在麟,『흰 버선』(自家本, 12)
海軍海兵軍牧(편),『葡萄園』(해군해병군목실, 12)
曉岸同人(편),『鐘』(효안동인회, 8)

1953년

金南祚,『목숨』(修文館, 1)
金相沃,『衣裳』(현대사, 2)
金素雲,『朝鮮詩集(合冊)』(創元사)
金洙敦,『憂愁의 皇帝』(대한문화사, 2)
金淳基,『勇士와 무덤』(동서문화사, 2)
金淳基,『二等兵』(동서문화사, 6)
金永三,『푸른 섬』(東文社書店, 4)
金午南,『金午南時調集』(성동공고, 5)
김일로,『꽃씨』

金宗文,『不安한 土曜日』(普文閣, 7)

金春洙,『隣人』(문예사, 4)

金海星,『海夢』

盧映蘭,『華麗한 座標』(자유장, 3)

盧一影,『호롱불』(동해당, 12)

盧天命,『별을 쳐다보며』(희망출판사, 3)

東國大,『동국학생시집』2

朴埼遠, 崔 載 亨,『寒火集』(현대사, 2)

朴斗鎭,『午禱』(영웅출, 7) (1950.12 ?)

朴瑢默,『信愛譜』(恩寵문화협회, 6)

朴一松,『木蓮花』(한국문화사, 3)

徐廷鳳,『素汀詩(초)』(현대사, 9)

서정주,『作故詩人選』(정음사, 3)

桂容默,『黑珊瑚』(우생출판사, 6)

柳根周,『鬪魂에 산다』(건국신보사, 4)

윤형중,『四末의 노래』(경향잡지사, 1)

李相魯,『歸路』(백조사, 7)

李成煥,『黃昏線』

李雪舟,『流水曲』(춘추사, 4)

李元燮,『響尾蛇』(문예사, 6)

李重漢,『프른 하늘과 더불어』(청춘사, 12)

李漢稷(편),『靑龍』(海兵司政訓監室, 8)

張兌炫,『淡水魚』(民啓사, 11)

鄭鎭業,『金海平野』(南支문화사, 6)

정현장학회,『散華抄』(정음사, 3)

靑葡萄 同人,『靑葡萄』2

朱世中,『農民의 노래』

韓無學,『새로운 秒의 速度』(세계평론사, 12)
咸錫憲,『水平線 너머』(三協문화사, 3)
黃良洙,『門』(남광문화사, 5)
湖南11人,『詩와 散文』(항도출판사, 10)
韓河雲,『한하운시초』

· 논문 ·

김명식 (1983),「전쟁문학의 내용요소」,『국어교육』제46,47호
김재홍 (1984),「6·25와 한국문학」,『시와 진실』(이우출판사)
김태진 (1973),「戰爭文學硏究」,『전남대 용봉논총』, 제2호
김하명 (1988),「공화국의 기치 밑에 개화발전한 문예학의 40년」,『조선어문』, 3월호
박태일 (1992),「1950년대 한국 전쟁시 연구」,『경남어문논집』제5호
신익호 (1978),「戰爭文學小考 - 6·25 이후 韓國詩에 나타난 戰爭觀」,『3사 논문집』제8호
오세영 (1992),「6·25와 韓國戰爭詩 硏究」,『한국문화』, 제13호
오영식 (1974),「한국전쟁문학론」, 경희대 석사논문
오현주 (1990),「남북한의 6·25문학 비교」,『한길문학』, 6월호
이동근 (1985),「韓國戰爭(6·25) 詩의 主題樣相攷」,『3사 논문집』제20호
임도한 (1994),「한국전쟁기 전쟁시 연구」, 서울대 석사논문
임도한 (2000),「6·25전쟁기 전쟁시의 양상과 분단문학극복의 과제」,『지역문학 연구』, 제6호
정봉래 (1960),「전쟁문학론」,『자유문학』, 1월호
조성관 (1985),「시문학의 서정성에 대한 생각」,『조선문학』, 10월호
최진송 (1994),「1950년대 전후 한국 현대시의 전개 양상」, 동아대 박사논문

한정호 (2000),「경인전쟁기 시의 가족 체험」,『지역문학연구』, 제6호
현종오 (1985),「자주적 인민의 주도적 사상감정을 진실하게 노래하여온 주체적 시문학의 40년」,『조선문학』, 7월호
홍용희 (1999),「한국전쟁기, 남·북한의 시적 대응 비교 고찰」,『한국시학연구』, 제2호

· 단행본 ·

김성수 (2001),『통일의 문학, 비평의 논리』(책세상)
김일성 (1967),『김일성 저작선집 제1권』(학우서방)
김재홍 (1988),『현대시와 역사의식』(인하대출판사)
박종원, 류만 (1986),『조선문학개관Ⅱ』(사회과학원출판사)
박태상 (1999),『북한문학의 현상』(깊은샘)
신영덕 (2002),『한국전쟁과 종군작가』(국학자료원)
신형기 (1988),『해방직후 문학운동론』(화다)
신형기, 오성호 (1999),『북한문학사』(평민사)
안희열 (1996),『문학예술의 종류와 형태』(문학예술종합출판사)
엄호석 (1955),『해방후 10년간의 조선문학』(작가동맹출판사)
윤세평 (1958),『해방후 우리문학』(작가동맹출판사)
이기윤 (1998),『주제비평의 원리와 실제』(봉명)
이기철 (1991),『분단기문학사의 시각』(우리문학사)
이지엽 (1997),『한국 전후시 연구』(태학사)
편집부 (1960),『전진하는 조선문학』(조선작가동맹출판사)
편집부 (1978),『조선문학사(1945-1958)』,(과학백과사전출판사)
편집부 (1988),『조선문학통사(하)』,(사회과학원 문학연구소·인동)
편집부 (1991),『위대한 수령 김일성 동지 문학예술 령도사』(문학예술종합출판사)

편집부 (1994),『조선문학사 10』, (조선·평양:사회과학출판사)

현수 (1952),『敵治 六年의 北韓文壇』(국민사상지도원)

現代文學硏究會 편 (1991),『1950년대 문학 연구』(예하)

Ko Won, (1970), Contemporary Korean Poetry (Univ of Iowa Press)

Slonim, M. (1989), Soviet Russian Literature, (N.Y, Oxford Univ Press)

Yu, Eui-Young/Kandal, T. R. ed. (1992), The Korean Peninsula in the Changing World Order (California state Univ. Press)

한국전쟁기 남북한 소설에 나타난 미군·중국군의 형상화 특성

신영덕*

I. 서론

한국전쟁기에 발표된 남북한 문학 작품에는 외국군이 많이 등장한다.[1] 특히 남북한 소설에서는 미군, 중국군, 일본군, 소련군, 터어키군, 유엔 연합군 등의 모습이 형상화되어 있음을 볼 수 있다. 그런데 이들 중 전쟁을 다룬 작품 중에서 가장 많은 비중을 차지하고 있는 것은 미군과 중국군이다.[2] 본고에서는 이러한 사실을 감안하여 한국전쟁기 남북한 소설에서 미군과 중국

---

* 공군사관학교 교수, 주요 저서로 『한국전쟁과 종군작가』(국학자료원, 2002) 등이 있다.
1) 한국전쟁에 대한 용어의 문제는 여러 학자에 의해 다양하게 제시된 바 있으나, 본고에서는 사회과학계에서 일반적으로 사용하고 있는 '한국전쟁'이라는 용어를 사용하고자 한다. 따라서 한국전쟁이란 한국전쟁이 발발한 시기 즉, 1950년 6월 25일부터 휴전이 성립된 시기 1953년 7월 27일까지의 기간을 의미한다. 그리고 대한민국 정부를 지칭할 경우에는 한국이라는 용어를, 조선민주주의인민공화국에 대해서는 북한이라는 용어를 사용하고, 남한이라는 용어는 북한과 비교 서술할 경우 사용하고자 한다. 물론 문헌 인용 시에는 원문 그대로 인용하고자 한다.
2) 한국전쟁 당시 한국에서는 한국군은 국군, 북한군은 괴뢰군, 미국군은 미군, 중국군은 중공군으로 호칭하였으며, 북한에서는 한국군은 괴뢰군, 북한군은 인민군, 미국군은 미군, 중국군은 중국인민지원군이라는 용어를 사용하였다. 따라서 본고에서는 국내에서 일반적으로 사용하고 있는 한국군, 북한군, 미군, 중국군이라는 용어를 사용하되, 문헌 인용 시에는 원문 그대로 인용하고자 한다.

군이 어떻게 형상화되고 있으며, 그 특징은 무엇인가에 대하여 살펴보고자 한다. 미군과 중국군의 형상화 문제는 한국전쟁기 문학의 특수성을 반영하고 있는 만큼, 이에 대한 연구는 한국전쟁문학 또는 한국전쟁의 특수성을 구명하는 데에도 일정한 기여를 할 수 있으리라 생각한다.3)

한국전쟁기 문학에 대한 논의의 필요성은 기존 남북한 문학사의 평가가 매우 대조적이라는 점에서도 찾을 수 있다. 남한문학사 대부분은 이 시기 작품들이 '전시문학'으로서 '미학적 소화불량'에 걸려 있다고 보고, 본격적인 작품 검토 없이 그 가치를 낮게 평가하고 있다. 그 결과 남한문학사에서 이 시기는 하나의 공백기로 처리되고, 1950년대 문학 혹은 한국 전후문학의 한 부분으로서 몇몇 작품만이 언급되고 있는 실정이다.4) 이에 비해 대부분의 북한문학사에서는 한국전쟁기 문학을 매우 중요하게 평가하고 있다.5) 이들은 이 시기 문학을 '조국해방전쟁시기의 문학'으로 규정하고, 그것의 의의를 높이 평가하고 있는 것이다. 그러나 북한문학사의 작품 평가는 사실을 왜곡하고 있는 점이 많아 이에 대한 재검토가 요구되고 있다.6)

---

3) 와다 하루끼는 중국군이 한국전쟁에 참가함으로써 내전은 중미전쟁이 되었다고 본다. 유엔군 이름으로 미군이 출동한 후 한국군은 유엔군 사령관인 미군 사령관 지휘 아래 들어갔으며, 북한군은 중국군 지휘 아래 들어갔기 때문이다. 한국전쟁기 남북한 소설에 대부분 미군과 중국군이 등장하는 것은 이러한 현실과 관련 있을 것이다. 와다 하루끼, 서동만 역,『한국전쟁』(창작과 비평사, 1999), p.199.
4) 조남현은 이러한 문제점을 해결하고자 기존의 어느 연구보다 많은 작품을 대상으로 하여 전쟁기 소설의 의의를 밝힌 바 있다. 조남현,『우리소설의 넓이와 깊이』(『문학정신』, 1988.10-1990.2) 참조. 한국전쟁기 남한 소설에 대한 기존 연구에 대해서는 신영덕,『한국전쟁과 종군작가』(국학자료원, 2002.6), pp.9-16 참조.
5) 안함광,『조선문학사』(연변교육출판사, 1956), 사회과학원 문학연구소 편,『조선문학통사』(사회과학출판사, 1959), 박종원, 류만,『조선문학개관』II(사회과학출판사, 1986), 김선려, 리근실,『조선문학사』11(과학백과종합출판사, 1994) 참조.
6) 한국전쟁기 북한 문학에 관한 남한에서의 연구로는 김재용,『북한문학의 역사적 이해』(문학과지성사, 1994), 김윤식,『북한문학사론』(새미, 1995), 최연홍,『북한의 문학』(남북문제연구소, 1994), 이재인『북한문학의 이해』(열린원, 1995), 최동호 편,『남북한 현대문학사』(나남, 1995), 이명재 편,『북한문학의 이념과 실체』(국학자료원, 1998), 박태상,『북한문학

따라서 한국전쟁기 남북한 문학 연구의 문제점을 해결하고 올바른 통일 문학사 기술에 기여하기 위해서는 구체적인 사실조사와 객관적 시각의 확보가 무엇보다 중요하다.7) 이를 위해 본고에서는 남한의 경우 종군작가들의 작품으로 대상을 한정하여 논의하고자 한다.8) 종군작가의 작품으로 한정한 것은 대상 작품이 너무 많기 때문이기도 하지만, 북한 문인들 대부분이 종군을 하였다는 사실을 고려할 때 남북한 문학의 특성을 비교하고 그 의미를 밝히는 데 필요하다고 판단하였기 때문이다.9) 그리고 북한의 경우에는 시대 상황에 따라 작품이 개작되어 출판되고 그에 대한 평가 역시 상반되게 나타나고 있으므로 원본 확인이 필수적으로 요구된다. 한 연구에 의하면, 1967년 이전에 발표된 북한 문학 작품들은 1978년 북한에서 편집 간행된 『조선단편집』에 실리면서 거의 예외 없이 개작되었으며, 개작의 주된 방향은 원본에는 없었던 김일성이 등장하거나 혹은, 그의 말이나 그에 연관된 내용이 새로 들어와 있다고 한다.10) 따라서 미군과 중국군의 형상화 문제에 관한 것은 내용 상 큰 변화가 없을 것으로 추정되지만, 원본이 아닌 작품의

의 현상』(깊은 샘, 1999), 신형기, 오성호, 『북한문학사』(평민사, 2000), 송희복, 「남북한 문학사 비교연구」(『동원논집』2, 1989), 신경득, 「전란초기 조선 전쟁영웅소설의 영웅유형」(『배달말』24, 1999), 「인민체방공간의 조국문학연구」(『건국어문학』, 1997), 기초석, 「북한 문학의 전개양상을 통해 본 제 특징」(『현대소설연구』11, 1999), 이은자, 「북한 전시소설의 주제 특성에 대한 연구」(『현대소설연구』12, 2000) 등이 있다.

7) 이러한 연구의 필요성에 대한 논의로는 오현주, 「남북한의 6·25문학 비교」(『한길문학』, 1990.7) 참조.
8) 본고에서는 남한의 종군작가를 종군작가단에 정식으로 가입한 소설가로 한정하였다. 총 25명으로서, 곽하신, 김동리, 방기환, 유주현, 최인욱, 최정희, 황순원(이상 7명 공군), 김송, 김영수, 김이석, 박영준, 손소희, 장덕조, 정비석, 최독견, 최태응(이상 9명 육군), 박계주, 박연희, 박용구, 안수길, 염상섭, 윤백남, 이무영, 이선구, 허윤석(이상 9명 해군) 등이다.
9) 기석복은 전쟁 당시 100여명의 북한 문인들이 종군하였음을 언급한 바 있다. 기석복, 「조국해방전쟁과 우리문학」, 이선영, 김병민, 김재용 편, 『현대문학비평자료집』2(대학사, 1993), p.159. 이하 자료집 인용 시 권수와 페이지 수만 밝히고자 한다.
10) 김재용, 앞의 책, pp.14-15 참조.

경우 개작의 가능성에 유의하여 텍스트 분석에 임하고 출전을 명기하고자 한다.

II. 남한 소설과 미군·중국군의 형상화

1950년 6월 25일 한국전쟁이 발발하자 남한 문단은 전시체제로 재편된다. 국방부 정훈국에서는 전쟁이 발발하자 곧 <전국문화단체총연합회>에 국민의 전의를 앙양시키고 민심을 안정시키는 선전 계몽활동을 해 줄 것을 요구하였고, 이러한 요구는 27일 <비상국민선전대>, 28일 <문총구국대>의 조직으로 나타났다. 그리고 중국군이 참전함으로써 전쟁이 장기화되자 1951년 각 군에서는 <공군종군문인단>(3월 9일), <육군종군작가단>(5월 26일), <해군종군작가단>(6월 경) 등을 조직 결성하였다.11) 김동리가 한국전쟁기를 '종군문단기'로 규정한 것은 문단의 이러한 현상 때문이었을 것이다.12)

그러나 한국전쟁기 남한의 종군작가들은 전쟁에서의 승리를 위해 종군작가단의 창단 목적에 부응하는 전쟁독려의 작품을 발표하기도 하였지만, 다른 한편으로는 휴머니즘적 시각으로 전쟁을 비판적으로 바라보면서 전쟁기 현실의 모습을 사실적으로 보여주고 있음을 확인할 수 있다.13) 전쟁에서의 승리를 위해 우군인 미군의 긍정적인 면을 드러내고 적군인 중국군의 부정적인 면을 강조하였을 것으로 여겨지지만 실제는 그렇지 않다. 한국전쟁기

---

11) 종군작가단의 조직 및 활동에 관한 상세한 설명은 신영덕, 앞의 책, 2장 참조
12) 김동리, 「문단 10년의 개관」(『연합신문』, 1958.8.15) 참조
13) 김윤식은 전쟁을 휴머니즘의 시각에서 비판적으로 바라보는 남한 문학자의 태도가 북한 문학자의 태도와 매우 대조적인 것임을 지적한 바 있다. 김윤식, 앞의 책, p.37. 남한 종군작가들의 작품 내용 및 그 특성에 관한 자세한 설명은 신영덕, 앞의 책 3장 참조

남한 소설의 특수성은 이런 점에서도 찾을 수 있는 바, 작품을 예로 들어가며 미군·중국군의 모습이 어떻게 형상화되고 있으며 그 특성은 무엇인지 살펴보도록 하겠다.

1. 미군의 형상화와 특성

한국전쟁의 발발로 인한 인적 물적 피해가 세계대전적 규모의 것이었음은 많은 연구자들에 의하여 밝혀진 바 있다.[14] 그런데 인적 피해 중에는 수량적으로 측정할 수 없는 성격의 것들이 많다. 전쟁으로 인한 여성의 수난 문제는 그 대표적인 한 예가 될 것이다. 특히 전쟁 당시에 발표된 많은 작품들은 여성의 매춘 문제를 다루고 있는데, 미군은 이러한 매춘과 관련되어 작품에 등장하고 있다. 한 연구에 의하면, 전쟁 발발 당시 일본에 있던 미군은 12만 5천명이었던 데 반해 한반도 전선에 출동한 미군은 최대일 때 35만명에 달했으며, 이들은 모두 일본을 통과해감으로써 주일 미군기지 주변에는 '빵빵'이라고 불리는 미군 상대의 매춘부가 한층 더 증가하였다고 한다.[15] 이러한 점으로 미루어 한국에도 미군을 상대로 한 매춘부가 많이 있었을 것으로 추정되는데, 전쟁기 남한 소설은 이러한 사실을 잘 보여주고 있다.

정비석의 「서북풍」(1953)은 그 대표적인 작품이다.[16] 여주인공 김경미는 여학교 교장이던 아버지와 대학교수로 있던 오빠가 '육이오 통'에 납치되고, 게다가 낯선 대구로 피난을 온 까닭에 가난에 쪼들리게 된다. 대학 다닐 때 화려한 꿈에 취해 지내던 그녀에게는 이제 병든 어머니와 동생만이 남아 있을 뿐이다. 결국 그녀는 '양갈보' 노릇을 하는 동창생 강춘옥을 찾아가고 그를 따라 미군 환송 파티에 참석하게 된다. 요컨대 이 작품은 전쟁기 현실에

---

14) 최장집, 「한국전쟁에 대한 하나의 이해」, 『한국전쟁 연구』(태암, 1990), p.352.
15) 와다 하루끼, 앞의 책, p.241.
16) 단편집 『서북풍』(보문출판사, 1953)에 수록된 작품이다.

서는 소위 '집안' 좋고, 학력도 높은 여성들이 미군과 매춘 행위를 하게 된다는 것을 보여주고 있는 셈인데, 많은 여성들이 생존을 위해 매춘부가 되고 만 현실을 짐작할 수 있을 것이다.[17]

김송의 장편 『영원히 사는 것』(백영사, 1952)에서도 학력이 높은 여성이 미군과 매춘관계를 맺은 사실이 나타난다. 서울 '이화대학'을 나온 이십 육칠 세 가량 되는 정란은 부산까지 피난 와서 미군 PX에 취직하였는데, 일선에서 부상당한 사랑하는 남성 형칠을 위해 미군 '쫀'에게 몸을 바쳐가며 구하기 어려운 '오일페니실린'을 구해온다는 내용이 그것이다. 물질적으로 풍부한 미군과 필요한 물건을 얻기 위해 성을 매매하는 여성의 모습을 확인할 수 있겠다.

유주현의 「기상도」(『전선문학』4, 1953.4)는 비행기 안에서 일어난 일을 다루고 있다. 기상이 나빠 착륙이 지연되자 비행기 안에서는 논쟁이 일어난다. 토건업자인 '신사복'과 매춘부는 불평을 토로하고, 상이군인은 조종사를 믿자고 주장한다. 이때 C대령은 비바람이 심한 까닭에 무전이 통하지 않아 비행장을 찾지 못하고 있다고 하면서 만일의 사태에 대비하여 낙하산을 나누어주고자 한다. 그런데 낙하산이 모자라자 미군은 자기의 것과 매춘부의 것으로 두 개를 먼저 집어간다. 그러자 C대령은 매춘부의 것을 빼앗으며, '레이디 화스트'를 주장하는 미군에게 "그것은 당신 나라의 예절이지만 우리는 지금 한 사람의 매춘부보다는 한 사람의 장정의 목숨이 더 소중하외다."[18]라고 하면서 미군과 매춘부의 모습을 부정적으로 보여주고 있다. 현실적으로 있을 수 있는 이야기이겠지만, 전쟁기 현실에서 우군인 미군을 비판

---

17) 전쟁 당시 미군과 매춘 행위를 하는 여성들이 늘어나고 있는 현실의 모습은 최인욱의 「저류」(1952.8)에서도 찾아볼 수 있다. 이 작품은 젊은이들의 일선 지원을 독려하고자 하는 목적의식을 드러내고 있으면서도 당대 현실의 세태를 비교적 객관적으로 드러내고 있다는 점에서 주목할 만하다.
18) 유주현, 「기상도」(『전선문학』 4, 1953.4), p.97.

하고 있다는 점에서 특히 주목할 만한 작품이라고 생각한다.

박연희의 「소년과 <메리>라는 개」(『문화세계』1, 1953.7) 역시 미군을 비판하고 있는 작품이다. 이 작품은 미군의 비인간성을 소년의 눈을 통해 보여주고 있다. 이 작품에 등장하는 흑인 병사는 사람보다 개를 더 귀하게 여기고 있는 것이다. 이러한 흑인 병사에 대한 비판의식은 다음과 같은 소년과 엄마간의 대화문에 잘 드러난다.

「엄마, 아까 저기 올 때 사람이 넘어져 있지 않음? 그건 어째 약 발라주지 않소?」
「이제 발라 주겠지…」
「감안 양코백인 「메리」가 더 귀한 모양이지오?」[19]

이상에서 살펴본 바와 같이 한국전쟁기 남한 소설에 있어서 미군을 다룬 작품은 많지 않다. 그리고 작품 속에 형상화된 미군의 모습은 다소 부정적이다. 이들은 주로 매춘부 문제와 연관되어 있거나 사람보다 짐승을 더 중히 여기는 비인간적인 성격을 지니고 있는 인물로 형상화되고 있는 것이다. 전쟁에서의 승리를 위해 종군 활동을 한 종군작가들이 우군인 미군을 이렇게 비판적으로 형상화한 것은 미군에 대한 남한 작가들의 태도가 대부분 비판적이었음을 추측할 수 있다. 또한 이것은 휴머니즘적 시각으로 전쟁을 비판하면서 전쟁기 현실의 모습을 사실적으로 묘사하였던 남한 작가들의 글 쓰기 태도와도 관련 있다고 할 것이다.[20]

---

19) 박연희, 「소년과 <메리>라는 개」(『문화세계』1, 1953.7), p.153.
20) 곽종원은 전쟁기 평론을 통해 세태묘사에 익숙한 남한 작가들의 작품 경향을 비판하면서 전선 취재의 작품이 필요함을 강조한 바 있다. 곽종원, 「문학정신의 확립」(『자유세계』, 1952.1)

2. 중국군의 형상화와 특성

한국전쟁기 남한 소설에서 중국군의 모습을 구체적으로 다룬 작품은 별로 없다. 대부분의 작품들은 중국군의 참전으로 가족이 파괴되고 많은 인명 피해가 있었음을 보여주고 있다. 중국군의 참전으로 가족이 뿔뿔이 흩어지고 마는 경우는 김동리의 「풍우 속의 인정」(『해병과상륙』, 계문사, 1953.3), 안수길의 「고향바다」(1952), 이무영의 「범선에의 길」(『신조』, 1951.7) 등에서 찾아볼 수 있다. 김동리의 작품은 중공군이 참전함으로써 연합군이 전면적으로 철수하게 되고, 서울 시민들 역시 또 다시 피난길에 오르게 되자 주인공의 가족도 뿔뿔이 흩어져 피난을 떠난다는 이야기를, 안수길의 작품은 중공군 참전으로 흥남철수 명령이 발표되자, 주인공 진우는 할아버지와 아내를 남겨두고 눈물을 흘리며 북한을 혼자 탈출함으로써 이산 가족이 된 경우를 보여주고 있다. 그런데 이무영의 작품은 우여곡절 끝에 헤어진 가족을 다시 만나게 된다는 점에서 다른 작품들과 구분된다.

중공군의 참전과 죽음의 문제를 다룬 작품으로는 김송의 「두개의 심정」(『문예』, 1952.5), 유주현의 「영(嶺)」(『창공』, 1952.3), 박연희의 『무기와 인간』(『해병과상륙』, 계문사, 1953.3) 등이 있다. 김송의 작품에서는 중공군의 참전으로 전장에 나가게 된 주인공이 부상을 입어 양팔이 모두 잘리게 되자 자신의 몸에 절망한 나머지 자살하고 만다는 이야기를 통해 중공군은 주인공으로 하여금 자살하게끔 만든 존재로 형상화되고 있다. 유주현의 작품에서는 주인공 형숙이 두 아이를 데리고 피난을 떠나게 되었는데, 곳곳에 비행기 공습으로 죽은 중공군의 시체가 나뒹굴고, 까마귀는 시체를 파먹다가 산 사람에게까지 달려든다는 이야기를 통해 전쟁기 현실의 참상을 사실적으로 보여주고 있다. 또한 박연희 작품에서는 전쟁 당시 치열했던 도솔산 전투를 사실적으로 묘사하는 가운데 중공군이 전투 중에 인민군 소년병을 겁탈하려

다가 총에 맞아 죽은 모습을 보여주고 있다. "인간이란 주위와 환경을 가리지 않고 때에 있어서는 생리적으로 오는 발작이 노현된다는 것이 오히려 진실된 행위라고 믿어지기까지도 하였다."21)는 서술자의 설명에서도 드러나듯이, 이 작품에서의 중공군은 맞서 싸워야 할 '적'이라기보다 치열한 전장에서도 성적 본능을 드러내는 한 인간으로서 형상화되고 있는 것이다.

한 연구자에 의하면, 중국군이 한국전쟁에 개입하게 된 것은 먼저 역사적으로는 일제 하부터의 많은 조선인들의 중국으로의 이주와 항일 공동투쟁과 중국내전 과정에서의 북한지도부와 조선인들의 도움이라는 요인이, 둘째 전쟁발발과 관련된 요인으로는 전쟁결정과정에서의 중국과 모택동의 개입 및 정신적 군사적 후원이, 끝으로 좀더 직접적으로는 중국의 안보에 대한 미국의 위협과 스탈린의 종용이 주요 요인이었다고 한다.22)

그런데 이러한 사정과 관계없이 한국의 입장에서는 중국군은 또 다른 적이었기에 전쟁에서의 승리를 위해서는 타도해야 할 대상이었을 것이다. 한국전쟁 당시 중국군의 참전은 한국군과 미군을 포함한 연합군에 의한 북진통일을 결정적으로 좌절시켰으며, 다시 한 번 수도 서울을 버리고 피난을 하게 만들었기 때문이다. 그런데 앞에서 살펴본 것처럼 한국전쟁기에 발표된 남한 종군작가들의 소설은 중공군의 참전으로 인해 가족이 뿔뿔이 흩어졌고, 피난으로 인해 많은 인명 피해가 있었다는 사실만을 보여주고 있을 뿐이다. 많은 반공소설에서 공산주의 사상의 허구성과 북한 인민군을 비판하고 있는 것과는 매우 대조적이라 할 수 있을 것이다. 이유는 분명치 않으나, 이러한 현상은 체험의 한계 내에서 전쟁기 현실의 모습을 사실적으로 묘사하고자 하였던 남한 작가들의 특성과 관련 있을 것으로 생각한다.

---

21) 박연희, 「武器와 人間」(『海兵과 上陸』, 啓文社, 1953.3), p.213.
22) 박명림, 『한국 1950 전쟁과 평화』(나남출판, 2002), p.463.

Ⅲ. 북한 소설과 미군·중국군의 형상화

북한문학사에 의하면, 한국전쟁기 북한 문학 역시 전시체제로 재편되었음을 알 수 있다. 조선노동당은 문학의 전투적 기능을 제고하기 위하여 제반 지침을 제시하였던 바, 이것은 문학 대열 내에서의 전시 체제의 확립, 작가들의 종군조직, 남북 문학 예술 단체의 합동(1951.3), '조선인민군 창건 5주년 문학예술상제' 등으로 나타났다고 한다.[23] 물론 이것은 김일성의 1950년 6월 26일의 '전체 조선인민들에게 호소한 방송 연설'을 비롯한 제반 지침에 기초하였던 것이다.[24] 한국전쟁기 북한 소설에서 미군·중국군의 형상화는 바로 이러한 지침에 의거하여 이루어진 것으로 판단된다.[25]

---

23) 안함광, 앞의 책, p.482 참조.
24) 김일성은 「우리의 예술은 전쟁승리를 앞당기는데 이바지하여야 한다」(1950년 12월 24일 작가, 예술인, 과학자들과 한 담화), 「우리 문학예술의 몇 가지 문제에 대하여」(1951년 6월 30일 작가, 예술가들과의 담화), 「우리 예술을 높은 수준에로 발전시키기 위하여」(1951년 12월 12일 세계청년학생예술축전에 참가하였던 예술인들 앞에서 한 연설)를 비롯한 수많은 고전적 노작들에서 전시문학의 전투적인 사명과 임무, 주제방향과 창작실천적 문제들에 전면적이고도 완벽한 해명을 주었다고 한다. 김선려, 리근실, 앞의 책, pp.9-10.
25) 김일성의 지침 내용 구분은 문학사마다 약간의 차이를 드러낸다. 안함광은 한국전쟁기 당 문예정책과 관련된 김일성의 지침 내용을 크게 5가지로 요약하고 있다. 첫째, 숭고한 애국심을 형상할 것. 둘째, 인민군대의 영웅성과 완강성을 표현 묘사할 것. 셋째, 적에 대한 증오심을 옳게 표현할 것. 넷째, 국제친선사상을 테마로 한 작품을 많이 창작할 것. 다섯째, 사회주의 사실주의의 창작방법을 체득할 것 등이다. 안함광, 앞의 책, pp.472-498. 『조선문학통사』에서는 6가지로 구분하고 있다. 첫째는, 인민의 고상한 애국심과 민족적 자부심을 정당히 형상할 것. 둘째, 영웅을 형상할 것. 셋째, '원쑤'들의 만행을 철저히 폭로할 것. 넷째, 프로레타리아 국제주의 사상을 반영할 것. 다섯째, 자연주의적 요소를 숙청하고 사회주의적 사실주의에 기초할 것. 여섯째, 작가들은 위대한 무기, 문학 예술의 창조자로서 애국주의적 세계관을 부단히 제고할 것 등이다. 사회과학원 문학연구소 편, 앞의 책, pp. 242-245 참조. 김선려·리근실의 『조선문학사』에서는 위 내용 중 사회주의적 사실주의를 '우리식 사실주의'로 표현한 점이 다를 뿐이다. 김선려·리근실, 앞의 책, pp.5-23.

1. 미군의 형상화와 특성

안함광의 『조선문학사』에 의하면, 전쟁 시기 북한의 조선노동당은 문학예술가들에게 '미제국주의자의 만행을 역사적으로 또는 현실적으로 광범하고도 심각하게 취재하여 전체 인민의 적개심을 더욱 고취하며 조국애를 더욱 앙양시켜주는 고상한 형상물들을 왕성히 창조' 할 것을 요구하였다고 한다. 그리고 이러한 주제의 대표작으로 안함광의 『조선문학사』와 『조선문학통사』에서는 한설야의 「승냥이」(1951)와 이북명의 「악마」(1951)를 예로 들어 설명하고 있다. 그리고 김선려·리근실의 『조선문학사』에서는 이북명의 「악마」 대신에 전쟁 시기를 배경으로 한 유항림의 「누가 모르랴」(1951), 김형교의 「뼉다귀 장군」(1953) 등을 대표적인 작품으로 들어 설명하고 있다.26) 그런데 미군의 부정적인 모습은 다른 작품에서도 한결같이 부정적으로 묘사되고 있다. 한국전쟁기에 발표된 대부분의 북한 소설은 미군의 부정적인 모습을 보여주고 있다고 하여도 과언이 아닐 정도인 것이다. 특히 미군에 의한 무차별 폭격괴 살인, 여성 겁탈 등은 거의 모든 작품에 강조되어 묘사되고 있는 것이다. 그러면 실제로 다른 작품에서는 미군을 어떻게 형상화하고 있는지 살펴보기로 하겠다.

한국전쟁기 북한의 대표 작가인 한설야는 그의 여러 작품을 통해 미군에 대한 '증오심'을 드러내고 있다. 「전별」(1951)에서는 내 부모 형제의 조국을 미군이 짓밟고 있기에 싸워야 한다는 것을 강조한다.27) 이 작품에서는 미군들이 "질겅질겅 껌을 씹고 과자를 먹는 놈의 개 이빠디 같은 잇발"(p.404)을 가지고 있으며, "조선의 어머니와 누나의 가슴에 칼을"(p.405) 박거나, "젊은 여자들만 보면 잡아가는 놈들"(p.412)임을 보여주고 있다.

---

26) 유항림과 김형교의 작품에 대한 설명은 김선려·리근실, 앞의 책, pp.173-179 참조.
27) 이하 한설야의 단편소설은 『한설야선집』(조선작가동맹출판사, 1960)에 수록된 작품을 텍스트로 하였다. 이하 인용 시 본문에 페이지 수만 밝히고자 한다.

「황초령」(1952)에서는 후퇴 후 반격에 나선 시기인 1951년 초 황초령 부근 병원에 근무하는 복실이라는 간호원에 관한 이야기를 들려주고 있다. 이 작품은 황초령이 "미국 제1해병사단을 장진호반서부터 안팎 팔십리 황초령 골짜기에 이르는 사이의 깊고 험한 산간에서 일만이천명이나 몰살"(p.494) 시킨 곳임을 작품 곳곳에서 강조한다. 그리고 복실 등의 애국적 활동을 찬양하는 동시에 미국인과 미군의 잔인성과 비겁성을 비판한다. 미국인의 모습은 "두 눈알이 튀여나온 미군 장교놈의 며자귀 같은 낯바대기"(p.501), 소학교에 유산탄을 뿌려 소년에게 중상을 입히고, 민간인을 기총소사로 죽이는 미국인 비행사들, 승냥이를 연상시키는 미국 선교사 부인 '맥가', "하루밤 사이에 조선군과 중공군에게 말짱 죽음을 내려달라고"(p.517) 기도하는 미군 연대장 부인, 조금만 위험하면 살려달라는 의미에서 '포로'를 외치는 미군의 비겁한 모습 등은 그 예에 해당한다.

장편 『대동강』에서는 한국군과 미군에 의해 점령된 평양의 모습과 북한 인쇄 공장 노동자들의 투쟁 활동을 중점적으로 그리고 있다.[28] 이 작품에도 미군들의 부정적인 모습이 다양하게 나타난다. 미군들로 인해 평양의 거리는 "마치 깽그의 련습장"(p.10)처럼 되었고, 미군 찦차의 질주로 인해 시민들은 불안해한다. 이러한 가운데 어느 날 미군 찦차의 질주로 네 댓 살 된 어린 아이가 죽게 된다. 또 미군 중위 해리슨은 사령부 민정부장 스미쓰가 가장 신임하는 부하로서 수많은 조선 인민을 학살하였으며, 그 공으로 평양에 전임해 와서도 역시 이러한 일에 종사하고 있음을 보여준다. 이 작품은 해리슨의 모습을 다음과 같이 묘사한다.

---

28) 이 작품은 처음에는 『로동신문』(1952.4.23-29)에 발표되었으나, 이후 3부작(1부 「대동강」, 2부 「해방탑」, 3부 「룡악산」)으로 완결되어 단행본(조선작가동맹출판사, 1955.6.10)으로 출간되었다. 본고에서는 위 단행본을 텍스트로 하고 인용 시 본문에 페이지 수만 밝히고자 한다. 문학과 사상연구회 편, 『한설야문학의 재인식』(소명출판, 2000), p.223 참조

키 크고 목이 황새목 같은데 그 우에 코 끝이 뾰죽하게 내민 조그만 대가리를 이고 있었다. 얼른 보기에 소방대 곡괭이 같이 생긴 위인이었다.(p.116)

이처럼 미군의 생김새를 우스꽝스럽게 묘사한 이 작품은 미군들이 '인민군대와 중국 지원군에게 포위 섬멸되어 많은 시체를 유기하고 패주'하였음을 보여주면서 3부작을 완결하고 있다. 요컨대 한국전쟁기 한설야의 작품들은 짐승과 같은 미군의 잔학성을 폭로함으로써 적개심을 고취하고, 미군이 겁쟁이임을 강조함으로써 인민과 인민군대의 사기를 진작시키고 있는데, 이같은 미군의 부정적 형상화는 다른 작가들에게서도 반복적으로 나타난다.

박웅걸은 「상급전화수」(1952), 「나의 고지」(1952) 등의 작품을 통해 미군을 '승냥이', '짐승 같은 원쑤' 등으로 묘사하면서, 미군들이 행복했던 고향을 잿더미로 만들었기에 싸워 이겨야 함을 강조하였다.[29] 그리고 「공병소대장」(1951.7)에서는 김진석 소대장의 용감성과 부하 통솔 능력을 찬양하면서, 피난 녀성을 죽인 미군 엠피의 잔인성을 다음과 같이 묘사하고 있다.

그리고 굴 안에는 수많은 시체가 흩어져 있었다. 갈기갈기 찢어진 치마폭들과 사방에 흩어져 있는 짐 보퉁이로 보아 그들은 피난을 가던 마을 녀성이라는 것을 알 수 있었다. 전지불이 콩크리트 벽 쪽으로 비치자 소대장은 거기서 두 눈을 둥그렇게 뜬 채 몸을 벽에 기대고 있는 녀인을 발견했다. 전지불을 바싹 가까이 가져갔을 때 그 녀인도 역시 죽었다는 것을 알아채였다. 두 손아귀에는 무슨 헝겊 쪼박지를 틀어쥐고 있었다. 소대장은 그것이 미국놈들이 입는 잠바의 옷자락이라는 것을 알았다. 그리고 그 옆에는 기슭에 흰 선을 두 줄 긋고 엠·피라고 영문자로 쓴 철갑모가 하나 뒹굴고 있었다.(pp.144-145)

---

29) 박웅걸의 단편집 『상급전화수』(조선작가동맹출판사, 1959)를 텍스트로 하였다. 인용 시에는 본문에 페이지 수만 표시한다.

윤세중은 「구대원과 신대원」(1952)에서 40여차의 큰 전투를 치른 노련한 구전투원 장수철과 귀엽고 영리하고 씩씩한 신대원 박성구의 모습을 통해 전사의 용감성을 보여주면서 미군에 대한 증오심을 드러낸다. 미군을 '독사같이 징그러운 미제놈들'이라고 하면서, 한편으로는 이들을 겁쟁이로 묘사하고 있다.

> 미제졸병놈들은 실패와 죽음만이 있는 고지 돌격전을 그래도 강요당하고 있던 판인데 지휘관이 죽어넘어진 것을 알자 이 기회라고 분산하여 뛰였다. 성구는 총알에 여유가 있는 한 한 놈이라도 더 잡으려고 바위에 붙어 더 사격을 계속하였다.[30]

박태민의 「벼랑에서」(1952)는 포로가 된 운전수 원주의 영웅적 희생 행위를 보여주면서, 미군의 잔인성을 폭로한다. 주인공 원주의 어머니는 '미국놈들'의 기총소사에 숨졌으며, 폭격에 의해 아내와 딸이 죽고 집은 폐허가 되었음을 보여준다. 그리고 미군 엠피 장교의 인민 학살 장면을 다음과 같이 묘사하고 있다.

> 광장은 어린 것들의 애절한 울음소리와 어머니들의 통곡으로 벌쩍 뒤덮인다. 그러자 례의 미군 <<엠·피>>가 안경을 벗어들며 손을 든다. 그에 호응하듯 일제히 기관총들이 어린 것들을 겨누어 불을 뿜는다. 어린 것들은 울음을 머금은 채 련달아 광장우에 쓰러진다. 어머니들의 불을 토하는듯한 울부짖음과 어린 것들의 비명이 처절하게 광장우에 울린다.[31]

이외에도 많은 작품들이 미군의 모습을 부정적으로 형상화하면서 증오심

---

30) 『조선단편집』2(문예출판사, 1978), p.210.
31) 위의 책, p.228.

을 표출하고 있다. 리상현의 「아들은 전선에 있다」(1952)에서는 "얼굴이 발바리처럼 생긴 미제 장교 놈"32)과, 새벽에 여자를 겁탈하려고 뛰어들었다가 실패하고는 그 화풀이로 죄명을 달아 치안대로 끌고 가는 '미제졸병놈' 등의 미군을 형상화하고 있으며, 황건의 「불타는 섬」(1952)에서는 1950년 9월 12일 월미도를 배경으로 인천상륙을 시도하는 미군들의 모습을 '흉측하고 가증스러운 물건, 선한 생명의 피를 요구하는 짐승'으로,33) 유항림의 「소년 통신병」(1953)에서는 미군을 "야간전투를 무서워하는 놈"34)으로, 김만선의 「사냥군」(1951)에서는 민간인 집을 폭격하고 특히 아이들과 부녀자를 학살하는 살인마로,35) 김영석의 「화식병」(1951)에서는 "잔인한 원숭이 같이 이발을 내밀고 달려드는 추악한 미국놈"36), '패주한 미국 강도군'으로, 류근순의 「회신속에서」(1951)는 '미국 승냥이 새끼들'이라고 욕하면서, "공장을 불지르고 우리 학교랑 마사논 원쑤놈들"37)로 묘사함으로써 미군에 대한 증오심을 드러내고 있는 것이다.

한편, 한국전쟁기에 발표된 이태준의 작품들 역시 미군에 대한 증오심을 보여주고 있다.38) 「미국 대사관」(1951.4)에서는 미군 비행사와 사저수의 형

---

32) 단편소설집 『승리자들』(문예출판사, 1976), p.278. 이하 인용시 페이지 수만 밝히고자 한다.
33) 『조선단편집』2(문예출판사, 1978)에 수록된 이 작품은 일본군도 상륙작전에 가담하고 있음을 밝히고 있다는 점에서 주목할 만하다.
34) 끊어진 통신선을 양손으로 잡아 통신이 가능하게 함으로써 임무를 완수한다는 내용은 박웅걸의 「상급전화수」와 유사하다. 북한 소설에 유사한 내용이 반복적으로 나타나는 것은 이미 주제가 정해져 있기 때문일 것이다. 단편소설집 『분대장과 전사』(금성청년출판사, 1977), p.206. 이하 인용 시 페이지 수만 밝히고자 한다.
35) 안함광은 이 작품의 부자연성을 들어 이를 자연주의적이라 비판하였으나, 최근의 북한문학사에서는 "비행기 사냥군조원들의 희생적인 투쟁화폭을 통하여 경애하는 수령님의 독창적인 군사전법의 위대한 생활력을 감명 깊은 형상으로 보여준 작품"으로 높이 평가되고 있다. 안함광, 「1951년도 문학 창조의 성과와 전망」(『인민』, 1952.1), 『자료집』2, p.159, 김선려, 리근실, 앞의 책, pp.131-132.
36) 『조선문학사 작품선집』2(학우서방, 1982), p.128.
37) 위의 책, p.155.
38) 본고에서 다룬 이태준의 작품들은 모두 이태준의 단편집 『고향길』(재일본 조선인 교육자

상화를 통해 '미군의 만행과 비굴함'을 폭로하고 있다. 비행기가 포탄에 맞아 낙하산을 타고 탈출한 미군 비행사 록크와 사저수 헐버트는 인민군에 의하여 붙잡힌다. 이들은 붙잡히자마자 미국 대사관으로 보내달라고 한다. 그러자 정치부 군관과 연대장은 통신병에게 이들을 "사단으로부터 련락 군관이 갈 때까지는 잘 맡아두었다가 보내라는 지시"(p.23)에 따라 가두어 둘 것을 명령한다. 그는 명령에 따라 이들을 피비린내가 나는 화약고로 데려간다. 이 화약고는 남한 경찰들이 경찰서 유치장이 파괴되자, "검속한 조선 애국자들의 가족을 가두었"(p.25)다가, 퇴각하기 전 이들을 기관총과 수류탄으로 해치웠던 곳이다. 이에 미군들은 자신들을 죽일 것으로 오인하여 살려달라고 비굴한 태도를 취한다. 그러자 통신병은 이러한미군들을 향해 이 화약고가 "너희 미국 대사관"(p.28)이라고 하면서 다음과 같이 외친다.

> 너희 놈들을 우리가 질근질근 씹어먹기루 씨원헐 줄 아니? 그렇지만 국제공법인가 뭔가 때문에 헐 수 없이 죽이진 않는 줄 알어라.(p.27)

이 작품은 이처럼 '미군들의 만행과 비굴함'을 보여주는 동시에 이들에 대한 강한 증오심을 드러내고 있다. 그럼에도 북한문학사에서는 이 작품이 "우리 인민 군대를 국제법도 모르는 무도덕하고 무규률적인 군대로 중상하기 위하여 우리 측이 미국 포로에게 모진 박해를 가하는 것처럼 왜곡하여 묘사함으로써 우리 측 전상 포로들에 대한 적들의 야수적인 살인 도살 정책을 합리화"39) 하였다고 비판하고 있다. 물론 이와 같은 왜곡된 평가는 '종파주의 잔재와 투쟁할 것'을 강조한 김일성의 지시와 이에 따른 정적들의 숙청사건과 관련 있다고 할 것이다.40)

동맹, 1952)에 수록된 것이다. 따라서 이하 인용시에는 본문에 페이지 수만 밝히고자 한다.
39) 사회과학원 문학연구소, 앞의 책, p.248.

이태준의 「백배 천배로」(1951.4) 역시 '인민군 전사의 영웅적 형상화'와 '원쑤들에 대한 증오심 표현'이라는 목적에 충실하고자 한 작품이다. 이 작품에서는 최훈 분대장과 오기호 전사의 희생적 행위를 그리고 있다. 그리고 미군의 모습은 '목이 성큼한 놈이 깡통은커녕 나뭇잎만 바스락하여도 그쪽을 향하여 한 탄창씩은 퍼붓는' 겁쟁이로 묘사된다. 북한 문학사에서는 이 작품이 "영웅적 인민군 전사들을 모욕하고 우리 인민이 진행하는 전쟁의 정의적 성격을 말살하려 하였으며, 전쟁 승리를 위한 우리 당과 정부의 시책을 중상하였다"[41]고 평가한 바 있으나, 이 역시 정치적 고려에 의한 왜곡된 평가로 보아야 할 것이다.[42]

이처럼 한국전쟁기 북한소설에 등장하는 미군은 한결같이 부정적으로 형상화되고 있다. 미군은 야수처럼 잔인하지만 알고 보면 겁쟁이라는 사실을 보여주고자 한다. 미군은 잔인한 짐승과 같기에 조국을 지키기 위해 맞서 싸워야 하며, 겁쟁이이기에 싸워 이길 수 있다는 의미가 내포되어 있는 것이다. 구체적 형상화 노력에도 불구하고 다소 도식적이라는 느낌을 주는 것은 전쟁에서의 승리를 위해 적에 대한 증오심을 표현할 것을 요구한 전시 하 당 문예정책으로 인한 주제의 유사성에서 비롯되었다고 할 것이다.[43]

---

40) 와다 하루끼는 김일성의 박헌영과 숙청은 스딸린의 지시에 의한 것이며, 이것은 누군가 전쟁 실패의 책임을 져야 했기 때문이었던 것으로 추정하고 있다. 그에 의하면, 중국군 참전 이후 중국군 펑떠화이에게 실질적 군사 지휘권을 빼앗기고 명목뿐인 최고사령관으로 굴욕감과 불안감을 느끼고 있던 김일성은 박헌영과 숙청을 계기로 북한의 실질적인 1인자가 되었다고 한다. 와다 하루끼, 앞의 책, pp.277-283.
41) 사회과학원 문학연구소 편, 앞의 책, p.248.
42) 이 작품에 대한 상반된 평가에 관해서는 이은자, 앞의 글, p.353 참조
43) 전쟁 시기 북한 소설의 도식성과 단조로움은 무갈등론과도 연관 있을 것이다. 이에 대한 상세한 설명은 신형기·오성호, 앞의 책, pp.135-137, 김재용, 앞의 책, pp.21-26 참조

2. 중국군의 형상화와 특성

안함광은 한국전쟁 당시 김일성이 북한 작가들에게 "조쏘 조중 친선을 비롯한 국제 친선 사상을 테마로 한 작품"[44]을 창작할 것을 요구하였으며, 작가들은 이러한 요구에 부응하였다고 하면서 그 이유와 의의를 다음과 같이 밝히고 있다.

> 우리 문학에 있어 국제주의 사상은 기본적인 테마의 중요한 자리를 차지한다. 해방과 원조의 은인인 위대한 쏘련은 조국 해방 전쟁 시기에 있어서 적극적인 지지와 성원으로써 우리 인민을 승리에로 고무 격려하여 주었다. 항미원조 보가 위국의 기치 밑에 중국 인민들은 인민 지원군을 직접 조선 전선에 파견하여 주었으며 그들은 전선과 후방에서 전고 미문의 영웅성과 헌신성을 발휘하여 우리 인민 군대와 함께 공화국의 촌토를 피로써 고수하였으며 우리 인민의 후방 사업을 적극 협력하여 주었다.[45]

대부분의 북한 문학사에서는 이러한 주제의 대표작으로 윤시철의 「나의 옛 친우」(1951)를 들고 그 의의를 높이 평가하고 있으므로 그 내용을 간단히 살펴보기로 하겠다.

이 작품의 이야기는 광주 학생 사건이 일어나기 전 해인 1928년 봄 간도지방을 배경으로 하여 시작된다. 당시 간도지방은 혁명의 불길과 함께 잦은 시위가 있었다. 결국 주인공 윤이 다니던 학교는 폐교령에 의해 문을 닫게 되고 선생들 태반은 검속되고 만다. 윤은 할 수 없이 그 해 가을에 중국인 소학교에 다니게 되었는데, 이때 중국인 소년 주양을 만나게 된다. 준수하고 겸양한 주양은 외롭게 지내는 윤에게 관심을 보이며 친구가 되어 준다. 그런데 1930년 5월, 간도 5·30 혁명폭동 사건으로 선생 전부가 공안국에 잡혀

---

44) 안함광, 앞의 책, p.492.
45) 위의 책, p.527.

가고 조선인 학생 전부에게 무기한 정학이 통고된다. 이로써 윤은 주양과 헤어지고 말았는데, 20년 후 11월 하순께 한국전쟁에 중국지원군 간부 정찰원으로 참여한 그를 다시 만나게 되어 기쁨을 느끼게 된다는 것이 이 작품의 결말이다.

안함광은 이 작품이 원쑤를 반대하는 투쟁에서의 조중 양국 인민의 혈연적 관계를 작은 하나의 에피소드적인 사건과 그 가운데서의 구체적인 인물 형상을 통하여 표현하였다고 하면서 그 의의를 높이 평가한 바 있다.[46] 실제로 이 작품은 중국인민지원군의 모습을 "솜 옷에 미국식 보총을 메고 쌀자루며 물 곱부 작은 냄비까지의 생활 도구 전부를 몸에 지닌 중국 군인"[47] 등과 같이 매우 구체적으로 묘사하면서 이들의 긍정적인 모습을 보여주고 있다.

한편, 김선려·리근실의 『조선문학사』에서는 '국제주의적 전우애를 주제로 하는 우수한 단편소설'로서 윤시철의 「나의 옛 친우」 외에 리윤영의 「전우」(1953), 박태민의 「돌아온 전우」 등의 작품을 예로 들고 있다. 그리고 이 삭품들에 대해서 "조선 인민군 용사들과 중국 인민지원군 용사들 사이에 맺어진 우정이 결코 조국해방전쟁시기에 비로소 이루어진 것이 아니라 이미 일제를 반대하여 싸우던 항일 혁명투쟁시기부터 이루어진 것으로서 그것은 오늘 피 어린 전쟁행정에서 더욱 깊이 있고 열렬한 혈연적 우정으로 공고 발전되고 있다는 사상을 생활적으로 감명깊이 보여주고 있다"[48]고 하였다.

그런데 내용은 조금씩 다르지만 중국인민지원군의 긍정적인 모습은 박웅걸의 「형제」(1953)와 이태준의 「고귀한 사람들」(1951) 등에도 나타난다. 이 두 작품은 북한문학사에서 언급되지 않거나 사실과 달리 왜곡되게 평가되고

---

[46] 위의 책, p.530.
[47] 윤시철, 「나의 옛 친우」(『문학예술』4권3호, 1951.7), p.12.
[48] 김선려·리근실, 앞의 책, p.147.

있으므로, 이들에 대해 좀더 자세히 살펴보고자 한다.[49]

　박웅걸의 「형제」는 북한 인민군과 중국지원군이 한 형제와 같이 어려울 때 서로 도와주고 있다는 것을 보여준다. 운전사 김태훈은 '적 항공기'의 기총사격 때문에 적재함에 실은 휘발유통에 불이 붙자 불붙은 휘발유통을 젖은 모포로 몸을 가리고 어깨로 차에서 밀어냄으로써 자신의 차를 구하였으나 화상으로 눈이 멀어 운전을 할 수 없게 된다. 이때 중국지원군 신즈밍이 적기 공습의 위험을 무릅쓰고 차를 몰고 와 김태훈을 구해준다. 그리고 신즈밍은 고마워하는 김태훈에게 "중국 오성기에는 조선 사람의 피도 섞여 있다"(p.240)고 말한다. 과거 조선의용군이 중국 혁명에 참가하여 중국을 도와주었던 사실을 상기시킴으로써 두 사람의 관계가 단지 개인적인 것이 아니라 항일혁명투쟁 시기부터 이루어져 온 것임을 보여주고 있는 것이다.

　이태준의 「고귀한 사람들」에서는 중국 지원병 진평수와 간호장 김옥실의 형상화를 통해 '적들의 만행'을 규탄하는 동시에 '혁명적 낙관주의' 및 '고상한 국제주의 정신'을 드러내고 있다. 분대장과 박오철 대원은 정찰 도중 중국 지원병 한 명이 부상당해 쓰러져 있는 것을 발견하고 병원에 입원시킨다. 이 병원의 간호장인 김옥실은 이 중국 지원병이 과거 자신을 대신하여 고급 군관에게 헌혈해 준 진평수라는 것을 알게 된다. 그녀는 그를 위해 수혈하여 주고 열심히 간호한다. 그러던 중 '적' 제트기의 공습이 있게 된다. 적십자 표시가 분명히 있음에도 '적' 비행기는 무차별로 폭격을 하여 병원은 불바다가 된다. 그녀는 이러한 폭격 속에서도 목숨을 아끼지 않고 환자들을 피신시키다가, 여전히 가사 상태에 있는 진평수를 업고 피신하던 중 총격을

---

49) 이외에도 중국군의 모습은 한설야의 작품에서도 나타난다. 「기적」(1950.8)에서는 중국지원군을 '형제'로, 『대동강』(1952)에서는 '어두운 밤의 태양'으로서, 평양을 해방시켜준 은인으로서 표현하고 있으며, 「황초령」(1952.6)에서는 중국지원군의 재빠른 공습 대피 모습과 "부상병 한 사람에게 구호대 육 칠 명씩 달려 다니는"(p.543) 모습 등을 보여주고 있다.

당해 죽게 된다. 이후 의식을 회복한 진평수는 박오철로부터 그간의 소식을 알게 되고 슬퍼하면서 자신이 "중국인민해방군을 또 당을 비로소 리해하게"(p.47)된 것도 김옥실의 고귀한 삶 때문이었다고 고백한다. 그러자 박오철은 다음과 같이 말한다.

> 「그건 훌륭한 인연이였구려! 동무들은 또 오늘 우리 조선에서 그렇지 않소? 동무들은 전쟁으로 우리를 돕는 것은 물론, 숱한 조선 사람들이 동무들 때문에 또 고상한 국제주의로 무장되여 있는거요! 앞으로 우리 시대는 진정 평화와 행복의 세상일거요!」(p.48)

이와 같은 박오철의 말은 이 작품이 보여주고자 한 목적의식에 해당한다고 할 수 있거니와, 이는 물론 '혁명적 락관주의' 및 '국제주의 쩨마'를 형상할 것을 강조하는 당 문예 정책이 반영된 것으로 판단된다.50) 이 같은 판단의 근거는 다음과 같은 장면 묘사에서 보다 확연히 드러난다.

> 진평수도 감격에 넘쳐 붉어진 입술을 가벼이 떨기만 하였다. 그리고 이들은 약속이나 한 것처럼 마즌 편 벽면을 우러러 보았다. 자기들의 수령의 초상을 더듬고 그 다음 한 가운데 걸린 쓰딸린 대원수의 초상 위에서 그들의 희망에 타는 시선들은 초점이 엉키었다.(p.48)

따라서 이 작품이 "조중 친선이 가지는 고상한 국제주의 정신을 중국 지원군 청년과 조선 간호장 처녀와의 저속하고 색정적인 련애 감정으로 대치시켜 놓았다"51)고 한 평가는 작품의 실상과는 거리가 먼 주장임에 틀림없다고 하겠다.

---

50) 사회과학원 문학연구소 편, 앞의 책, p.245.
51) 위의 책, p.248.

이상과 같이 한국전쟁기 북한소설에서는 동일한 주제 부각을 위해 동일한 패턴으로 중국군을 형상화하고 있다. '중국지원군' 또는 '중국인민지원군'은 북한의 인민군과 서로 도움을 주고받을 수 있는 형제와 같은 존재이며, 이러한 형제 관계는 항일혁명투쟁시기부터 이루어져 온 것임을 보여주고 있는 것이다. 그러나 중국군의 모습이 구체적으로 형상화되어 있음에도 불구하고 도식적이라는 느낌을 주는 것은 당 문예정책에 입각해 창작되고 있는 북한 문학의 특수성 때문일 것이다.

Ⅳ. 결론

 본고에서는 남북한 소설 비교 연구의 일환으로서 한국전쟁 당시 발표된 남북한 소설에서 미군과 중국군이 어떻게 형상화되고 있는가에 대하여 살펴보고자 하였다. 한국전쟁기 남북한 소설에는 미군과 중국군이 다른 시기에 비해 상대적으로 많이 등장하고 있으므로, 이러한 연구는 한국전쟁기 남북한 소설의 특성을 밝히는 데 기여할 수 있으리라 생각하였기 때문이다.

 남한 소설은 미군과 중국군의 모습을 비중 있게 다루고 있지는 않으나, 이들의 형상화를 통해 전쟁기 현실의 일면을 잘 보여주고 있다. 미군은 주로 부정적으로 형상화되고 있는 바, 미군은 매춘 문제와 연관되어 있거나 비인간적인 성격을 지니고 있는 것으로 나타난다. 한편, 중국군의 경우에는 적개심을 드러내기보다는 중국군의 참전으로 인한 피난의 고통과 인명 피해의 모습을 보다 구체적으로 보여주고 있다. 종군작가의 작품에서 우군인 미군은 긍정적으로, 적군인 중국군은 악인으로서 형상화되어 있을 것으로 짐작되지만 사실은 그렇지 않음을 알 수 있다. 실제로 대부분의 남한 작가들은 제한된 체험 내에서 자신이 파악한 전쟁기 현실의 모습을 사실적으로 묘사하고자 하였던 것이다. 이러한 사실은 북한 작가에 비해 상대적 자율성을 지닌 남한 작가들의 특성을 잘 보여주고 있는 것으로 판단된다.

　북한 소설은 남한소설과 달리 보다 구체적으로 미군과 중국군의 모습을 형상화하고 있으나 다소 도식적이다. 미군은 적이기에 모두 악인으로 등장한다. 미군은 잔인한 살인자이면서 비겁한 겁쟁이로 형상화되고 있는 것이다. 그러나 중국군은 우군이기에 모두 선인으로 등장한다. 중국군은 '중국(인민)지원군'으로서 북한의 인민군과 서로 도움을 주고받을 수 있는 형제와 같은 존재이며, 이러한 형제 관계는 항일혁명투쟁시기부터 이루어져 온 것임을 보여주고 있다. 그리고 이러한 내용의 이야기는 여러 작품에 반복적으로 나타나기도 한다. 그 무엇보다도 김일성의 지침과 이를 근거로 한 당 문예정책에 충실하고자 한 북한 작가들의 특성을 잘 보여준다고 할 것이다.

　지금까지 한국전쟁에 참가한 미군과 중국군이 한국전쟁기 남북한 소설에서 어떻게 형상화되고 있으며 그 의의는 무엇인가에 대하여 살펴보았다. 이제 남은 과제는 논의 대상을 좀 더 확대하여 한국전쟁기 남북한 소설의 전반적 특성을 비교 검토하는 일이다. 이를 위해서는 한국전쟁기에 발표된 작품 중 본고에서 언급하지 않은 다른 작품에 대한 검토는 물론 원본 확인 작업도 병행되어야 할 것이다.

참고문헌

김동리, 「문단 10년의 개관」, 『연합신문』, 1958.8.15
김선려, 리근실, 『조선문학사』11, 과학백과종합출판사, 1994
김윤식, 『북한문학사론』, 새미, 1995
김재용, 『북한문학의 역사적 이해』, 문학과지성사, 1994
김춘선, 「북한문학의 전개양상과 제 특징」, 『현대소설연구』11호, 1999
문학과 사상연구회 편, 『한설야문학의 재인식』, 소명출판, 2000
박명림, 『한국전쟁의 발발과 기원』I, 나남, 1996
_____, 『한국 1950 전쟁과 평화』, 나남, 2002
박신헌, 『한국전쟁전후기소설연구』, 형설출판사, 1993
박종원, 류만, 『조선문학개관』II, 사회과학출판사, 1986
사회과학원 문학연구소 편, 『조선문학통사』, 사회과학출판사, 1959,
신경득, 「전란초기 조선 전쟁영웅소설의 영웅유형」, 『배달말』24, 1999
신영덕, 『한국전쟁과 종군작가』, 국학자료원, 2002
신형기, 오성호, 『북한문학사』, 평민사, 2000
안함광, 『조선문학사』, 연변교육출판사, 1956
와다 하루끼(和田春樹), 서동만 역, 『한국전쟁』, 창작과 비평사, 1999
이명재 편, 『북한문학사전』, 국학자료원, 1998
이은자, 「북한 전시소설의 주제 특성에 대한 연구」, 『현대소설연구』12호, 2000
이재인 『북한문학의 이해』, 열린원, 1995
조남현, 「우리 소설의 넓이와 깊이」, 『문학정신』, 1988.10-1990.2
최동호 편, 『남북한 현대문학사』, 나남, 1995
최장집 편, 『한국전쟁연구』, 태암, 1990

한국 전쟁소설의 유형론적 연구
- 피난민 소설을 중심으로 -

이기윤*

1. 머리말

한국 전쟁이 휴전의 상태로 끝난 지도 이제 반세기가 지났다. 그 동안 한국전쟁에 대한 정치적, 사회학적 연구는 어느 정도 궤도에 올라 있는 것이 사실이다. 이러한 현실에 비해 그것에 대한 문화적 연구는 아직 기초 단계에 있다. 그럼에도 불구하고 문화적 연구의 일환인 한국전쟁문학에 대한 연구가 1980년대 후반부터 지속적으로 전개되고 있어 앞으로는 문화적 연구가 활발해질 전망이다.

본 연구는 한국전쟁에 대한 문화적, 문학적 연구의 기초가 되는 한국전쟁소설에 관한 연구의 일환이다. 필자는 1989년부터 한국전쟁소설에 대하여 연구 작업을 지속적으로 전개해 왔다. 그 일차적인 목적은 한국소설사에서 간과하고 있는 한국전쟁을 소재로 하고 있는 소설들의 주제와 경향을 살피고, 나아가 그것을 체계적으로 분류하는 것이다. 그리고 이차적인 목적은 한국전쟁에 관련된 소설들을 '전쟁문학'이라는 장르로 확정짓는 것이며, 따라

---

* 육군사관학교 교수, 주요 저서로 『한국전쟁문학론』(봉명, 1998) 등이 있다.

서 이러한 작업이 완료될 때 한국문학사에서도 전쟁문학의 가능성이 열리게 될 것이다.

사실, 지금까지 몇몇 연구자를 제외하고는 대부분이 한국전쟁과 관련된 소설문학을 전쟁문학으로 확정짓는 데는 주저하고 있다. '전후문학'이나 '전시문학', 그리고 '분단문학' 등의 용어가 보편적으로 사용되고 있는 것이 그것이다. 그러나 이러한 연구 경향은 한국전쟁과 관련된 소설의 기초적 연구가 완성되지 않은 단계에서 몇몇 유명 작품을 대상으로 섣불리 명명한 것이라 본다.

필자는 그 동안 「한국전쟁소설의 유형분류와 주제의식에 관한 연구」(1993), 「한국전쟁소설의 주제의식에 관한 연구」(1995), 그리고 최근에는 「한국전쟁소설 연구 - 포로소설을 중심으로」(1999) 등의 보고서를 낸 바 있는데, 이러한 보고서들은 한국전쟁소설을 조사하여 그 유형과 주제를 분류하고 개별적 작품 분석을 통해 그 의의를 밝힌 것들이다. 따라서 본 연구는 위 보고서들의 후속편이라고 할 수 있으며, 위에서 제시한 전투소설, 포로소설, 피난민소설, 그리고 후방소설 등의 유형적 특징 중에서 피난민소설에 관한 구체적인 분석을 통해 한국전쟁소설의 유형론적 가능성을 살펴보는 일차적 연구에 속하는 것이다.

그리고 이러한 작품들을 분석 논의하는 데에는 주로 주제론적 연구방법이 원용될 것이다. 주제론적 연구방법은 작품에 나타난 작가의식과 시대적 배경, 그리고 인물들의 행위를 통해 그 작품이 지니고 있는 주제를 체계 있게 분석하는 방법으로 문학연구의 방법 중에서 가장 근원적인 방법이면서도 가장 최근의 방법이라고 할 수 있다.[1]

---

1) Werner Sollors, 『The Return of Thematic Criticism』(Harvard Univ. Press, 1993)

2. 피난민소설의 개념

피난민소설은 전쟁소설의 하위개념이다. 전쟁소설을, 전투소설, 포로소설, 후방소설 및 피난민소설로 나눌 때, 그 중의 하나인 것이다.[2] 이러한 피난민소설의 개념적 성격을 규정하면 다음과 같다.

전쟁이 인간에게 가져다주는 상처는 서로 합법적으로 적대행위를 할 수 있는 전투원뿐만 아니라, 전쟁의 폭력이나 위협에서 보호되어야 할 민간인에게도 심각한 것이 사실이다. 민간 주민을 적대행위로부터 보호하기 위해 만든 기본 규칙을 보면, 그들은 모든 군사적 공격으로부터 보호받아야 할 권리가 있음을 명시하고 있지만 이것은 어디까지나 국제법적 질서를 명기하고 있다는 사실에 지나지 않는다.[3]

실제로 6·25 한국전쟁 당시 민간인들이 많은 희생을 당하고 자기가 살던 곳을 버리고 전전해야 했던 아픔을 당한 것이 사실이기 때문이다. 따라서 전쟁이 사회에 미치는 충격 중에서 인구의 급격한 이동으로 인한 사회 변화와 혼란상에 주목하는 것도 결국 민간인에게 끼치는 전쟁의 영향이 얼마나 심각한 것인가를 말해 주는 것으로 볼 수 있는 것이다.[4]

한편, 전쟁에 관한 법적 지위로서 피난민이라는 신분은 존재하지 않는다. 다만 위에서 보는 바와 같이 민간주민이라는 지위가 법적으로 설정되어 있을 뿐이다. 그러나 무차별적인 전쟁의 폭력 앞에서 그것을 피하기 위해 자신이 살던 곳을 떠나 전전하는 민간인을 우리는 피난민으로 지칭해 온 것이 사실이다.

따라서 민간인이 입는 피해의 양상은 구체적으로 피난민의 발생과 그들

---

2) 이기윤, 『한국전쟁소설의 유형분류와 주제의식에 관한 연구』(화랑대연구소, 1993).
3) 1949년 8월 12일자 제네바 협약에 대한 추가 및 국제적 무력 충돌의 희생자 보호에 관한 의정서(제1 의정서) 제4편, 제48조 참조. 임덕규, 『전쟁과 국제법』(법문사, 1985), p.310.
4) 김경동, 「전쟁사회학 시론」, 『현대사』 창간호(서울언론문화클럽, 1980).

이 받는 고통으로 나타나며, 이러한 전쟁의 사실적 진실을 형상화하고 있는 전쟁소설을 피난민 소설이라고 할 수 있는 것이다.

3. 피난민소설의 분석과 그 의의

가. 「목숨」 - 전쟁의 충격과 지식인의 의식구조

최인욱의 소설 「목숨」은 1950년 6월 25일부터 6월 28일 사이의 서울을 배경으로 하여, 전쟁으로 인한 급박한 현실과 혼란 상황 가운데, 피난과 잔류 사이에서 갈등하는 한 지식인의 사고와 행위를 통해 민간인이 겪는 전쟁의 아픔을 사실적으로 묘사하고 있는 작품이다.[5]

당시 서울 한강로에 있는 K병원의 원장인 조병기는 1950년 6월 25일 아침 뉴스를 통해 북괴군이 38선 이남으로 남침해 오고 있다는 사실을 듣게 된다. 첫날은 해주 탈환 등의 전황을 알리는 선전 방송에 의해 거리는 잠잠했지만 사흘째 되던 날 서울 거리는 피난을 가는 사람들로 가득하였고 시장에는 식량이 바닥난 상태가 되었다.

> 이날 병기가 수집한 주요한 보도는 대략 아래와 같다.
> · 아군부대 일부 해주시 돌입
> · 부산 이남 해상 20리 지점에서 소련 선박 한 척을 격침
> · 적기(敵機) 2대 김포비행장 내습
> · 맥아더 원수 전쟁물자 수송을 훈령
> · 장개석씨 원한(援韓)을 제의
> 「결국 사태는 벌어지고야 말려나?」

---

5) 최인욱, 「목숨」, 『문예』(1950, 12).

그런 중에 또 하루가 지났다. 전투가 시작된 지 벌써 사흘째 되는 날이다.
병기는 새로운 소식을 기다려 목이 마른 중에 오후 두 시가 지나자, 별안간에 서울 상공에는 낯선 비행기 두 대가 우르릉거리고 날아와 소사를 하고 지상에서는 여기저기서 고사포 터지는 소리가 탕탕탕 귀를 요란하게 하였다.
「적기다. 적기에 틀림없다.」
정신이 어떨떨한 중에 좁은 진찰실 안에까지 화약 냄새가 물씬 풍겨 왔다.
「아이고! 선생님…… 어떡하면 좋아요?」
경자는 별안간에 몸둥이에 불이나 붙은 듯이 허둥지둥 진찰대 밑으로 기어들며 공포에 휩쓸려 부들부들 떨었다.
「별일 없어, 그렇게 놀랠 것 없다니까.…… 오늘은 그만 일치감치 들어가요.」
병기의 입에서 말이 떨어지기가 바쁘게 경자는 층층대를 쿵쿵거리며 황급히 아래로 내려갔다. 그리고 얼마 지나지 않아서 진찰실에는 무엇에 놀란 표정을 한 병기의 아내가 나타났다.
「여보! 시장에 쌀이 통 없구려.」
「쌀이 없어?」
「아 글쎄 아침에만 해도 한 말에 삼천 원이면 골라가며 샀는데 이제 나가 보니 한 말에 오천 원대를 해도 가게마다 텅텅 비어 살 수가 없으니 어떡하면 좋소?」

(중략)

사태는 시각을 두고 달라졌다.
거리는 별안간에 사람 바다로 변했다. 어린애를 등에 업은 여인하며 보통이를 머리에 인 노파하며 고리짝 같은 걸 걸머진 사내들이 길 양편으로 물밀 듯 밀려 한강쪽으로 내달았다. 모두가 다 허둥지둥 바쁜 걸음이다.
「어떻게 된 셈인가?」
병기는 하도 궁금해서 까운을 입은 채 그대로 거리로 뛰어나가 사람들에게 말을 물어 보았다. 모두 어디서들 오느냐고 물으면 개성서 온다느니 의정부서 온다느니 대답할 경황조차 없는 듯 사람마다 피곤한 얼굴들이었다. 전세에 대한 것을 좀 자세히 물어 보고도 싶었으나 초조한 걸음걸이들이라

겨를조차 없었다.[6]

위의 인용문을 보면, 6·25 전쟁이 일어난 후 3일 간의 서울 상황을 주인공 병기를 중심으로 자세히 그리고 있다는 것을 알 수 있다.

여기에서 주인공 병기는 라디오 방송을 통해 들은 여러 가지 전황을 나름대로 요약할 수 있고 초조한 기색을 보이지 않는 바람직한 지식인의 의식을 전형적으로 드러내고 있는 것이다. 이러한 사실에 비해, 간호원 경자나 병기의 아내 등은 초조하고 불안한 기색을 드러내고 있다.

그리고 전쟁으로 인해 시장에서는 쌀값 등이 천장부지로 오르는 등 그 기능이 마비되고, 거리에는 개성이나 의정부 방면에서 오는 피난민들로 가득 차 있는 모습을 리얼하게 보여 주고 있다.

이렇게 볼 때, 이 작품의 초반부에서는 병기의 의식과 피난민들의 불안한 모습을 대비적으로 보여 줌으로써 전쟁에 대응하는 인간의 양상을 뚜렷하게 보여 주고 있다는 점에서 그 의의를 찾을 수 있다.

이러한 대비적 형상화는 군에 간 병기의 아들을 두고 더욱 리얼하게 보여 주고 있다.

> 창기는 마음이 초조해서 견딜 수 없다는 듯 자리에서 벌떡 일어섰다. 그러나 아버지는 백 번을 고쳐 생각해도 창기가 가지고 온 자동차를 타고 피난길을 떠날 마음은 나지 않았다. 지금 조국의 운명이 최후의 일전에 달린 이 엄숙한 시각에 군부의 공용차를 일개인의 사용에 돌려 가족과 살림을 실어 내다니, 생명도 귀하고 재산도 중하지만, 한 계단 초월해서 잠시 내딛은 발을 멈추고 다시 한번 냉정히 생각해야 할 일이었다.
> 아내가 고리짝을 들고 미닫이 밖으로 나가려는 순간 병기는 자리를 차고 일어나 그것을 도로 빼앗았다.

---

6) 위의 책, pp. 88-90.

「창기야! 너는 군인이다. 알겠니? 지금 곧 군부로 달려가서 최선을 다해 싸워라. 뒷일은 다 내 담당이다.」
　아버지와 아들의 사이에는 그밖에도 몇 마디의 말이 더 오고갔다. 병기와 아내와의 사이에도 의견 충돌이 생겼다. 그리하여 병기 대 가족의 최후의 결전이 벌어진 끝에 결국은 창기의 용퇴로 오래지 않아 끝이 났다.
　창기는 떠났다. 바람같이 왔다가 바람같이 떠나버리니 집에 남은 가족들은 모두 일시에 벙어리가 된 양 말이 없다. 병기는 무슨 말이고 간에 가족에게 위안이 될 만한 했으면도 싶었으나 무언지 곧 가슴 속이 뻐근해서 입 밖으로 말이 나와지지 않았다.[7]

　창기는 병기의 아들로서 육군 중위로 군에서 복무하고 있다. 전쟁이 일어난 후 병기의 아내와 며느리는 군에 간 창기를 걱정하고 있던 중에 창기가 가족들을 피난시키기 위해 밤중에 군용 짚차를 한 대 몰고 온 것이다. 이 장면은 이를 두고 주인공 병기와 창기, 그리고 병기의 아내 사이에 벌어진 갈등을 그리고 있는 것이다.
　군의 장교로 있으면서 군용 짚차로 가족을 피난시키겠다는 창기의 행위는 군인으로서는 정당한 행위가 아니다. 그러나 한편으로 가족의 안위를 생각하는 한 개인으로서는 이해가 가는 일이라고 볼 수 있다. 여기에 병기의 아내가 생각하고 행동하는 것은 전쟁이라는 상황 하에서 흔히 있을 수 있는 민간인의 자기방어적 행위라고 정당화될 수 있다.
　그런데 병기의 생각과 행위는 그런 보편적 인간의 사고와 행위를 뛰어넘는 것이라고 판단된다. 전세가 불리해지는 상황을 직접 목격하면서도 자기 방어적 생각과 행동보다는 정의와 대의를 위해 냉정하게 판단하는 것은 보편적 인간으로서는 쉬운 일이 아니기 때문이다.
　그러나 아들을 군으로 돌려 보낸 뒤 몇 시간 후에 사태가 더욱 긴박하게

---

7) 위의 책, pp. 94-95.

돌아간다는 사실을 알게 된 병기는 아내와 며느리를 먼저 피난길에 오르게 한다. 그러나 병기 자신은 사태가 호전되리라는 낙관적인 생각과 병원을 무작정 버리고 떠날 수 없다는 책임감으로 피난을 주저한다.

> 밖에는 여전히 비가 내리 쏟는데 칠흑 같은 어둠 속에서는 사람들이 울부짖는 아우성이 가슴을 뒤흔들었다.
> 「쿵-. 다라당」
> 이층에서 들어 그런지 총포 소리는 좀더 가까워진다. 무서움이 온몸을 사로 잡았다. 적의 총대가 가슴을 겨누는 것 같다.
> 「이러고만 있을 때가 아니다. 가족을……」
> 병기는 황급히 아래층으로 내려 왔다.
> 「여보! 곧 피란을 가요. 집은 내가 혼자 남아서 볼테니 저 애들을 데리고 지금 곧 떠나요. 창기 말대로 큰 애가 있는 대전으로 가는 것이 제일 안전할 것 같소」
> 「가면 다같이 가야지 당신이 남아서 뭘 하오?」
> 아내는 조금 전의 기분이 상기도 풀리지 않은 듯 한 마디로 툭 쏜다.
> 「나만은 뒤에 남아서 좀더 형편을 보려오. 생명도 생명이지만 내 손으로 이룩한 이 병원과 살림을 그대로 팽개치고 훌쩍 떠나자니 차마 마음이 내키지 않구려, 끝까지 지키는대로 지키다가 정 안되면 나도 뒤따라 갈테니 깐내 걱정은 조금도 말고 어서들 먼저 떠나요」
> 두 사람은 또 한참을 신강이 끝에 마침내 아내는 옷보퉁이를 꾸려가지고 집을 나섰다. 함께 떠나지 않는 남편의 고집이 원망스럽기도 하였으나 사실인즉 또 한편 집에 대한 애착도 결코 적은 편은 아니라 결국 남편의 말을 좇기로 한 것이다.[8]

앞서 병기는 지식인으로서 사회적 책임감과 가장으로서 가정에 대한 책임감을 남달리 가지고 있는 것으로만 보였지만 동시에 상황이 긴박하게 되

---

[8] 위의 책, pp. 95-96.

자 결국 가족의 안위를 생각하는 인간애를 지니고 있는 인물이다. 그러나 위에서 볼 때, 자신은 결국 피란을 가지 않고 집에 남기로 결정한 것은 책임감보다는 자신의 노력과 그 결과로서의 재산에 대한 애착이 더 큰 것이라는 것을 알 수 있다.

이렇게 볼 때, 병기가 지니고 있는 지식인으로서의 사회적 책임감은 바람직하다고 할 수 있으나 재산에 대한 애착심은 결국 보편적 인간이 지니는 현실적 사고방식이라고 할 수 있다.

병기가 지니고 있는 이러한 현실적 사고 방식은 가족들이 떠나고 난 뒤 더욱 극명하게 나타난다.

아무래도 떠나야 할까 보다. 첫째 사람이 살고야 집도 필요하고 살림도 필요하지 죽은 다음에야 그까짓 다 무슨 소용이란 말인가. 목숨을 건지려면 다 내버리고 지금 곧 떠나야 한다. 아무렴 한시 바삐 떠나야지.

병기는 입은 옷 그대로 트렁크를 집어들고 단숨에 집을 탈출하였다. 밖에는 여전히 비가 내리다. 비 내리는 어둠 속을 그는 허둥지둥 한강 쪽만 바라보고 마구 뛰었다.

그런데 뛰면서 생각해도 한 가지 이상한 것은 이쪽에서 나가는 사람들뿐만 아니라 한강 쪽에서 이편을 바라보고 되몰려 오는 축들도 한둘이 아니니 도대체 어떻게 된 셈이란 말인가.

병기는 마침 자기 앞에 딱 마주치는 사람을 상대로 물어 보았다.

「다리가 끊쳤어요. 조금 전에 꽝! - 울리는 그게 다리 끊어지는 소리였댔어요.」

(중략)

공포와 전율에 떨던 하룻밤이 몰려가고 다시 날은 밝았다.

그러나 원통하게도 밤새 서울은 적의 수중으로 돌아가고 말았다. 비 개인 거리에는 다발총을 멘 붉은 군대가 제멋대로 쏘다니고 어디서 왔는지도 모를 낯선 청년 몇이 골목으로 다니면서 집집마다 대문을 두드리며 인공기를 달라고 소리소리 질렀다.

(중략)

　문득 병기의 눈 앞에는 간 밤에 꿈결같이 나타났다가 가버린 창기의 모습이 어른거렸다. 옷보퉁이 하나로 길을 떠난 가족들의 얼굴이 떠올랐다.
　이것이 모두 불과 몇 시간 전의 일인데 목전의 현실은 자기가 지레 죽지 않으려면 인공기를 달아야 하는 굴욕의 세상으로 변해버렸다. 내 손으로 인공기를 만들어서 내집 문전에다 달아야 하다니 그것은 자기로서는 백번 죽었다 깨어나도 될 일이 아니었다.9)

　보편적 인간이 보여주는 사고 행위는 언제나 현실적이다. 병기가 여기에서 보여주는 의식과 행위는 재산에 대한 애착심에서 비로소 생명에 대한 애착심으로 바뀌어서 피난을 결행하는 것으로서 보편적 인간이 보여주는 전형적인 사고와 행위인 것이다.
　그러나 한간 다리의 파괴로 인하여 피난이 좌절되고 집으로 돌아온 병기가 다음날 아침 서울이 북괴군에게 점령된 것을 보고는 자살을 하는 데서, 이러한 현실적 사고방식의 일관성이 잃고 있는 것으로 판단된다. 즉 이러한 소설의 결말은 작가의 지나친 개입에 의해 조작된 작위적 결말이라고 할 수 있는 것이다.
　이렇게 볼 때, 이 작품은 우선 1950년 6월 25일부터 서울이 북괴군에게 점령된 6월 28일 아침까지 시시각각으로 변화하는 서울의 모습을 사실적으로 보여주고 있다는 점에서 르포르따쥬에 가까운 것으로 판단된다. 그리고 조병기라는 당시 지식인이면서 도시 중산층의 전형적 인물을 중심으로, 피난이라는 생명의 보전의식과 사회적 책임감과 재산에 대한 애착이라는 잔류 사이에서 갈등하는 인간의 보편적 사고 행위를 드러내고 있다는 점에서 이 소설의 주제의식을 찾아볼 수 있다.
　그러나 피난에 실패한 주인공이 굴욕적 삶보다는 죽음을 선택하는 사실

---

9) 위의 책, pp. 96-98.

에서 볼 수 있는 선전적이며 작위적인 구성이 작품의 내적 진실성을 부족하게 만들고 있는 것으로 판단된다.

결국, 이 작품은 6·25 한국전쟁 당시 피난의 출발점이었던 서울의 리얼한 모습과 피난을 두고 갈등하는 인물을 다룬 최초의 소설로 평가될 수 있다. 그리고 여러 가지 소설 구성적으로 완벽하지 못한 점이 인정되더라도 당시 지식인인의 바람직한 의식과 도시 중산층의 의식과 행위를 사실적으로 보여주고 있다는 점에서 그 의의를 찾을 수 있는 것이다.

나.「두 개의 心情」- 전쟁의 비극성을 보여주는 피난민의 고통

소설「두 개의 心情」은 전쟁으로 인해 피난민이 된 중년 여인의 고통스런 삶과 가족에 대한 애착, 그리고 삶에 대한 절망 등을 그리고 있는 비극적 작품이다.[10]

서른 살에 과부가 된 주인공 동수의 어머니는 아들인 동수에게 삶의 모든 희망을 걸고 사는 당시의 전형적인 여성 가장(家長)이다. 그런만큼 그녀는 전쟁이 발발하자 동수를 전쟁터에 내보내지 않으려 갖은 노력을 다한다.

> 상이군인은 알 턱이 없다. 동수 어머니는 그래도 이전부터 친한 이웃사람이나 만난 듯 느닷없이 신세타령 같은 것을 하기 시작한다. 이 상이군인이라면 자기의 심정을 이해할만 해서 -
> 「내 나이 설흔 살 때 남편을 잃구 온갖 서름을 받으면서 금이야 옥이야 키운 아들입지요. 한시도 내 품에서 내놓고는 살 수 없기에 6·25 때 저놈들이 쳐들어와서 동리 청년들을 모조리 끌어가던 무렵에도 내놓지 않았죠 -. 지하실 속에 숨겨 두어서 한 달 반이나 무사했는데 어느 날 이웃에 사는 빨갱이가 가르쳐줘서 인민군한테 붙들려 가는 것을 이십 리나 쫓아가서

---

10) 김 송,「두 개의 心情」,『문예』(1952, 5)

죽기를 한하고 구해낸 아들입니다. 그러던 자식도 제이 국민병소집장을 받을 때만은 내놓지 않을 수 없었다우. 중공군이 쳐들어오던 작년 겨울 나는 또 그 지하실에 감춰놓구 내보내지 않았지요. 그랬더니 하루는 반장이 찾아와서 하는 말씀이, - 내 나라가 있은 뒤에 자식도 있지 않습니까? 젊은이를 뒀다가 어디다 써요? 나라가 흥하느냐 망하느냐 하는 이 판국에 내놔야만 합니다. 옛 성현의 말씀도 임군님께 충성하는 게 효도라 했거든, 오늘날은 나라에 충성해야 그것이 효도입죠. 어서 내보내십시오. - 하는 말씀에 어찌합니까? 눈물을 뿌리면서 나라에 받쳤읍죠.」[11]

주인공의 진술을 통해 동수를 전쟁에 내보낸 사연을 알 수 있다. 즉, 동수 어머니는 동수를 인민군에게 잡혀가는 동수를 기어이 찾아온 사실과 중공군의 개입으로 전세가 불리해지자 당시 제2 국민병으로 내보낸 사연을 상이군인과를 대화를 통해 드러내고 있는 것이다.

여기에서 우리는 한 집안의 희망이라고 할 수 있는 외아들을 군에 내보내지 않으려는 어머니의 본능적 욕망을 읽을 수 있으며, 동시에 인민군에는 보내지 않았지만 국군으로는 내보내지 않을 수 없었다는 사실에서 당시 우리나라 국민들의 보편적 감정을 알 수 있다.

그런데 동수를 군에 보낸 뒤 이 어머니의 고난은 시작된다.

「그 애가 전쟁에 나가자 나두 곧 고향을 떠났지요 - 되놈들이 밀려드단 바람에 - 되놈들은 사람 목숨을 파리 목 따기라고, 부녀자는 더구나 위험하다고 설치는 바람에, 걸음아 날 살려라 하고 수원까지 내뺐죠. 그 다음 숱한 피란민 속에 섞여가지고 대구까지 천리나 먼 길을 추위와 눈길을 무릅쓰고 죽을 고비도 여러차 넘어왔습니다. 내가 그렇게 죽을 고비를 넘고 또 넘어 살아온 것은 단지 동수를 만나 보자는 일념 때문이지요. 죽지 않고 살기만 하면 모자상봉하는 날이 있으리라 믿었지요.」

---

11) 위의 책, p. 127.

(중략)

「또 그뿐이겠어요. 대구에서 여덟 달 동안 지낸 일을 전부 이야기하면 한 권 소설책도 더 될 것이오. 붙을 곳이 없어서 여기저기 궁글어 다니면서 길바닥 돌맹이처럼 발길에 채이기도 하고, 쓰레기통을 뒤져 먹고 첨하에서 자고 그래서 이렇게 황달이 들어서 거의 죽다가, 어떤 여관 식모 자리로 들어갔읍지요. 식모나마 된 것이 하느님이 내린 은혜같이 고마워서 울었답니다.」12)

대구에서 피난살이를 하고 있는 주인공은 전쟁에서 부상을 입고 부산 육군병원에 입원해 있는 아들 동수를 만나러 가는 길이다. 대구에서 버스를 타고 가면서 상이군인을 만나 그 동안 자신이 살아온 과정을 그와의 대화를 통해 표출하고 있는 것이다.

여기에서는 주인공의 피난살이의 고난을 보여주고 있다. 고향을 떠나 수원을 거쳐 대구까지 오는 동안 추위와 기아에 시달렸던 주인공을 통해 당시의 피난민의 모습을 짐작하게 한다. 그리고 대구에서의 생활은 유랑민 신세를 하다 겨우 식모로 들어 간 것처럼 당시 피난민의 애환을 보여 수는 것이다.

이러한 피난민 생활을 하면서도 동수의 어머니는 동수 소식을 기다리며 살아간다. 그리고 그가 입원해 있다는 부산으로 가서 동수를 만났지만 그는 당시 중부 전선에서 큰 부상을 입었던 것이다. 이 작품에는 동수가 전투에서 부상을 입는 과정이 어느 정도 자세히 묘사되어 있는 것이 또 하나의 특징이다.

동수는 중부전선 인제에서 백 리 가량 부쪽에 솟아있는 00고지 탈환 작전에 앞서서 정찰대로 나갔다는 것이다. 그 고지는 해발 1,700에 둘이나 되는 산이었다. 바위나 나무숲으로 길이 험한데 입춘을 재촉하는 마지막

---

12) 위의 책, p. 127-128.

겨울 눈까지 내려서 길반이 되는 눈길을 무릅쓰고 산정까지 기어오르기란 털빠질 노릇이었다. 게다가 곡사포까지 메고 만난신고로 산정에 오르고 보니 풍설은 더 심했다.

　그 사이 접적(接敵)이란 없고 조용한 하루를 지냈으므로 그것은 적의 계략이었던 것이다. 골짜기에서 산정까지 어둠이 짙어 갈 무렵 팽! 하고 적탄이 날려왔다. 그 다음 쾅 우르르 하고 종밤 끊지지 않고 집중 공격이다. 아침에는 적의 포위망 속에 들어가고 말았다. 그들은 이틀간 포연 속에서 정신을 잃고 말았다. 전우들은 추위 때문에, 먹지 못해, 또는 적탄을 맞아 하나씩 둘씩 눈 위에 쓰러졌던 것이다.

　사흘 뒤에는 또다시 유엔군이 재탈환했다. 선혈이 아롱진 고지에서는 이동수 이등병만 구출되었다. 그는 호 속에 들어 있었고, 그 호는 적탄에 부서진 큰 바위가 궁글러 막혀 있었던 것이다.13)

　이 부분은 육군 병원에 도착한 동수 어머니를 안내병이 병실로 안내를 하는 동안 그녀에게 들려 주는 형식으로 서술된 전투 장면이다. 이것은 포로소설에서는 잘 발견할 수 없는 전투 장면을 묘사한 것으로서 전투에 앞선 전투의 계기와 전투의 모습, 그리고 전투가 끝난 뒤의 처리과정 등이 상세히 묘사되어 있어 전쟁소설로서의 리얼리티를 더해 주는 것으로 볼 수 있다.

　그리고 그녀는 부상을 당한 동수를 만난다. 아들을 만난 그녀는 서러운 마음과 함께 기쁜 마음 두 가지의 착잡한 심정을 느낀다. 그런데 그녀가 그러한 복합적인 감정을 정리할 사이도 없이 어머니를 만난 동수는 자신의 처지를 비관하여 병원 옥상에서 면회를 하는 사이 투신자살을 하고 만다. 결국 아들에게 줄 떡 보따리를 들고 부산으로 갔던 동수의 어머니는 떡 보따리 대신 동수의 유골을 손에 들고 다시 대구로 돌아오는 것이다.

---

13) 위의 책, p. 131.

다음 날 대구로 올라가는 버스 속에는 동수 어머니도 타고 있었다. 승객은 초만원이라 널바닥에 앉는 수밖에 도리가 없었다. 그의 무릎 앞에는 흰 보따리가 놓여 있었다. 그것은 어머니의 피와 살과 얼을 뽑아 놓은 유골이라는 것을 짐작할 수 있다. 승객들은, - 이거 자리가 비좁은데 퍼뜩 치우소 - 하고 보따리 위에다 못마땅한 눈초리를 던진다. 그러나 저러나, 어머니는 아무 대답도 하지 않고 버스의 흔들림에 몸을 맡기고 차창 밖으로 한없이 시선을 보내고 있다. 눈물도다 말랐는지 성기없는 안전에는 파랑새나마 비치지 않는 것이 슬픈 모양이다. 인간세태에 일어난 물결이 험악한 소리를 치며 스치고 난 뒤에는 누구의 발자국 하나 보이지 않는 것처럼 그의 눈에는 푸른 하늘을 배회하는 흰 구름만 보였다.14)

작품의 결말 부분이다. 피난살이의 고통과 아픔을 견디면서 결국에는 아들을 만나 다시금 희망을 찾은 주인공 동수의 어머니는 그 자리에서 동수의 죽음을 목격하고 인간이 지닐 수 있는 최대의 절망 속으로 빠져버린 것이다.

이렇게 볼 때, 이 소설은 전쟁의 발발 - 가족의 이산 - 피난살이의 고통 - 가족의 재회 - 죽음과 절망이라는 과정을 통해, 전쟁으로 인해 파괴된 가족의 재결합을 갈구하는 여성의 본능적인 욕망과 피난민 생활의 아픔, 그리고 전쟁의 결과로서 인간이 처한 절망을 형상화하고 있다는 데 그 의의를 찾을 수 있다. 그리고 이러한 사실의 형상화를 통하여 전쟁의 비극성을 사실적으로 보여주고 있다는 점도 거기에 속하는 것이다.

한편, 이 작품은 주제의식에 비해 문장이 다소 다듬어져 있지 않다는 데 문제가 있다. 그것은 당시 전쟁의 비극성을 알리기 위해 퇴고에 많은 시간을 할애하지 못했기 때문이라고 짐작된다.

그럼에도 불구하고 이 소설은 구성상의 몇 가지 특징을 지니고 있는데, 첫째 피난민의 애환을 주로 그리고 있으면서도 위에서 언급한 바와 같이 전

---

14) 위의 책, p. 135.

투 장면을 상세히 묘사하고 있다는 점을 들 수 있으며, 둘째로는 제목에서 보는 바와 같이 주인공의 심리를 대비적으로 형상화하면서 소설의 효과를 더해 주고 있다는 점이다. 즉, 아들을 전쟁에 내보내지 않으려는 태도와 내보내는 태도의 대비, 피난살이에서 아픔과 정착의 대비, 아들을 만난 기쁨과 죽음에 대한 절망 등 '두 개의 심정'이 떡 보따리와 유골 상자 등의 상징을 통해 잘 드러나고 있는 것이다.

다. 「六・二五」- 피난민 심리의 형상화

이 작품은 한국전쟁 초기 진주를 배경으로 하여, 그곳까지 피난을 온 피난민들과 피난의 현실에 직면한 진주 시민의 불안감 등을 통해 피난민의 심리 상태를 형상화하고 있는 피난민소설이다.[15]

대전이 인민군의 손아귀에 들어갔다는 소식이 전해진 진주 시내는 피난을 준비하는 사람들로 가득 찼다. 주인공의 아내도 피난을 재촉한다. 그러나 그런 와중에서도 주인공은 설마 진주에까지 인민군이 내려 오겠느냐 하며 일종의 자위감으로 버틸 작정을 한다. 그러나 하동과 사천 방향에서 피난민들과 국군이 진주로 들어오는 것과 이미 충청도 전라도 등지에서 피난 온 사람들을 보면서 불안감이 더욱 고조되자 주인공은 피난을 결심하게 된다.

    대전이 저놈들의 손아귀에 떨어진 지 며칠 후였다.
    어느 날 아침에 밥 빌러 온 낯선 여인의 말씨에서 즉각적으로 뭣을 느끼면서
    「어데서 왔습니까?」
    하였다.
    「충청도에서……」

---

15) 조진대, 「六・二五」, 『문예』(1952. 5).

하는 그 여인의 말이 미처 끝나기도 전에

「하하! 피란……」

하고 중얼거렸다.

아내에게서 한 술 얻어 문 밖으로 나갈려는 그 여인을 다시 부르라고 하여 나는 마루에 앉기를 권하였다. 정성이 미치는 정도에서 얼마든지 따뜻하게 해 주고 싶은 생각이 불같이 솟았다.

(중략)

「포탄이 무서운 건 아니예요. 그 놈들의 행패가 말이 아니래요. 의용군이니 뭐니 해 가지고는 젊은이는 젊은이대로 잡아 가고 늙은이는 늙은이대로 잡아다가 몇 백리 길을 밤 사이 짐을 지우지요. 그것 뿐이예요 공출이니 뭐니 뭐니 해서는 쌀 한 되도 난구지 않고 쓸어간댑니다.

(중략)

그 여인을 보낸 후 아내는

「참말 이젠 남 일 같지 않우.」

하고 심각한 표저을 짓는 바람에 나도 이끌려 들어서

「우리도 언제 어떻게 될지……」

하고 말끝을 흐렸다.

아내의 말처럼 이제까지는 남의 일같이 생각했는지도 모를 일이었다. 그러나 피란이라는 말이 이때처럼 절실히 느껴지기는 처음이었다.

(중략)

이 날 해질 무렵에는 진주에도 피란민을 가장한 오열이 벌써 들어왔다는 둥 삼일 후에는 괴뢰군이 진주에 들어온다는 둥 하는 유언비어가 들리자 갑자기 인심은 더욱 소란하였다. 더더구나

「그 놈들이 닥친다면 반드시 오고야 만다닌게루.」

하는 전라도 내기들의 맞장구 바람에 모두들 초조한 심경에 사로잡혀 불안하기만 하였다.

시청에서 이런 광경을 보고 듣고 있던 나는 어쩌나 지금부터 우리도 나갈 차비를 해야 하나? 하고 홀로 자문자답을 하는 순간 나는 저으기 놀라지 않을 수 없었다.

나 자신도 이미 소란하고 불안한 공기 속에 이끌려 들어 종잡을 수 없다

는 환경에 놓였다는 사실을 발견했기 때문이었다.16)

위의 인용문을 볼 때, 전쟁 초기에 진주에 들어오는 피난민을 보면서도 주인공은 오히려 여유를 지니고 있다는 것을 알 수 있다. 그만큼 그는 낙관적이면서 따뜻한 인간애를 지니고 있는 인물로 형상화되어 있는 것이다.

그러나 아내가 걱정을 하면서 점점 자신도 불안감을 더해 가는 중에 진주 시내로 들어오는 피난민 속에 오열이 들어 있다는 소문과 진주도 곧 적의 수중에 들어가리라는 소문에 불안감이 더 커져감에 따라 피난을 결심하게 되는 것이다.

그러나 이러한 결심을 하면서도 주인공은 피난을 주저하게 된다. 그는 공무원의 신분으로 어느 정도 전쟁에 대한 정보를 지니고 있으며, 그것을 바탕으로 그는 진주가 도저히 적의 수중으로 들어갈 수 없다는 판단 때문이었다. 그리고 고향을 떠난다는 사실을 심정적으로 인정할 수 없었기 때문이었다.

> 나는 또 이리 따지고 저리 따져 보는 것이다. 첫째는 군을 믿을 만한 조건을 추려서 진주는 무사할 것 같다는 결론부터 내리는 것이었다. 만일 진주마저 저놈들의 손아귀에 떨어진다면 어떻게 되는가? 서부 경남의 요충지인 진주, 또 들려오는 말에 의하면 맥라인 속에 진주가 들어 있다는 소리를 새삼스레 기억해 보았다. 그 실은 맥라인 속에 들어 있니 없니 하는 어름한 문제를 나는 이 순간만은 들어있다고 단정해버렸다.
> 그러니 적어도 어떻게 해서든지 그 놈들을 물리칠 수 있지 않을까? 최악의 경우라도 진주시 주변에서 싸움이 벌어진다 하더라도 진주시만은 빼앗기지 않을 것이 아닌가?
> 따지고 보면 정말 허황한 생각이었는지 모르지만 이렇게 진주가 무사하기를 바랬던 것이다. 진주만이 내가 사는 진주만이 무사하기를 바래는 심

---

16) 위의 책, pp. 157-159.

정이었는지도 모를 일이었다. 그것은 내가 사는 진주이기 때문이었는지도 모를 일이었다.[17]

여기에서 피난을 앞둔 사람의 보편적인 사고를 엿볼 수 있다. 그것은 자신이 사는 고향만은 안전하리라고 생각하는 기대감인 것이다. 이러한 현상은 피난이라는 고통을 염두에 둘 때 더욱 심각하게 다가오는 것이라 볼 수 있다.

특히 여기에서는 주인공이 안전하리라고 생각하는 것과 자신의 고향만은 안전하기를 바라는 기대감을 맥아더 방어선을 바탕으로 사실적으로 묘사하고 있어 리얼리티를 더하고 있는 것으로 판단된다.

그러나 이러한 기대감은 진주 인접에 있는 하동이 적의 수중으로 떨어졌다는 소식을 전해 듣고는 결국 피난길에 오르게 된다.

> 하동 전투에서 싸우다가 탈출한 사병이 진주 경찰서에 닿았는데 그는 학도병 출신이라고 하였다.
> N고지에서 비오듯 쏟아지는 탄환 속에서 죽음을 무릅쓰고 싸우다가 언뜻 정신을 차려서 뒤돌아보니 이미 분대장은 간 곳이 없고 자기들 사병만 몇몇 남아 있음에 눈이 번쩍 띄어 그냥 총이고 뭐고 할 것 없이 모두 팽개치고 몸만 간신히 도망해 왔다는 것과 분해서 모두 울었다는 처남의 이야기를 듣고 으쓱 몸서리를 쳤다.
> (중략)
> 살림살이를 하나도 챙기지 않았을 뿐더러 어드메로 가야 한다는 준비도 없었다. 아침 이슥할 무렵부터 이미 집들은 떠난다고 야단법석이었다. 지금 오십리 밖에서 싸우고 있으니 늦어도 해거름 때에는 저놈 구루마의 짐을 꾸리기로 약속이 된 아내와 나는 되는대로 뭉쳐 보지만 이것도 쓸 것 저것도 쓸 것이라는 생각에 사로잡히기만 하였다.

---

17) 위의 책, p. 160.

주인공의 고향 진주가 적의 수중에는 결코 들어가지 않으리라는 기대감도 하동 전투에서 탈출한 학도병의 경험담을 전해 듣고는 허물어지고 만다. 그리고 마산 방면으로 피난길에 오를 준비를 하고 있는 것이다.

이렇게 피난 준비를 하고 피난길에 오른 주인공은 거기에서 피난민들의 무질서한 행동과 이기적인 행동들을 목격하게 된다. 그리고 질서를 유지해야 할 경찰관마저 그러한 행위를 방관하는 것을 보면서 피난의 실상을 체험하게 되는 것이다.

> 이 날은 기억에도 새로운 칠월 이십 칠일이었다. 온 진주가 텅 비는 날이었다. 우리는 문산 댓골이라는 곳으로 짐을 옮기는 판이었다.
> 진주를 떠나 약 오 마장가량 문산 가도를 가면 고갯마루가 하나 있고 그 고갯마루 왼편으로 과수원이 즐비해 있다. 우리가 여기에 이르렀을 때 꽤 많은 피란민들이 그늘 밑에 앉아서 땀을 녹이고 있었다. 우리도 여기서 쉬기로 하였다. 땀을 녹일 만한 그늘을 찾아 자리에 앉으려고 할 때 바른쪽 산비탈 과수원 소란한 소리가 들렸다. 내라니 안 내겠다느니 이놈 도둑놈이니 하는 고함소리를 따라 잠잠이 눈을 휘둘러서 살펴보니 나무 새로 투시되는 과수원 구석 구석에는 많은 사람들이 박혀 있었다. 값을 쳐 주지도 않고 마구 따 먹는 모양이다.
> 그러나 과수원 주인이 이쪽에서 따 먹는 놈을 막으려고 하면 저쪽에서 따고 훔치고 이렇게 하니 주인 한 사람의 힘으로는 막을 수가 없다.
> 「아무리 난리 판이기로 네 것 내 것이 없단 말인가. 미쳐서 환장한 놈들 같으니……」
> (중략)
> 주재소 앞에 서 있는 보초 순경은 넋잃은 사람처럼 눈만 멀둥거리고 서 있기만 하였다. 좌측 통행을 어기면 눈알을 부라리고 꾸지람을 하고 괄괄하던 순경의 모습은 이미 볼 수 없다. 오른쪽으로 가나 왼쪽으로 가나 길 한복판으로 가나 가는대로 맡겨 두었다. 어쩌면 저 순경도 모든 것에 대하여 관심을 잃어버렸는지도 모를 일이다. 이런 판에 교통정리가 다 뭔가. 차

에 치어 거꾸러지든 말든 될대로 되라는 그런 심경에 놓여 있는지도 모를 일이다. 이미 자기의 직책에 관한 일은 까마득 잊어버린 것 같기도 하다. 어쩌면 저 순경도 우리와 같이 처한 부모를 어떻게 무사하게끔 피란을 시킬 수 있을까 하는 생각에 넋이 빠졌는지도 모를 일이라고 느껴졌다.18)

미완의 형태로 끝을 맺고 있는 이 소설의 마지막 부분이다. 여기에서 우리는 피난민의 무질서한 행동과 질서를 지켜야 하는 경찰관마저 직무를 방기하고 멍하니 있는 모습을 통해 피난의 혼란상을 알 수 있다.

결국, 이 소설은 전쟁으로 인해 야기되는 피난의 실상을, 인민군의 횡포에 대한 불안감, 재산의 포기에 대한 안타까움, 그리고 가족 이산에 대한 두려움 등을 통해 나타내고 있는 것이다.

라.「狂風 속에서」- 전쟁의 폭력에 대한 도덕론적 비판

이 작품은 우선 6·25 전쟁 초기의 평양을 무대로 하고 있다는 점에서 소설의 특이성을 발견할 수 있으며, 선생의 일반적인 비극성보다는 민간인에 대한 무차별적인 폭격에 대하여 도덕적 비판의지를 내포하고 있다는 점에서 피난민소설 중에서도 주목을 끄는 소설이라고 할 수 있다.19)

> 1950년 6월 27일 오후 네시 경이었다. 아홉 대의 편대로 된 UN군의 중폭기는 평양을 구경이나 하러 온 듯 유유히 상공을 스쳐 지나가며 평양의 비행장을 폭격했다. 처음으로 공습을 본 시민들은 가슴을 설레였고 처음으로 폭격을 맞은 비행장은 삽시간에 불바다로 되고 말았다. 다음 날 아침에도 UN군은 평양 비행장을 폭격했다. 무스탕크가 벌떼처럼 달려들어 왕왕 울어대는 소리에 평양 시민들은 당황해서 눈을 부비며 뛰쳐 나왔다. 그 다

---

18) 위의 책, pp. 163-165.
19) 김이석,「狂風 속에서」,『자유문학』(1956, 6).

음 날은 대동강 철교를 공습했다. 흐르는 강물은 그때마다 물기둥을 이루어 솟구쳐 오르다 못해 강안쪽을 넘어 소낙비를 쏟아 놓곤 했다. 계속해서 평양 조차장을 폭격했고 평양 정거장을 폭격했다. 정거장은 마치도 성냥개비로 지었던 듯이 산산이 부서졌고, 역 광장에는 셀 수 없이 시체를 뿌려 놓았다. 그러나 평양 방송국에서는 공습에 대한 이야기는 한마디도 없었고, 다만 살기 등등한 목소리로 - 영웅적인 인민군대는 수원을 해방하고 계속 남진 중에 있다. 그 소리뿐이었다. 그리고는 소련의 콜호즈는 초기 농작물의 수확고를 초과달성하기 위하여… 계집의 야릇한 억양이 태평스럽게도 계속될 뿐이었다. 이제는 시민들은 라디오를 듣는 흥미도 잃어버리고 말았다. 그저 매일 같이 날아오는 폭음과 폭탄과 그리고 악을 쓰는 고사포 소리에 모두들 정신이 마비된 채 갈팡질팡할 뿐이었다. 이리하여 평양의 거리는 날이 갈수록 점점 더 공포와 전율의 도시로 되어버리고 말았다.[20]

이 부분은 작품의 서두이다. 이 서두에서 6·25 한국전쟁이 일어난지 이틀 만인 6월 27일부터 유엔군의 공군기에 의한 평양 공습이 묘사되어 있다. 평양 비행장과 대동강 철교, 그리고 자동차 공장 및 평양역을 공습하는 것이 묘사되어 있는 것이다.

이러한 유엔군에 의한 평양의 공습을 사실적으로 묘사하고 있는 것은 한국전쟁을 소재로 한 소설 중에서도 매우 드문 것으로서 그 소재적 특이성을 발견할 수 있는 것이다.

이러한 소재적 특이성과 더불어 이 작품에서는 주인공 역시 한국전쟁 당시의 평양 시민으로 설정되어 있어 인물의 설정에 있어서도 한국전쟁소설에서 찾아보기 힘든 것이라 할 수 있다.

    경일이는 그곳의 문선 직공이었다. 그는 열세 살 때 그곳으로 들어가 지금에 이르기까지 이십여 년 동안이나 매일 같이 활자를 뽑아왔다. 왜정 때

---

20) 위의 책, pp. 34-35.

에는 일본의 제국주의를 선전하는 활자를 뽑았고, 지금은 공산주의를 선전하는 활자를 뽑았다. 그는 재작년 가을 직업총동맹에서 출판 노동자 경기대회에서 한 시간에 활자를 이천 오백여 자를 뽑아냈다. 그리하여 그는 모범 노동자로서 표창을 받았다. 그렇다고 그는 별반 좋은 대우를 받은 것도 아니었다. 직장에서 받는 월급으로 살아나갈 수조차 없는 것은 다른 노동자나 매일반으로, 모자라는 것은 그의 아내가 어린애를 둘러메고 나가서 광주리 장사로 보태야 했다.21)

위의 인용문에서 알 수 있는 것은 당시 평양 시민인 경일이의 신상이다. 그는 일제 때부터 신문사의 문선공으로 일하는 기능공이다. 그리고 문선공이라는 그의 직업에 최선을 다하는 평범한 직장인임을 알 수 있다. 기능공대회에서 표창을 받기도 하지만 그것이 그의 신상에 큰 변화를 주는 것도 아니며 살림살이에 보탬이 되는 것도 아니다. 즉, 그는 체제의 변화와는 무관한 평범한 기능공이며 일반 시민이었던 것이다.

이렇게 평범한 시민인 주인공 경일이도 전쟁의 참화는 피할 수 없는 것이었다. 며칠 동안 평양역을 중심으로 행해지던 공습이 급기야는 그가 일하고 있던 신문사에도 들이닥친 것이다. 그래서 신문사를 피해 나온 경일은 평양의 중요한 시설들인 화학공장, 병기창 등 평야의 중요 시설들이 거의 모두 공습을 받아 평양이 불바다가 된 것을 목격한다. 그러다가 그는 가족의 안전이 궁금해져 가족을 찾아 나선다.

    경일이는 그만 한숨을 쉬고 일어섰다. 가족을 찾아보려고 광장으로 올라갔다. 그많은 사람 중엔 자기 가족들도 꼭 있을 것만 같았다. 그는 아이를 데리고 있는 여인이 보이기만 해도 가 보았고 이불의 빛깔이 같아도 달려가 보았다. 그러나 자기의 가족은 보이지 않았고 마음만 더욱 초조했다. 그

---

21) 위의 책, p. 35.

러면서 그는 아픈 발을 잊어버리고 말았다.22)

경일이의 집이 화학공장 근처에 있었기 때문에 가족에게 무슨 피해가 일어났다는 것은 짐작될 만한 것이었다. 그리고 그 근처는 전부 불바다로 변했기 때문에 그는 사람들이 제일 많이 피난해 와 있는 평양역 광장으로 가족을 찾아 나선 것이다. 여기에서 우리는 어떤 위급한 상황에서 가족을 찾아나서는 평범한 가장의 행위를 엿볼 수 있다.

그러나 이러한 평범한 행위도 전쟁 상황은 예측을 불허한다. 특히 도시 공습을 감행하고 있던 당시의 상황에서는 더욱 그러한 것이다. 결국 공습은 평양을 거의 초토화시키고 경일은 가족을 찾는 데 더욱 어려움을 겪을 뿐이다.

> 그는 방송국이 있는 언덕 아래로 다시 내려가 보았다.
> 바로 그때였다. 서쪽 구름 속에서 무거운 폭음이 다시 밀려오기 시작한 것은……. 일순간에 군중들의 소란스럽던 소음은 끊어지고, 숨이 타는 듯한 이상스런 소음이 광장 전체에 퍼졌다. 폭음은 검은 구름 속에서 이어졌다 끊겼다 하면서 높게 가늘게 또는 굵게 가늘게 들리며 점차 가까이 오고 있었다. 군중들은 불길한 예감에 사로잡힌 채 이제는 피할 수도 없는 듯이 서서 저 소리가 멀어지기를 바라는대로 묵묵히 하늘만 쳐다보고 있었다. 구름 속의 보이지도 않는 폭음은 차차 더욱 커지자, 갑자기 고사포가 요동치기 시작했다. 그 소리에 놀란 군중들은 물방울이 튀어나듯, 쫙 헤지던 그 서슬에, 구름장이 찢어지듯, 몇 대인지 알 수 없는 중폭기들이 해방산 서쪽에 있는 인민군대 병사를 스쳐 올라갔다. 찰라에 번개치는 불빛과 함께 병사를 뒤덮은 황연(黃煙)이 하늘로 솟구쳐 오르는 그대로 광장을 향하여 달려왔다. 군중들의 입에선 일시에 으악하고 일시에 비명이 - 비명이라기보다도, 지옥 불구덩이에 떨어지는 순간에 발악치는 그 소리가 끝나기

---

22) 위의 책, p. 40.

도 전에 휙하고 달려든 광풍에 사람과 집들은 하늘 높이 뿌려진 파편에 뒤
　　섞여 둥둥 떠올랐고 벽돌과 기왓장은 콩튀듯 튀어났다. 광풍은 광장 전체
　　를 삼키고 만 것이었다.23)

　이것은 인민군 부대를 공습하던 유엔군의 폭격에 평양역 광장으로 피해 있던 사람들이 당하던 모습을 생생하게 그리고 있는 부분이다. 이러한 사실은 군사시설만 공격을 허용하는 여러 가지 국제법이나 협약에도 불구하고, 군사시설을 공격하는 중에는 민간인들의 살상이 뒤따를 수밖에 없다는 현실적 상황을 리얼하게 보여 주는 것이다.

　신문사의 공습, 그리고 이어진 평양역 공습으로 인해 경일은 결국 자신도 큰 부상을 입게 되며 그후부터 자신의 처형 집을 비롯하여 신문사의 동료 등에게서 가족에 대한 소식을 수소문해 보았지만 결국 가족을 찾을 수 없었다.

　　서성리에서 신문사까지 가자면, 인민군대 병사의 긴 벽돌 담장을 끼고
　　가는 길이 제일 빨랐다. 그는 그제 폭격을 맞은 그 옆을 지나가기가 싫었으
　　나, 빨리 가자니 하는 수 없이 그 길을 걸었다. 병사들은 그제 폭격에 대개
　　가 부서졌고 온전히 남은 집은 몇 채 되지 않았다. 그곳 마당에서 늘 교련
　　연습을 하던 인민군대들도 오늘은 통 보이지 않았고, 그 안은 그저 텅 빈
　　것만 같았다. 행길에도 사람 하나 얼씬하지 않았다. 병사 정문 앞을 지나면
　　서부터는 경일이가 아침 저녁으로 출근하며 늘 걷던 길이었다. 이 길을 출
　　근 시간도 아닌 대낮에 혼자서 걷고 있는 것이 이상하기도 하고 무섭기도
　　했다. 신문사가 보이는 전차 통로가 나오자 그곳부터는 완전히 무연한 벌
　　판이 되어버리고 말았다. 하룻밤에 거리가 이렇게 달라질 수 있는가, 그는
　　놀라기보다도 가슴이 떨리었다. 그가 아침마다 늘 들러서 담배를 사던 집
　　도 물론 없어졌고, 허리를 굽혀 시계를 보던 이발소도 날아가버리고 말았

---

23) 위의 책, p. 41.

다. 월급날이면 동무들과 들러서 한 대포씩하던 계물전도 있을 리 없었다. 그제만 해도 그래도 형체만은 남아있던 정거장도 흔적조차 없어졌고, 그가 매일 일을 하던 신문사는 무너지다 남은 담만이 우뚝 서 있었다.
　머리카락이 타 없어지고, 살이 익은 시체들이 여기저기 그대로 널려져 있었다. 그 무수한 시체들의 얼굴을 보면 하나하나가 매일 보던 얼굴일 것이라고 생각되었다. 그러면서도 시체에서 떨어져 나온 팔이 발부리에 채여도 마비되어 마무렇지도 않았다. 그저 그는 어떻다고 말할 수 없는 울분과 함께 크게 소리쳐 울고만 싶었다. 아무리 운대도 이 슬픔을 털어버릴 수 없다는 것을 잘 알고 있으면서도 그저 울고만 싶었다. 그는 힘이 없어 어정어정 걸어 역광장 한복판으로 가서 우뚝 섰다. 광장에는 뜨거운 햇빛이 흘렀다. 그 햇빛이 깊은 밤을 갑자기 대낮으로 바꾸어 놓은 듯 그곳에는 아무 것도 들리는 것이 없이 무서운 적막만이 흐를 뿐이었다. 그리고 보이는 것은, 어둠에 가리워 보이지 않아야만 할 죽음과 파괴와 공포와 공허가 보일 뿐이었다. 숨을 쉬려해도 공기마저 죽은 듯 싶어 크게 쉴 수조차 없는 것만 같았다. 그때에 문득 그의 눈에는 흰 나비 한 마리가 띄웠다. 나비는 이 넓은 광장을 독차지한 것이 한껏 즐겁기만 하다는 듯이 이 시체에서 저 시체로 마음껏 나풀나풀 날고 있었다.[24]

　이 부분은 소설의 시간적 구성상으로는 중간 부분에 해당되지만 소설이 지니는 의미로 볼 때 거의 결말에 해당하는 부분이다. 즉, 주인공이 평소에 가까이 하던 길과 집들, 그리고 직장 등을 소재로 비교적 상세히 묘사하고, 평양역 광장을 둘러보며 시체로 꽉 메워진 모습을 객관적으로 묘사하고 있는 것을 통해, 공습으로 인해 파괴된 처참한 광경을 객관적으로 보여 주고 있기 때문이다.
　결국 이 소설은 전쟁, 그 중에서도 공중 폭격으로 인해 발생하는 민간인들의 처참한 광경을 통해, 피난민의 아픔을 객관적으로 제시해 주고 있는 것

---

24) 위의 책, pp. 45-46.

과 동시에 공중 공격의 비도덕성을 비판하고 있는 것이다. 그리고 앞서 지적한 소재의 특이성과 더불어 이러한 사실은 대부분의 전쟁소설이 남한의 일반적인 피해 양상을 그리고 있는 점에 비해 볼 때 주제의식적인 측면에서도 하나의 뚜렷한 특성을 지니고 있는 것으로 판단된다.

마. 「烙印」 - 영원한 상흔(傷痕)으로서의 전쟁의 피해

소설 「烙印」은 6·25 한국전쟁 당시 18살이었던 주인공 난이가 겪고 있는 상처를 통해, 전쟁으로 입은 개인의 상처가 일시적으로 끝나는 것이 아니라 개인의 일생을 통해 지속적인 상흔(傷痕)으로 남는다는 사실을 구체적으로 보여주는 작품이다.[25]

원주의 우편소장이었던 주인공의 아버지는 전쟁 발발 직후 미처 피난을 하지 못한 상태에서 인민군에 의해 학살된다. 그리고 이에 충격을 받은 그녀의 어머니도 그 후 한 달을 넘기지 못하고 세상을 떠난다.

> 그 몹쓸 인민군 손에 아버지는 학살을 당하고 어머니마저 원한의 슬픔과 심화로 자리에 누운 채 한 달이 못가서 이슬처럼 스러 없어지고야만 6·25 사변…….
> 그래서 외딸 난(蘭)이는 졸지에 물에도 바위에도 의지할 곳 없는 천애고아가 되어버린 것이었다.
> 바야흐로 난이가 춘천고녀 여학생으로 열여덟 살 때에 당한 인생의 비극이다.
> 난이 아버지는 원주의 우편소장이었고 소위 읍의 유지로 쟁쟁한 일꾼이었기 때문에 빨갱이가 남침을 하자 제일착으로 따발총의 제물이 되어버린 것이다.
> 남의 염통 앓는 게 내 손톱에 가시만 못하다는 격으로 세상의 인심이란

---

25) 이명온, 「烙印」, 『자유문학』(1959, 10).

내 눈 앞을 가리기가 급한 것 - 전자에 난이네 집 신세를 진 사람이 한둘이
아니었건만 누구 하나 선뜻이 이 가여운 처녀에게 온정의 손을 펼쳐주는
사람도 없었다.26)

이것은 소설의 첫 부분이다. 다소 신파조의 서술방식을 택하고 있으나 주
인공이 겪은 전쟁의 상처가 아버지의 학살과 어머니의 죽음, 그리고 아무도
돌보아 주는 사람이 없었다는 점을 요약해서 강조하는 부분으로 볼 수 있다.

이렇게 고아가 된 난이는 고향에서 살다 거제도로 피난 간 외숙부 집으로
간다. 그러나 외숙부는 군대에 가고 없고 외숙모와 더불어 피난살이를 하는
그들의 생활은 거지와 다름없었다.

그러다가 전세가 호전되자 난이는 고향으로 가고 싶다는 희망을 피력하
였고 외숙모도 거기에 동조하여 그들은 원주로 다시 되돌아 온다. 그러나 고
향은 그야말로 폐허가 되었고 거기에는 먹을 것 하나 없어 생계가 곤궁해지
자 외숙모의 핍박은 더욱 거세어져 갔다.

> 그러나 막상 와서 둘러보니 허망할 정도로 무인지경이요 어리친 개 한
> 마리도 없다.
> 여지없이 막다른 골목에 당면한 외숙모는 또한번 발악을 해가면서 입을
> 놀렸다.
> 「이 빌어먹을 계집애, 그래 나더러 논두렁을 비고 죽으란 말이냐? 당장
> 에 네 몸뚱아리라도 팔아서 먹을 것을 구해 와야지. 안 그러면 네 넙적다리
> 라도 베서 회를 처먹을테다.」
> 흡혈귀가 다된 외숙모는 입에 못담을 포악을 퍼붓는데, 아이들은 구덩이
> 에서 개구리를 잡아 산채로 가랭이를 찢어 입에다 처넣는 것이 난이 눈에
> 띠었다.
> 난이는 그만 사지를 오그리고 진저리를 쳤다.

---

26) 위의 책, p. 99.

그것은 흡사 식인종의 모습이다. 곧장 덜미를 잡혀 넙적다리에 칼이 찔러 올 것 같은 살벌한 공포가 기갈에 지친 얼굴들에게서 느껴져서 눈 앞이 아찔했던 것이다.27)

거제도에서 모진 피난살이를 했던 난이의 외숙모는 굶주림에 대한 공포 때문에 신경질적 반응을 보이는 것을 예사로 했다. 그리고 그 신경질적 반응은 거의 난이에 대한 폭언으로 변하는 것을 알 수 있다.

또한 전쟁으로 인해 기아에 시달리는 아이들이 어떠한 행동을 하는지도 잘 나타나 있다. 개구리를 잡아 산 것을 그대로 먹는다는 사실은 어떤 다른 목적보다도 허기를 채우는 데 그 목적이 있기 때문이다.

이러한 외숙모의 포악한 성질과 아이들이 허기에 지친 것을 보면서 난이는 돌아가신 부모님을 더욱 간절히 그리워하는 것이다. 그리고 그 그리움은 인간적으로 의지할 곳을 찾는 데로 자연스럽게 변화해 간다.

> 그러나 난이는 뒤미처 어떻게 해야 외숙모이 식구들과 살아갈 수 있는가를 생각해야만 했다. 가급적 가까운 부대 천막을 찾아가 구원을 호소하는 도리밖에 없다고 생각했다.
> 이렇게 난이는 궁리를 세웠으나 완전무장을 한 사나운 남성만의 그 세계……. 열아홉 살 난 처녀가 용이하게 나타날 데가 못된다. 외숙모를 달래 가지고 가야겠다는 생각을 하고 물에서 일어서는 순간이다.
> (중략)
> 김중령은 OO연대 부연대장이었다. 많은 부하를 거느린 그는 함부로 난이 있는곳에 얼씬대지 않았다.
> 밤 두세 시경 소리없이 나타나 전지를 천막 안으로 비치면 난이가 일어나 나와 그의 짚차를 타고 십 리 밖쯤 나간 숲속에서 사나이의 억센 애무를 받게 마련이었고 뼈마디가 한 치쯤 늘어진 것 같은 피곤 속에서 사나이

---

27) 위의 책, p. 101.

가 그리워지는 괴로움이 싹터 올랐던 것이다.
 그러나 00연대는 난이네들이 겨우 자리를 잡고 난 지 한 달 후에 원주에서 이동하게 되었다.
 누구보다도 애절한 타격은 난이뿐이다.
 두 사이의 인연이 실로 예기치 않은 곳에서 봉상 사납게 부딪힌 동물적인 폭행에서 출발한 것이었지만 그의 살 냄새와 피의 역류는 난이만이 차지할 수 있었던 믿음직한 애정의 그늘이었던 것이다.
 연대가 이동하기 전날 밤 난이는 사나이의 품 안에서 오랜 시간 흐느껴 울었다. 폐부에서 솟구쳐 오르는 눈물을 난이는 거둘 도리가 없었다.
 「전쟁이 끝나면 꼭 그대를 찾아올게. 안심해 - 응?」
 「……」28)

이 부분은 난이가 원주에 도착한 날 외숙모의 폭언을 듣고 시냇가에서 고향 생각에 잠기며 목욕을 하다 김중령에게 겁탈을 당하면서 시작되는 이야기다. 김중령은 몸을 팔아서라도 먹을 것을 구해야 되느냐 마느냐 하는 갈등에 휩싸인 난이를 마침 겁탈하고는 그녀에게 먹을 것이 필요하다는 것을 알게 된다.
 그리고는 난이가 살고 있는 그녀의 외숙모 집에 먹을 것을 지원하는 등 도와주면서 난이와 계속 관계를 가지는 것이다. 관계가 지속되면서 난이는 김중령이 따뜻한 사람으로 느껴졌고 따라서 그녀는 그를 의지하게 된다.
 그러나 부대가 이동함에 따라 난이는 김중령과 헤어지게 되는데, 이것이 난이가 겪는 두 번째의 전쟁 상처라고 할 수 있다.

 일년이 흘러갔다.
 휴전 포고가 떨어지자 원주에는 고향 사람들이 물거품처럼 몰려 들었다.
 난은 계집애로 어리애를 낳았다.

---

28) 위의 책, pp. 102-103.

외숙모가 한 밑천 잡고 살게 된 것은 순전히 난이 덕이건만 한 몸이 두 몸이 된 난이를 눈에 가시처럼 민주를 대고 갓난애는 목이라도 눌러 죽여 없애라고 몸서리나는 말을 했다.

(중략)

그러나 외숙이 돌아오자 난이 문제는 노골적으로 표면화하여 동네 방네 삼동네에서 조소와 손가락질을 받도록 외숙모는 난이를 잡년이라고 소문을 퍼뜨려 놓고, 너 때문에 우리도 원주 땅에서 못 살게 될 거라고 허구헌 날 들겨울러댔다.

「아니 추잡한 년을 왜 이때까지 집구석에 먹여 두는 거야? 집안 망신을 시켜도 분수가 있지……. 원주 바닥에서 낯짝을 들고 살줄 아니?」

매부집 땅떼기를 통샘이채 먹고 싶은 외숙은 눈을 부라리고 고함을 질렀다. 잘못간에 난이는 이들 내외에게 대항할 힘이 없었다.

결국에는 어린애를 안동해서 난이는 외숙집에서 쫓겨나다시피 했다.29)

전쟁이 휴전상태로 되었지만 돌아오기로 약속한 김중령은 끝내 나타나지 않았다. 그러는 동안 난이는 아이를 낳게 되고 그것이 죄가 되어 외숙모 집에서 지기 주장을 할 수 없게 되었다. 그리고 외숙부가 전쟁에서 돌아오자 그녀의 고통은 더욱 커진다. 즉, 원래부터 외숙부가 난이 부모가 남기고 간 땅을 탐내고 있었기 때문에 난이를 받아 준 것인데, 이젠 아이를 낳았다는 핑계로 아무런 대가 없이도 난이를 내쫓을 수 있었던 것이다.

이것이 난이가 받은 세 번째의 전쟁 상흔이다. 부모를 잃고 외숙모 집에서 고통을 받으며 살다가 김중령을 만남으로써 잠시 동안이나마 삶의 희망을 가졌던 난이가 김중령과 헤어지면서 두 번째의 상처를 입었다면, 고향 땅에서 쫓겨나는 것 이것이 바로 세 번째의 상처가 되는 것이다.

그러나 주인공 난이는 서울로 가면 김중령을 다시 만날 수 있으리라는 막연한 기대감을 지니게 된다. 그리고는 청량리역 부근의 다방에서 레지로 일

---

29) 위의 책, p. 103.

을 하게 된다. 당시 군인들이 많이 오가던 청량리역 부근에 있으면 어떠한 소문이라도 언어 들을 수 있는 가능성이 있었기 때문이다.

 난이는 무던히 지루하게 머뭇거리다가 마침내 입을 열었다.
 「저어 실례지만 혹시 원주에서 부연대장을 하던 김중령을 아시나요?」
 대위는 눈을 크게 열고 난이를 물끄러미 훑어 본다.
 「알지요.」
 「그 분이 지금 어디 계셔요?」
 「서울에 와 계시죠. 잘 아시우?」
 「……..」
 난은 얼굴을 붉히고 고개를 숙였다.
 잘 아시우란 너무나 거리가 먼 질문이다. 다방의 레지 따위가?……하는 가벼운 조소가 얼굴 표정에 나타나 있었기 때문이었다.
 「장교님은 그 분과 만나실 기회가 계시겠죠?」
 「장교라도 직속 상관이 아니면 만나기 어렵다오. 그러나 김대령은 내 직속 상관이니까 문제 없죠.」
 「네? 그래요. 그 동안에 대령이 되셨구만요? 그러면 제 편지를 꼭 좀 전달해 주시겠어요?」
 「뭐……연애 편지요?」
 육군 대위는 입을 씰룩했다.
 난이는 원주에서 서울로 왔다는 것, 당신 아이를 낳았으니 꼭 와서 만나 달라는 간단한 사연을 능숙치 못한 문체로 써서 대위에게 전달을 했다.
 가슴을 조리고 며칠 간을 기다렸으나 찾아와 주기는 고사하고 한 장의 회신도 전해 오지 않았다.30)

주인공 난이는 그동안 전쟁으로 인해 여러 차례 고통을 겪었지만 그때마다 희망을 가지고 견뎌냈다. 그리고 고향을 떠나는 아픔을 참을 수 있었던

---

30) 위의 책, pp. 104-105.

것도 그녀의 마지막 삶의 의지가 되어 주었던 김중령을 만난다는 기대감과 희망이 있었기 때문이었다.

그러나 그 희망은 현실에서 이루어지지 않았다. 위의 인용문에서 보는 바와 같이 연락이 될 가능성이 충분한 데도 불구하고 김중령의 일방적인 회피로 그 희망은 이루어질 수 없었던 것이다. 이러한 김중령의 배신이 주인공 난이가 겪는 네 번째의 상처가 되는 것이다.

이렇게 볼 때, 이 소설은 한 개인에게 남겨진 전쟁의 상처가 일시적인 데 그치지 않고 개인의 구체적인 삶 속에서 여러 단계의 깊은 상흔으로 남는다는 사실을 통해, 전쟁이 인간 그 중에서도 에게 특히 민간인에게 얼마나 깊은 아픔을 주는 것인지를 보여 주는 것이다.

4. 맺는 말

피난민소설은 전쟁소설의 하위 장르로서 우선 그 유형적 특성을 규정할 수 있으며, 개념적 성격으로는 전쟁으로 인해 피해 받는 민간인 즉, 피난민의 아픔을 형상화하고 있는 소설이라고 할 수 있다.

이러한 피난민소설을 분석하기 위해 소설에 나타나는 주제의식의 구조를 밝히는 데 집중되는 주제론적 연구방법을 택하였으며, 그 범위로는 「목숨」, 「두 개의 心情」, 「六·二五」, 「狂風 속에서」, 그리고 「烙印」 등 1950년대에 발표된 5 작품으로 한정하였다. 이들 작품은 모두 피난민들의 고통과 아픔, 그리고 심리 등을 표출하고 있는 데서 그 공통점을 찾을 수 있다.

그리고 이들을 개별적으로 분석한 결과는 다음과 같다.

첫째, 「목숨」에서는 한국전쟁 당시 서울에 살고 있는 지식인을 중심으로 전쟁에 대응하는 하나의 독특한 방식이 피난을 두고 나타난다. 여기에서 지식인이 지니고 있는 독특한 의식구조를 발견할 수 있는데, 그것은 사회적 책임감과 재산에 대한 소유의식이 유달리 강하다는 데 있다. 그리고 마지막 순간에 피난을 결행한다는 점이다.

둘째, 「두 개의 心情」은 전쟁에 대응하는 중년 여성의 의식을 두 개의 다른 것이 상충하는 갈등 상태로 파악하고 있으며, 그것을 대비적으로 잘 나타내고 있는 작품이다. 또한 피난민의 비참한 생활을 리얼하게 묘사함으로써 전쟁의 비극성을 드러내고 있다.

셋째, 「六·二五」는 피난민의 심리를 형상화하고 있는 전형적인 피난민소설로서, 피난을 가지 않기 위해서 스스로 위안하는 단계를 거쳐 피난을 앞두고 발생하는 재산과 고향에 대한 애착, 그리고 피난을 하면서 생기는 이산에 대한 두려움 등이 잘 표출되어 있다.

넷째, 「狂風 속에서」는 전쟁의 폭력 앞에 무고하게 피해를 당하는 민간인으로 평양 시민을 설정함으로써 전쟁이 주는 참화를 설득력 있게 표현하고 있다. 그리고 공중폭격에 대한 도덕론적 비판의식을 지니고 있는 작품이다.

다섯째, 「烙印」은 전쟁의 피해를 입은 여고생의 성장과정을 통해서 전쟁의 상처가 일시적 상흔으로 그치는 것이 아니라 한 인간의 일생에 영원히 남아 있다는 점을 통해, 전쟁의 비극성을 표출하고 있다.

이렇게 볼 때, 피난민소설은 민간인 그 중에서도 전쟁의 피해를 입은 피난민들의 행동과 의식을 통해 전쟁의 비극성을 다각적으로 표출하고 있다는 데 그 의의가 있다고 할 수 있다.

참고문헌

1. 기본자료

文藝, 1950. 12. ~ 1952. 12.
自由文學, 1956. 6. ~ 1959. 12.

2. 단행본 및 논문

가. 단행본

구인환, 한국근대소설연구, 삼영사, 1987.
구중서, 분단시대의 문학, 전예원, 1981.
국방부, 군대윤리, 국방부 정훈관실, 1991.
권영민, 한국현대문학사, 민음사, 1993.
김기석, 한국군의 사회심리, 국방부 정훈국, 1987.
김윤식·정호웅, 한국소설사, 예하, 1993.
김재홍, 한국전쟁과 현대시의 응전력, 평민서당, 1980.
김홍철, 전쟁론, 민음사, 1991.
김현, 문학사회학, 민음사, 1983.
백종천·이상훈, 군대의 윤리, 탐구당, 1990.
신경득, 한국전후소설연구, 일지사, 1983.
신영덕, 한국전쟁기 종군작가 연구, 태학사, 1998.
윤병로, 한국전쟁소설의 탐구, 범우사, 1980.
이기윤, 전쟁과 인간, 한샘, 1992.

이기윤, 주제비평의 원리와 실제, 봉명, 1998.
이기윤, 한국전쟁문학론, 봉명, 1999.
임덕규, 전쟁과 국제법, 법문사, 1985.
조가경, 실존철학, 박영사, 1961.
조인복, 전쟁연구, 성화문화사, 1959.
프레드릭 드 뮬리넨, 전쟁법, 대한적십자사, 1993.
한국현대문학연구회, 한국의 전후문학, 태학사, 1991.
Sollors, Werner, The Return of Thematic Criticism, Harvard Univ. Press, 1993.

나. 논문

곽종원, 전쟁문학이란 무엇인가, 월간문학 12호, 1969. 10.
구인환, 상흔적 현실과 치유적 지향, 분단현실과 비평문학, 상록, 1986.
김경동, 전쟁사회학시론, 현대사 1호, 서울언론문화클럽, 1980. 11.
김명식, 전쟁문학의 내용요소, 국어교육 46·47호, 1983. 12.
김병걸, 6·25와 한국소설의 관점, 현대사 1호, 서울언론문화클럽, 1980. 11.
김치수, 6·25동란을 취재한 작품, 월간문학 12호, 1969. 10.
백철, 전쟁문학의 개념과 그 양상, 세대 73호, 1964. 6.
신오현, 현상학과 실존철학, 현상학이란 무엇인가, 심설당, 1983.
이민수, 전쟁규칙과 도덕원리, 육사논문집 45집, 1993. 12.
전영태, 6·25와 한국소설의 재발견, 한국문학 140호, 1985. 6.
정영일, 한국전쟁의 국제법적 성격, 현대사 1호, 서울언론문화클럽, 1980. 11.
한승수, 한국전쟁과 세계전쟁, 현대사 1호, 서울언론문화클럽, 1980. 11.

전쟁소설 <불꽃>의 문체와 서사구조

이익성*

1. 서론 - 문제 제기

1950년대 문학, 그 중에서도 소설을 논의함에 있어서 그것을 어떠한 명칭을 부여할 것인가하는 문제는 1950년대 문학의 전반적 성격을 규정하는 것과 직결된다. 어떠한 의미에서든지 1950년대 한국 문학을 규정하는데 있어서 가장 큰 사건은 아마도 1950년의 6·25 한국 전쟁일 것이다. 이 6·25 한국 전쟁과 관련하여 1950년대 문학을 가리키는 전후문학이라는 명칭이 제2차 세계 대전 이후의 시대를 규정하는 일련의 사회적 현상을 포괄하는 용어인 전후 post-war 라는 용어에 문학을 결합한 경우라고 한다면, 분단문학이라는 용어는 제2차 세계 대전의 종식으로 우리 민족에게 부여된 8·15 해방 이후 한반도에 각각 이념을 달리하는 두 체제가 수립됨으로써 다른 이념의 체제 속에서 특성을 달리하는 문학을 가졌다는 것을 근거로 하여 쓰인 용어라고 할 수 있다.

그런데 문제는 논자의 편의에 따라 1950년대 문학을 전후문학이라는 용어로 부르기도 하고, 혹은 분단 문학이라는 용어를 사용하고 있다는 사실로,

---

* 충북대 교수, 주요 저서로 『한국현대소설비평론』(태학사, 2002) 등이 있다.

각각의 용어가 1950년대의 문학전반을 규정하기에는 의미 내용상 모두 일정한 한계를 가진다. 그러므로 이러한 용어에 대한 검토가 1950년대 소설을 논의함에 있어서 무엇보다 선행되어야 하는 바, 본고는 선우휘 소설을 검토하기 앞서 각각의 용어를 간단히 검토하기로 한다.

우선 전후문학이란 용어는 전쟁이라는 극한 상황을 체험한 사회에서 전후 세대들이 느끼는 절망의식, 죽음에의 공포, 그리고 니힐리즘의 만연이라는 일반적 현상과 관련되고, 특히 우리 한국 사회에서는 6·25 한국 전쟁 이후 현실에 대한 인식태도의 변화와 세계 문예 사조적인 영향 아래 형성된 것이라고 할 것이다. 이것은 당대의 세대론적인 관점[1]과 프랑스 실존주의의 영향[2] 하에서 파악되고 있다는 것을 특징으로 한다. 전후 문학에서는 전쟁과 관련한 부정적 인간상을 제시하고, 전쟁을 파괴와 폐허의 비정한 메카니즘으로 인식하여 실존적 의문을 제기하는 인물을 제시한다. 그럼으로써 이러한 인물을 심리학적 분석과 실존주의 문학론의 방법으로 해부하여 그것을 피해의식의 문학으로 결론짓고 있다. 이러한 전후 소설에 대한 접근은 심리

---

1) 1950년대 신세대론의 목록을 정리하면 다음과 같다.
   백철, 「신인군과 신세대론」(『문예』9, 1950. 4)
   조연현, 「신인과 신세대」(『신천지』46호, 1950. 5)
   이봉래, 「신세대론」(『문학예술』13호, 1956. 4)
   김양수, 「신세대론의 부언」(『현대문학』21호, 1956. 9)
   윤병로, 「고착된 기성과 방황하는 신인」(『한국평론』4호, 1958. 8)
   최일수, 「문학상의 세대의식」(『지성』2호, 1958. 9)
2) 실존주의가 우리나라에 처음 소개된 것은 8·15 해방 직후 김동석, 양병식, 박인환 등에 의해서이다. 그리고 50년대에 논의된 실존주의에 대한 논의 목록 중 대표적인 것만 언급하면 다음과 같다.
   조연현, 「실존주의 해의」(『문예』21호, 1954. 3)
   김붕구, 「증인의 문학」(『사상계』29호, 1955. 12)
   _____, 「증언으로서의 문학」(『사상계』82호, 1960. 5)
   이철범, 「실존주의와 휴머니즘의 관계」(『문학예술』32호, 1957. 12)
   이어령, 「실존주의 문학의 길」(『자유공론』4호, 1959. 3)
   원형갑, 「실존과 문학의 형이상학」(『현대문학』50-60, 1959. 8-12)

주의적 기법의 측면과 인간의 내면 의식의 파악에서 신세대적 특성을 찾으려는 신세대론적 관점과 전후 의식의 본질을 추구하고자 하는 데서 비롯된 실존주의적 관점과 전후 의식의 본질을 추구하고자 하는 데서 비롯된 실존주의적 관점을 중심으로 한 당대의 인식을 그대로 수용한 것으로 생각된다.

그리고 분단소설이라는 용어를 가지고 1950년대 소설을 규정하는 것은 6·25 한국전쟁 이후 우리 소설사 전체를 규정하기에는 적당할지 모르지만 분단 소설이라는 용어가 뜻하는 외연이 너무 크기에 적절한 용어라고 할 수 없다. 그러나 분단 소설이란 용어는 1950년대가 냉전논리의 암울한 상황 아래서 이후 소설에 있어서 중요한 제재를 제공하였고, 그러므로 분단소설의 가능성을 배태하고 있다는 측면에서 1950년대 소설을 규정하는 좀더 커다란 상위의 개념으로 작용할 수 있는 가능성은 배제할 수 없는 것도 사실이다.

본고는 1950년대 소설을 전후문학의 한 갈래로 파악하면서도 일련의 소설들이 보여주는 특징과 관련하여 선우휘 소설을 살펴보려고 한다. 그런데 선우휘의 소설을 검토함에 있어서 의미있는 작품을 선정한다는 의미에서뿐만 아니라 전쟁소설의 특징이 가장 잘 드러나고 있다는 의미에서 본고에서는 선우휘의 작품 중에서 「불꽃」을 중심으로 논의를 전개하며 4장에서는 「불꽃」을 중심으로 선우휘 초기작품의 사상적 기반을 논의하기로 한다.

2. 分斷의 起源으로서 戰爭과 小說

2-1. 6·25 韓國戰爭과 分斷文學論

현재까지 6·25 한국 전쟁의 원인과 기원의 정통적 견해는 냉전체제의 지속과 그에 따르는 북한의 무력남침이 6·25가 단순한 냉전 논리의 실천으로서의 국제전의 대리전쟁이 아니고 내전적 성격을 가진 것으로 내전과 국제전의 혼합적 성격을 띤 것이라는 견해3)가 대두되면서, 6·25 한국 전쟁을 인식하는 기본적인 태도가 심화되었고 인식의 변화가 초래되었다. 이러한 인식론상의 변화는 바로 6·25 한국 전쟁과 그로 인한 민족의 분단과 그 고착화의 원인이 보다 직접적인 원인으로 작용했음을 더욱 강조하는 결과를 가져왔다.

분단 문학론은 6·25 한국 전쟁이후의 문학을 6·25 문학, 전쟁문학 혹은 전후 문학, 반공문학 등으로 부르기보다는 분단문학으로 집약시키고자 하는 견해로4) 이해될 수 있다. 그리고 분단문학론은 앞에서 살펴본 전통적 견해로서 6·25 한국 전쟁의 기원과 원인인 냉전논리의 극복과 이념적 대립이 하나의 허구가 되어 버린 현재에 있어서 한반도의 분단 극복이라는 주제를 중심으로 나아가고 있다고 해도 큰 무리가 아니다. 이러한 의미에서 6·25 한국 전쟁은 단순한 과거의 사실이 아니고, 현재에도 진행중인 사태로 인식되며5), 이것은 분단 상황이 오늘의 현실적 모순과 정신적 질환의 가장 중요한 병원체로서 살아 있으며, 개개인의 내외적 삶을 규정하는 작용을 하고 있다.6)

그런데 분단문학론의 입장에서 볼 때, 1950년대 극복의 의지가 거의 나타나지 않고 있다는 측면에서 미성숙한 분단소설, 반공문학 혹은 반전문학이라는 부정적 평가를 받고 있으며, 또 1950년대 소설이 단순히 체험으로서

---

3) 이러한 수정주의적인 견해는 1980년대 중반이후에 번역소개되었는데 그와 관련된 목록을 소개하면 다음과 같다.
   J. Holliday,『유엔과 한국』(사계절, 1984)
   Robert, R, Simons,「한국전쟁」,『한국현대사』(사계절, 1984)
   Bruce Cummings,『한국전쟁의 기원』(청사, 1986)
4) 임헌영,「분단문학의 새전망」(『한국문학』, 140호, 1985. 6), p. 184.
5) 전영태,「6·25와 한국 소설의 재발견」,(『한국문학』140호, 1985. 6), p. 300.
6) 김병익,「6·25와 학국 소실의 관점」『현대사』창간호(서울언론문화클럽, 1980. 11), p. 300.

6·25가 제시됨으로써 분단 현실에 대한 극복 의지를 통합적 원리나 총체적 시각에까지 이르지 못하고 평면적 소재화에 그치고 있다는 평가를 받고 있다는 것도 거의 사실이라고 할 수 있다. 이러한 분단문학론의 1950년대 소설의 부정적 평가는 분단의 극복의지가 중요한 척도로 작용하여 이루어지고 있다는 측면에서 일면 타당성을 획득할 수도 있지만, 당대의 상황과 관련하여 당대의 소설을 평가할 경우 새로운 평가의 가능성을 열어놓았다고 할 수 있다. 본고에서 그 평가의 가능성의 하나로서 다음 항에서 전쟁소설의 요건을 중심으로 전쟁소설을 논의하기로 한다.

2-2. 戰爭小說의 두 가지 要件

한국에 있어서 1950년대의 문학을 규정하는 용어로 전쟁 문학이라는 용어를 사용하는 데는 우선 1950년대 당대의 상황을 염두에 둘 필요가 있다. 1950년에 시작한 6·25 한국 전쟁은 두 해를 넘는 전투를 치르고 휴전협정이 맺어짐으로써 중단되었지만, 진정한 의미의 전쟁은 끝나지 않았다. 즉 休戰이라는 이름으로 규정된 전쟁의 중단상태는 심각한 남북의 대치 상황을 낳았을 뿐만 아니라 보이지 않는 전쟁으로 이어졌다고 할 수 있다. 6·25 한국 전쟁이 끝남에 따라 소설에 있어서 이념적 대립의 문제가 가장 핵심적인 관심에 놓였음에도 불구하고 문학외적인 제약으로 문학적 형상화작업이 거의 이루어지지 않음에 따라 1950년대 소설은 단순하게 전쟁이라는 상황을 직접적으로 그려내든지, 혹은 전쟁으로 인해 암담한 파괴와 혼란의 외중에 있는 사회의 일면을 그려내는 작업에만 몰두했다. 이러한 상황적 한계 속에서 1950년대 작가들의 대부분은 전후의 절대적 가난을 비롯한 어두운 현실에 대해 비판과 거부를 감행했다.[7] 그럼에도 불구하고 이러한 비판과 거부

---

7) 권영민, 「전후 의식의 극복과 문학적 자기 인식」(『한국 문학』, 1985. 6), pp. 398-419.

는 체제 내적인 것이었다. 이런 시대적 상황과 관련되는 1950년대 소설의 상황적 한계 속에서 1950년대 소설 일반을 전쟁 소설이라 규정할 가능성을 타진해볼 수 있지 않을까 하는 것이 필자의 생각이다.

그러면 일반적으로 전쟁소설이란 어떠한 의미를 가지는가? 전쟁소설은 전쟁을 배경으로 한 소설이라는 단순한 소재 차원의 분류일 수는 없다. 그러므로 전쟁소설은 전쟁이라는 극한 상황과 관련하여 전쟁과 인간의 진실을 묘사하는 데 그치는 것이 아니라 전재이라는 소재를 통하여 미의식이나 반전의식 등의 작가의식을 뚜렷이 드러낸다는 특성을 지닐 때에만 의미가 있을 것이다. 다른 말로 표현하면 전쟁문학은 전쟁이라는 특수한 상황조건과 관련하여 현장성의 문학, 고발의 문학, 교훈주의 문학, 극한 상황의 문학 등의 변이 양상을 전쟁의 실상이나 성격의 분석 그리고 전쟁의 문학적 수용 과정에 대한 분석을 수반하여야 한다. 이러한 의미에서 전쟁소설은 전쟁을 소재로 하는 문학의 주류를 이루고 있다.

한국 상황에서 전쟁 소설을 어떻게 규정하느냐 하는 문제는 1950년대 작가들이 보여주는 당대 작가들의 6·25 한국전쟁에 대한 인식태도를 문제삼을 수 있다. 1950년대 소설에 나타난 작가들의 6·25 한국 전쟁에 대한 인식태도는 몇 가지로 나누어 볼 수 있다. 전쟁에 대한 다양한 인식태도는 이념적으로 확고부동한 자세를 보여주는 태도로 나타나기도 하고, 전쟁에 대해 민족의 수난으로 파악하여 이 수난을 극복하려는 의지로 작품화되기도 하고, 역사적 사건으로서의전쟁을 보는 증인으로서 전쟁에 대한 증인의식을 작품 전면에 드러내기도 하며, 인간적 진실을 바탕으로 戰場이라는 극한 상황을 극복하려는 인간적 따뜻함을 드러내 보여주는 휴머니즘을 강조하기도 하며, 그리고 실존주의적 방법으로 전쟁의 참상을 포착하기도 한다. 이러한 작가들의 6·25 한국 전쟁과 문학 특히 소설과의 관련양상에 대한 이러한 다양한 인식태도[8]와 관련하여 볼 때, 1950년대 소설 일반을 전쟁소설로 규정하는 것은 1950년대에 있어서 6·25 한국전쟁이 가지는 의미와 관련하여 중요한 의미를 가진다 하겠다.

그리고 전쟁문학은 전쟁의 참상을 고발하는 동시에 전쟁으로 인하여 야기되는 여러 가지 문제를 발견하고 그 의미를 추구하는 문학이어야 한다.[9] 그러므로 전쟁소설은 어떠한 의미에서든지 전쟁이라는 소재가 한 작품의 중심에 놓인다. 그런데 단순히 전쟁이 소재의 차원에 멈추고 만다면 기존의 논의에서 한 걸음도 나아가지 못한 답보의 상태일 것이다.

그러면 전쟁소설을 규정함에 있어서 단순히 소재의 차원에서 벗어나 보다 의미 있는 유형으로 묶어낼 수 있는 가능성은 과연 무엇인가? 이건은 앞에서 간단히 언급한 바 있는 전쟁이라는 극한 상황 속에서 야기되는 여러 가지 사실을 그려내고 있다는 점일 것이다. 1950년에 발생한 6·25 한국 전쟁은 우리 한국 사회에 있어서 획기적인 커다란 충격이었고, 우리 문학사 특히 소설사에 있어서 역시 소설을 구성하는 중요하고 의미 있는 원동력으로 자리잡고 있다. 이것은 단순히 이데올로기의 대립이라는 표면적인 의미에서 뿐만 아니라 동일한 민족이 서로 총 뿌리를 겨누고 의미 없는 폭력을 행사했다는 실질적인 대립이 적나라하게 드러나게 되었다는 의미에서 그렇다고 생각된다. 그런데 1950년대의 전쟁소설에 대한 일부 분석은 전쟁이라는 상황에 대한 분석이 선행되지 않은 채 서양의 저항 문학적 관점과 비교에 그친 것도 있다.[10] 이러한 분석은 전쟁소설이 가지는 의미를 축소해서 해석한

---

8) 선우휘, 「6·25와 전쟁문학」,『한국문학』140호, 1985. 6)
하근찬, 「'수난이대'를 낳은 그 전쟁」,『문학사상』176호, 1987. 6)
박연희, 「문학작품과 작가」,『동아일보』1955. 12. 6)
박영준, 「대표작 자선평」,『문학사상』10호, 1963. 7)
장용학, 「실존과 '요한시집'」,『한국전후문제작품집』(신구문화사, 1965), p. 401. 등의 논의에 대해서 전후 작가들이 보이는, 전쟁문학에 대한 다양한 소개 및 평가는 이기윤(1950년대 한국소설의 전쟁체험연구, 인하대박사학위논문, 1989. 2)의 논의를 참조할 것.
9) 윤병로, 「전쟁문학시론」,(성균관대학 논문집 24호, 1977)

것이라 할 수 있다. 전쟁이라는 실질적 폭력 앞에서 드러나는 인간의 추악성과 비이성적인 측면은 인간자체에 대한 회의와 절망으로 나타났으며, 이것은 기존의 소설사 속에서 보면 특수한 조건으로 자리잡기에 충분한 전제조건일 것이다. 이때 문학적 형상화의 문제는 6·25 한국전쟁에 대한 원론적인 대원칙에 대한 합의에 앞서 자질구레한 일상의 묘사와 관련된 세부적 디테일 속에서 성립될 수 있다. 이데올로기의 대립이 빚어낸 이념전쟁으로서의 6·25 한국 전쟁을 문제삼는 것은 이념의 문제를 정면으로 문제삼을 수 없다는 외부 상황의 어려움에 놓여 있던 1950년대적인 상황 속에서 당대 소설들이 이념적인 문제를 부분적이나마 제기하고 있다는 것과 관련된 것이고, 이것이 이러한 추론을 가능하게 한 것이다.

지금까지 논의한 전쟁소설의 요건을 우선 두 가지만 꼽아 본다면 첫째는 전쟁이 소설의 중심적 소재이어야 하고, 둘째는 전쟁이라는 극한 상황이 야기한 다양한 문제를 다루고 있어야 한다는 것이다. 그런데 1950년대 한국적 상황에서 당대 작가들은 6·25 한국전쟁에 대하여 이념적으로 확고부동한 자세를 보이거나, 수난에 대한 극복의지, 증인의식, 인간적 진실을 바탕으로 극한 상황을 극복하려는 휴머니즘, 실존주의적 방법으로 전쟁의 참상을 포착하여 작품화하여 문학적 형상화에 힘쓰고 있다고 할 수 있다. 이러한 작가들의 다양한 6·25 한국전쟁에 대한 형상화는 전쟁을 단순히 소재적 차원에서 접근했다고 보기보다는 6·25 한국전쟁이 소설을 형성하는 중요한 동인으로 작용하고 있음을 보여준다고 하겠다. 그러므로 필자는 위에서 언급한 전쟁소설의 두 가지 요건을 통해 볼 때, 1950년대 소설 전체를 전쟁소설로 규정해도 별 무리가 없지 않을 것이라고 생각한다.

---

10) 정명환,「전쟁과 한국작가」(『사상계』128호, 1963. 11).
  위의 논문에서 전쟁에 대한 분석은 원인적 배경이 되는 전쟁에 대한 기초적 분석이 거의 이루어지지 않고 있다. 이러한 이유로 해서 서구의 저항문학적 관점에서 1950년대 소설을 정의의 문학과 인간조건의 문학으로 나누어 설명하고 있다.

3. 「불꽃」의 문체와 敍事構造

「불꽃」은 1957년 7월『文學藝術』신인작품에 응모하여 당선된 중편 소설 작품으로 선우휘의 대표작으로 꼽힌다. 이 작품으로 선우휘는 제2회 東仁文 學賞을 수상하였다. 이 소설은 당대의 다른 작가인 손창섭, 장용학, 김성한 등의 작품과는 달리 민족의 수난사와 전쟁의 비극을 동시에 정면으로 파헤 치려고 했다는 측면에서 의미 있는 작품으로 평가된다고 생각된다.

3-1. 文體的 特性

우선 선우휘의 「불꽃」의 문체에 대한 논의는 크게 두가지로 상반되어 시 작되었다. 우선 선우휘의 문체에 대한 긍정적 평가는 이어령에 의해 이루어 졌다.[11] 이어령은 「불꽃」의 문장을 여유가 있고 전통적인 한국의 문장이라 고 주장하였다. 그런데 이어령에 의하면 여기서 전통적 한국문장의 계보란 이광수-채만식-이태준-염상섭-선우휘로 이어지는 문장이라는 것이다.[12] 이 에 비해 김우종은 이 작품에 대한 감동력은 문학적인 것이라기 보다는 철학 이나 역사논문을 읽을 때의 감동에 가깝고, 인물의 대화에는 별로 개성이 드 러나지 않는다고 지적한다. 그러므로 그의 문장을 한마디로 말하면 어떤 부 분은 설명의 연쇄여서 함축성, 암시성, 상징성 같은 것을 거의 찾아볼 수 없 다고 부정적 입장을 취하고 있다.[13]

그런데 여기서 선우휘의 문체적 특성을 살펴보기 위해서는 당대의 다른 작가들의 문체와의 횡적인 비교는 물론 이전 소설사 속에서의 다른 작가들 과의 종적인 비교도 선행되어야 하는 바 본고에서는 전자를 중심으로 하여

---

11) 이어령, 「1957년의 작가들」,(『사상계』54호, 1958. 1)
12) 이어령, 위의 글, P. 48-9.
13) 김우종, 「동인상 수상 작품론」,(『사상계』79호, 1960. 2), PP. 252-3.

우선 간단히 살피는 것으로 대신하고자 한다.

주지하는 바와 같이 1950년대에 활동한 소설가들은 크게 나누어 보면 해방 이전부터 작품활동을 한 작가군과 해방이후에 등단하여 작품활동을 시작한 일군의 작가들로 나누어진다.14) 선우휘는 후자에 속하는 작가로 경성사범이라는 초급대학을 마치고 학교 선생을 하다가 해방 이후 월남하여 신문기자로 활동하다가 6·25 전쟁 직전인 1949년 군인이 되었다가 1955년에 이르러서야 비로소 군인신분으로 등단하여 작가활동을 시작한 사람이다. 즉 다른 작가와 같이 그의 우리말 학습은 대체로 소·중학교에서 '조선어'를 배운 실력정도임을 알 수 있다. 그리고 문학수업은 이광수, 김동인 등의 소설과 일어로 번역된 번역소설, 그리고 일본의 대중소설 정도로 정규 문학수업을 따로 받은 것이 없는 것으로 되어 있다.

이러한 사정에서 선우휘가 소설을 쓰고자 마음먹은 것이 작가 자신이 군대에서 정훈장교로 있으면서 자신이 직접적으로 관여한 종군작가단의 소설가들의 작품을 정리하면서 그들에 대한 불만으로부터 시작하였다는 그의 주장은15) 여러 가지 측면에서 주목할 필요가 있다. 즉 이러한 그의 주장은 등단하기 이전에 작가 내지는 평론가들과 다소간의 친분을 확보하고 있었으며 이와 더불어 문단 사정을 이미 알고 있었을 가능성이 내재하고 있다는 것이다. 그리고 경성사범학교 시절부터 친분을 유지하고 있던 시인 조병화의 관련도 이러한 가능성을 더욱 확실하게 하는 부분으로 생각된다.

---

14) 김상태, 「1950년대 소설의 문체 연구」, 『한국의 전후문학』(한국현대문학연구 제1집, 1991. 4). 참조.
위 책에서 작가들의 일반적인 문체적 특징을 설명하고 있다.
15) 선우휘, 「정훈장교시절에서 '불꽃'을 쓰기까지」(『문학사상』, 1984. 4), p.62.
이 글에서 그가 소설을 쓰게된 동기를 밝히고 있는데, 우리는 선우휘의 「불꽃」의 창작동기를 부분적으로 짐작할 수 있다.

남루한 차림을 하고 낯익은 싸리문을 들어섰을 때, 마루에 앉았던 어머니는 잠시 멍하니 현을 바라보다가 버선발로 뛰어나와 와락 현을 붙들고 울기만 했다. 동네 사람들이 집으로 몰려왔을 때 어머니는 마루에 엎드린 채 소리를 내어 기도를 드리고 있었다. 8·15를 당하고도 절실한 해방의 뜻을 느끼지 못한 현모는 이 순간에 남다른 해방감에 가슴이 터질 듯했다. 현모의 가슴 속에 분화구처럼 터져나가고 있었다. 그리고 현모는 그것이 터져나가 환히 트이는 곳에서 소낙비처럼 쏟아져내리는 하나님의 은혜를 보는 듯했다.

고노인의 경우 8·15는 쌀 공출로부터의 해방을 의미했다. 아들 영선의 덕을 보기는 했지만, 워낙 냅뜰성 없는 영선의 힘이란 별것이 없었다. 고노인은 전쟁 말기의 일제 당국처사에 대해 마구 욕설을 퍼부었다. 작은 꾀를 부려서 고런 짓을 했으니 망하지 않을 리가 있었겠느냐고 떠들었다.

아슬 아슬한 고비에서 38선 이남으로 책정된 이고을에는 미군들의 풍부한 물자의 시위가 있었다. 모두가 놀랍게 보이는 고노인은 둘째 아들더러 단단히 영어공부를 하라고 일렀다. 그리고 영선이 무사했고 현이 목숨을 건져 선친의 묘를 이장했던 탓이라고 더욱 풍수원리에 대한 믿음을 굳게 했다.16)

위 인용은 해방이 되어 돌아온 주인공 고현의 고향 마을에서 그의 어머니와 그의 할아버지의 모습이 그려지고 있는 부분이다. 이 인용에서 보는 바와 같이 소설 「불꽃」의 문체는 화려한 수사나 정치한 묘사를 통해 아름다운 모습을 제시하기보다는 과감한 생략을 통해 긴박감을 주는 빠른 템포를 가진 문장으로 서사 중심적 문장이라고 할 수 있다. 이러한 의미에서, 그리고 김우종 교수가 주장하는 바와 같이, 「불꽃」의 문장은 문장 자체에서 감동을 느낄 만한 미적이고 감동적인 문장은 분명히 아니라고 하겠다. 그런데 사건 위주의 서술이 중심을 이룸은 「불꽃」의 구조적 특질인 액자소설과 관련된다.

---

16) 선우휘, 『선우휘전집』 1(조선일보사, 1987), p. 68. (이하 전집으로 약칭)

현은 가만히 무릎에 놓은 소총 멜빵을 어루만져 보았다. 따각 하고 고리가 총신 목관을 치는 소리를 냈다. 견디기 어려운 죽음같은 고요가 그의 전신을 엄습했다.

사르르 바람이 일기 시작했다. 바위에 돋은 풀잎사귀가 하늘거렸다. 그리고 뒤이어 벌레 소리가 들려왔다. 갑자기 외로움이 현의 가슴에 흘러들었다. 현은 외로움을 누르려는 듯 두팔을 가슴 위에 얹었다. 뚝하고 동굴 천장에서 떨어지는 물방울 소리가 났다. 그는 가만히 고개를 돌려 어두운 동굴 안을 들여다 보았다.

31년전 바로 이 동굴 안에서 그의 부친이 스물네 살의 짧은 생애를 끝마쳐던 것이다.17)

―― (중략) ――

제2부

골짜기에 드리운 안개를 가르며 핏빛 같은 태양이 솟아올랐다. 흩어진 안개가 천천히 동굴을 향해 기어올라왔다.

찬기운이 서린 골짜기의 숲속에서 두그림자가 나타나더니 안개를 타고 동굴을 향해 걸어오르기 시작했다. 고개를 숙이고 앞서서 걷고 있는 고노인과 뒤따르는 연호. 연호의 허리에 비스듬히 박인 소제(蘇製) 때때 권총. 쿵! 하고 남쪽 멀리서 은은한 포소리가 들려왔다.

―― (하략) ―― 18)

앞의 인용까지의 제1부의 한 부분과 뒤의 인용에서 시작하는 제2부 전체를 뺀 나머지는 아버지가 죽어간 바로 그 동굴에서의 "고현"의 회상이라는 내용의 사건 중심의 서술이다. 이 회상이란 할아버지와 아버지 그리고 어머니와 관련된 주인공 고현 자신의 성장사와 일본 유학시절, 학병시절과 그곳에서의 탈출, 해방과 고향으로의 귀환 그리고 고향에서의 생활, 6·25 한국

---

17) 전집 1, pp. 43-4.
18) 전집 1, p. 86.

전쟁의 발발과 그 전쟁으로 P마을에서 동굴로 피신 오기까지의 모습이 몇 가지 상황 중심으로 서술됨을 의미한다. 이것은 단순히 작품분량의 4/5 이상을 차지하고 있다는 사실 외에 작품 전체에 있어서 닫혀진 액자가 가지는 의미와 관련하여 볼 때, 이 작품의 문체가 상황이나 묘사 중심의 단편소설의 미학적인 문체가 되지 못한 것으로 생각된다. 사건 중심으로 이루어지기 때문에 시간상으로 쫓기는 듯한 "고현" 일가의 3대에 걸친 수난사의 서술은 당대의 손창섭이나 장용학의 소설과 비교할 때 설명의 연쇄이거나 사건의 서사가 이 작품의 중심에 놓일 수밖에 없는 것이다. 이것은 이광수의 장편소설이나 채만식의 판소리적 풍자소설, 이태준의 묘사가 중심에 놓이는 단편소설과 사건 중심의 감상적인 장편 연애소설, 그리고 염상섭의 중립적인 작중화자를 통해 중후한 분위기를 창출하는 소설의 맥을 이어받은 것이라는 이어령의 평가를 가능하게 한 원인으로 작용하였다고 생각된다.

그리고 이 작품에서는 물론 선우휘 소설에 있어서 많은 부분을 차지하고 있는 작중인물들 간의 대화는 지루한 서술이 가질 수 있는 따분함을 없애주는 역할을 하고 있음도 지적할 수 있다.[19]

> 동양 윤리를 강의하는 다나까 교수는 갑자기 엄숙한 표정을 짓게 되었고, 서양 문명의 몰락과 절망, 동양의 정신문화의 세계사적 의의를 강조하기 시작했다.
> 그날도 다나까 교수는 마치 십억 아시아 민족 전체를 눈앞에 놓은 듯이 신이나서 떠들어대고 있었다.
> ──(중략)──

---

[19] 동인 문학상을 심사한 백철의 다음 지적은 이러한 것과 관련된다고 생각된다. "잘못 생각하면 평면적인 서술에 흘러서 지루해질 작품인데 작가는 그 중요한 대목의 장면들을 현재화(비주얼라이즈)하는 데서, 서술과 비존을 교체하는 몬타쥬법에서, 상당히 강력한 설복적인 작품을 만드는데 성공하였다. ──(생략)"
「심사위원 백철記」(『사상계』 50호, 1957. 9.), p. 71.

"한가지 질문이 있습니다. 자아멸각과 대의에 순해야 한다는 뜻은 잘 알았습니다. 그런데 선생님께서는 소나 돼지가 인간을 위해 달게 그 생명을 바친다고 하셨는데…… 물론 인간은 그들 고기를 부득불 먹어야겠지요…… 그런데 저는 어렸을 때 도살장에 가본 일이 있습니다. 소는 도살장에 끌려들어갈 때 발을 버티고 들어가기를 주저했습니다. 특히 돼지같은 것은 굉장히 소리를 지르며 야단을 하다가 도살당하는 것을 보았는데…… 그들은 결코 달게 그 생명을 바치는 것같이는 안보였습니다. 이점에 대해서 약간의 설명을……."

교수는 쓴 웃음을 짓고, 학생들은 소리를 내어 웃었다. 그러나 저도 모르게 웃고난 학생들도 웃음이 사라지자 석연치 못한 것을 느끼는 것같이 보였다.

현은 자리에 앉으면서 벌써 자신의 행동을 후회하고 있었다. 교수가 불쾌히 생각한다는 것은 문제가 아니었다. 공연히 충동을 받고 발끈하고 일어선 자기의 멋이 싫어졌던 것이다. 십억 아시아 민족의 청탁이나 받은 듯이 스스로 일어서서 항의한 것이 싫어졌다. 그래서 어쩌자는 것이었던가?"

비유라는 것은 때로 오류를…… 그러나 이경우는…… 동양인의 직관력은……."

중얼거리는 교수의 얘기가 귀에 들리지 않았고 그는
—— (하략) —— 20)

직원회의가 열렸을 때 교장은 점잖은 어조로 유감의 뜻을 표하며 세명의 교원이 경찰에 끌려 간 것은 참으로 안된 일이라고 했다. 현은 아연했다. 교활과 비열이 뒤섞인 교장의 얼굴을 쳐다보다 저도 모르게 불쑥 일어섰다.

"교장 선생님, 어떤 대책을 세워야 하지 않겠습니까?"

교장은 평소 온건하던 현이 뜻밖에 긴장한 얼굴로 자기를 정시하는데 놀랐다.

"대책이라야 세울 도리가 없는 것 어떻게 하우?"

---

20) 전집 1, pp. 58-60.

"대책이 없다니요. 세 분 선생이 이번 소동에 아무런 관련도 없다는 것은 교장 선생님도 잘 알고 계시지 않습니까?"
"아니, 고선생, 내가 그런 것을 어떻게 아우?"
"배선생님은 그동안 부친상을 치르러 가서 사건 때는 안 계셨고, 두 김선생님은 일주일간 수학여행에서 그제야 돌아오시지 않았습니까?"
"그건 모르디요. 없었다고 관련이 없는 것은 아닐 터이니까."
"그러나 그것은 경우와 상식으로 분명히 알 수 있습니다."
"고선생은 왜그렇게 그런 사람들을 두호 하시우?"
"두로가 아닙니다. 과거에는 어떻든간에 그대로 버려둔다면 그것은 세분 선생님에 대한 공정한 처사가 못되기 때문입니다."
"그거야 경찰에서 공정히 하갔디요."
어디까지나 시치미를 떼는 교장을 보고 현은 가슴 속에서 피가 끓어오르는 것을 느꼈다.
"교장 선생께서 직원들의 신상에 대해 그렇게 냉정하셔서야 어떻게 안심하고 학생들을 가르칠 수가 있겠습니까?"
교장이 버럭 소리를 질렀다.
"아니 고선생, 그게 무슨 말이오. 사상이 불순하다고 경찰이 하는 일을 나보구 어드케 하라는 거요?"
파렴치…….
"그렇게 말씀하신다면 교장 선생님은 이번 부정 사건 때문에 일부러 세 선생님을 몰아넣었다는 비난을 듣게 됩니다."
교장이 낯색이 변했다.
"고선생, 말을 조심하우. 그게 무슨 소리요 그럼 내가 부정 사건에 관계가 있단 말이오?"
진일보…… 앞으로……결정적인 공격! 그러나…….
"저는 그런 단정은 안 했습니다. 말하자면 남들이 그렇게 보기가 쉽다는 겁니다."[21]

---

21) 전집 1, pp. 71-2.

앞의 인용은 일본 유학 시절 일본인 교수와의 논쟁장면이고, 그리고 뒤의 인용은 해방 이후 교원 생활에서 교장과의 대화인데, 이러한 소설 중간에서 대화를 직접적으로 사용하는 것은 사건의 진행에 있어서 빠른 템포를 유지하면서 지루한 감을 없애기 위한 장치이다. 이 작품 「불꽃」에서 축약된 사건을 중심으로 전개되는 액자화된 주인공 고현의 회상 장면에서 불필요할 수도 있는 대화의 직접적인 사용은 스피디한 전개를 통해 독자가 느낄 수 있는 지루함을 완화하기 위한 문체적인 고려라고 할 수 있다. 그런데 이러한 대화라는 장치가 우리가 지금 문제삼고 있는 「불꽃」에서만 국한되지 않고 선우휘의 소설 전체에 있어서 지속적으로 나타나는 바, 이것은 선우휘 소설의 중요한 문체적 구성 요소라고 생각해도 큰 무리는 아니다.

그러면 선우휘 소설에 있어서 많은 대화의 사용은 어떻게 이해되어야 하겠는가? 선우휘 소설에서 대부분 사건에 대한 서술이 중심이 되고 인물이나 배경에 대한 정치한 묘사는 거의 나타나지 않는 것과 결부되어 해석될 수 있다. 앞에서 살펴본 「불꽃」에서 삼대에 걸친 한 가족의 수난사가 작품의 중심적 위치에 놓이고 그럼으로써 단순한 사건의 서술로 이어질 경우 대화의 사용이 독자들의 지루함을 제거하기 위한 기술적 장치인 것처럼, 다른 선우휘의 소설에서 대화의 사용은 서사 중심의 문체를 통한 제거하기 위한 기교적 장치로 해석할 수 있다.

3-2. 額子小說的 構成과 中篇小說의 意味

「불꽃」에 있어서 주인공 "고현"의 회상 장면을 빼면, 이 작품은 하나의 연결된 사건들로 구성되어 있다. 이것은 공산주의자가 되어 버린 친구 "연호"가 동굴로 고현의 할아버지를 이끌고 올라와 고노인에게 고현의 자수를 권유시키지만, 고노인이 손자 고현에게 도망가라는 말을 하고 연호에게 총을 맞는 장면, 그리고 할아버지의 죽음 앞에서 도망가지 못하고 친구 연호와 맞닥뜨려 서로 총을 쏘고 서로 총에 맞아 죽어 가는 장면을 중심으로 연결되는 한두 개의 아주 작은 에피소드밖에 존재하지 않는다. 이 작품이 앞에서 언급한 작은 에페소드를 중심으로 戰場이라는 극한 상황에 초점을 맞추어 소설이 구성되었다면 단편소설에 그치고 말았을 것이다. 그런데 선우휘는 「불꽃」에서 이 작품의 주인공인 고현과 그의 아버지의 동굴에의 피난이라는 동일한 사건과 결부시켜 주인공 "고현"의 가족의 受難史를 우리 민족의 수난사와 대립시킴으로써 민족적 아픔을 정면으로 문제삼고 있다. 그러므로 이 작품은 간단히 단편으로 처리할 수 있는 것임에도 불구하고 중편소설이 된 것이 아닌가 생각된다.

그리고 이 작품을 문제적으로 만드는 것은 아마도 액자화된 고현의 회상적 서술이라고 생각한다. 이 부분에서 작가는 한 가족의 삼대의 수난사를 배경으로 하여 고현이라는 인물을 한국전쟁의 소용돌이 속으로 밀어 넣은 것으로 생각된다. 이러한 액자 소설적 구성은 1950년대 소설에 있어서 중편소설로의 새로운 가능성의 실험이라 할 수 있다. 이 부분에서 고현이라는 인물의 회상인 3대에 걸친 한 가족의 수난사가 중심에 놓임은 고현의 성격화를 통해 가능한 바 고현의 변모를 살펴볼 필요가 있다.

주인공 "고현"이 태어난 시기는 일제 식민지 시대이자, 우리 민족이 그것에 대해 저항의 불꽃을 당긴 1919년이다. 또한 구체적으로는 그의 할아버지가 강압적인 역사 속에서 현실 순응적 사고를 지닌 사람으로서 전형적 삶을 살아가는 소극적 상황과, 아버지가 독립만세 운동에 참여하였다가 일경의 총에 맞아 죽는 가족적 비극 속에 태어난다. 이 작품에서 보여주는 이러한 사실은 당시 우리 민족공동체가 직면하고 있던 역사적 사실에 부합된다. 따라서 주인공 "고현"은 민족 수난사의 비극적 운명을 안고 태어난 전형적 인물로 볼 수 있는 것이다. 이에 비해 "고현"의 할아버지는 도피와 체념의 인물이고, 그의 아버지가 살았던 생활은 참여와 저항의 생활이라고 할 수 있다. 할아버지와 아버지의 다른 삶의 방식은 "고현"을 번민하고 고민하는 인물로 만들기 충분했고, 그로 인해 그는 이러한 성장기를 보낸다. 일제 식민지 시대에 그의 할아버지는 싸전 가게를 하며 집안을 꾸려 나간다. 할아버지 고노인은 그의 아들의 죽음이 지닌 의미를 부정하며 그러한 삶을 증오한다. 그리고 그의 손자 "고현"에게도 현실 순응적 삶의 자세를 지닐 것을 강요한다. 그러나 주인공 "고현"은 아버지의 삶에 대한 견해에서는 할아버지와 일치하지 않는다. "빈손으로 의젓이 죽음과 대결하고 생명을 태웠던 그 무엇에 대한 모색과 두려움"이 그의 가슴 속에서 자라고 있었던 것이다.

그리고 "고현"의 이러한 삶의 태도에 대한 갈등과 모색은 할아버지의 순응적 자세와 어머니의 인종하는 삶에 대한 일말의 동정심에 의하여 그로 하여금 관조하는 삶의 태도와 회의적 성격의 소유자가 되게 한다. 꽃밭을 가꾸며 살아 간다는 것은 관조적 삶을 의미한다. 또한 현실을 관조하는 삶이란 도피적이고 소극적인 삶의 자세를 의미한다. "고현"은 스물에 청상이 되어 모든 것을 인종하며 살아가는 어머니를 위해 대학 진학을 포기하고 시골 생활을 하기도 한다. 그리고 대학에 진학해서도 일인 교수에 반발하였다가도 즉시 자기혐오와 함께 "껍질" 속으로 자기 몸을 오므리기도 하며, 일군에서 탈주 후에도 항의하였다가 겸연쩍어 스스로 물러나고 마는 패배의 삶을 살아가는 인물로 부각된다. 그리고 다시 꽃을 가꾸며 살아간다. 이러한 "고현"의 소극적이고 회의적 태도는 가족 환경의 소산에서 비롯된 역사인식의 결핍에서 기인하는 것이라 볼 수 있다.

그러나 "고현"의 이러한 방향감각을 잃은 삶의 태도는 6·25로 인해 급변하게 되며, 비인간적 역사의 흐름과 기계적이고 도식적인 이데올로기로 인한 전쟁과 처절하게 대결하여 공동체적 입장에서 역사와 개인을 인식하는 올바른 역사인식을 지닌 인물로 변모하며 아울러 인간의 참다운 의미를 터득하게 된다. 일본군으로서의 전쟁과 6·25의 의미의 차이를 "고현"은 친구인 "연호"의 행위와 인민재판 그리고 동족간의 살육의 현장을 보면서 깨닫는다. 그러면서 6·25라는 동족상잔의 비극이 그 자신도 더 이상 회피할 수 없는 역사적 사실임을 자각하게 되고 그것에 대하여 적극적 참여와 저항을 한다. 또한 전쟁의 참상이 그에게 주었던 생에 대한 무의미에서 벗어나 그것을 극복하려는 적극적 삶의 인식에서 "고현"의 변모된 성격을 발견할 수 있으며, 그러한 태도는 기계적인 이데올로기를 극복하려는 휴머니즘적 삶의 태도라 할 수 있다.

이 작품 「불꽃」은 한국 근대사를 배경으로 한 가족의 3대에 걸친 수난사를 액자소설적 구조를 통해 비인간적인 역사 속에서 겪는 인간의 갈등과 더불어 기계적인 이데올로기에 의해 강요된 전쟁의 비극에 저항하는 인간의 삶을 보여주고 있는 작품이다. 이러한 이 작품의 주제는 근대사의 대표적 수난기인 일제 식민지 시대와 분단 시대를 겪으면서 살아가는 주인공의 할아버지, 아버지, 그리고 주인공 "고현"의 삶을 통해 잘 드러나고 있다.

이러한 3대에 걸친 수난사라는 것 이외에 고현이라는 인물이 회상이라는 장치 밖에서 보여주는 겉액자의 의미는 전쟁의 참혹한 진상을 보여준다는 것으로 생각된다.

　　(가) ──(생략)── 쿵! 하고 남쪽 멀리서 은은한 대포소리가 들려왔다.[22]
　　(나) ──(생략)── 쿵! 하고 도 다시 포소리가 들려왔다. 다가왔다 멀어졌다 그리고 또 다시 되돌아오는 소리.[23]
　　(다) ──(생략)── 또 한번 쿵 하는 포소리. 저포소리만 없었어도 고노인은 현을 불러내는 데 다시 한번 애를 썼을지도 모른다. 그러나 다가오

---

22) 전집 1, p. 86.
23) 전집 1, p. 89.

는 저소리. 삶과 죽음! 그 어느 하나의 선택을 재촉하는 소리.[24]

(라) 현은 흐려져가는 의식 속에서 자기를 부르는 하나의 소리를 들었다. 쿵! 하고 들려오는 포소리보다 가까운 하나의 울부짖음.

'보아, 저 소리, 벌써 저기 가까워 오는 그리운 저 소리.'

울음에 가까운 그 부르짖음은 차차 이 동굴로 가까워 오면서 산과 산에 부딪치고 골짜기를 감돌아 메아리에 또 메아리를 일으켜 갔다.[25] (밑줄은 인용자)

위의 인용은 「불꽃」의 제2부에서 배경으로 깔리는 쿵하는 대포소리의 변화만을 뽑아 본 것이다. 여기서 쿵하는 대포소리의 변화에 주목하면서 그 의미를 생각해 볼 필요가 있다고 생각된다. 전쟁이 나기 이전에 미군의 점령지였다가 전쟁이 일어나자 인민군의 치하에 들어갔다가 인천 상륙 작전으로 전선이 북으로 이동해 가는 과정 속에서 전쟁터가 되어 버린 P 마을. 멀리서 들려오는 대포소리를 배경으로 주인공 고현의 도피처인 동굴에서조차 빨갱이가 된 친구 연호에 의해 할아버지가 살해되고, 그리고 자신이 쏜 총에 의해 연호가 죽고 친구인 연호가 쏜 권총에 맞아 "고현"의 의식은 희미해져간다. 그러면 마을에서 도망쳐 와서 아버님이 돌아가신 의미있는 공간인 동굴에까지 규칙적으로 반복해서 들려오는 대포소리는 과연 무엇인가?

이 대포소리는 위의 인용에서 보는 바와 같이 각각의 장면에서 지금 소설이 진행되고 있는 의미있는 공간 동굴마저도 戰場이 되어 버렸음을 알려주는 일종의 신호가 되어 버린 것이다. 즉 이 작품 「불꽃」에서 단순한 일종의 음향효과가 단순한 소음을 벗어나 의미있는 상징이 되고 있고, 이것은 동족상잔의 참혹한 진상으로서의 6·25 한국 전쟁을 상징적으로 나타내게 한 문학적 장치 요인으로 만들고 있다고 할 수 있다. 이것이 소설로서의 구성적

---

24) 전집 1, p. 89.
25) 전집 1, pp. 92-3.

탄탄함을 유지시켜 주는 한 요인으로 작용하고 있다고 생각된다. 그리고 선우휘가 주장하는 독자들에게 읽히는 소설로 만드는 기법으로 작용하는 한 요소가 아닌가 생각한다.

4. 鮮于輝 初期 小說의 思想的 基盤

선우휘의 소설에 있어서 대부분의 작중 인물들은 작가의 개인사적인 체험과 관련되는 인물로 설정되어 있다. 즉 신문 기자이거나 군인 혹은 사범계 출신의 선생으로 되어 있다. 선우휘 소설에 있어서 그의 자전적인 요소가 많이 발견되며 이것이 그의 소설을 이해하는 데 중요한 역할을 하고 있다는 여러 논자들의 논의들은[26] 이러한 의미에서 해석될 수 있을 것이다.

그러나 문제가 되는 것은 「불꽃」을 전후로 하는 초기 단편 소설[27]에는 이러한 특징이 부분적으로만 나타나고 있다는 것이다. 가령 「불꽃」에서 주인공 "고현"은 동굴에서의 회상 장면을 통해 고현 자신의 행적이 부분적(교사로서 활동하는 부분)으로만 드러나기 때문인지 모르지만, 이러한 특징을 전체적으로 드러내 보이고 있지 않다. 그리고 1958년까지의 소설 중에서 「火災」와 「오리와 階級章」에서만 자전적 요소가 보일 뿐 다른 단편 소설 작품에서는 거의 드러나지 않는다. 이에 비해 「깃발 없는 旗手」를 비롯한 이후의 중편 혹은 장편소설들에서는 위에서 지적한 전기적 특징이 많이 나타나고 있다. 초기 소설의 이러한 특징에 대해 조남현 교수는 선우휘의 "작가로

---

26) 金允植(「鮮于輝 文學의 세 意味層」, 『鮮于輝 文學 選集 5』(조선일보사, 1987, pp. 411-22.)의 논의와 曺南鉉(「鮮于輝 小說에의 한 통로」(『문학정신』, 1990. 2, pp. 244-60.)의 논의가 대표적이라고 할 수 있다.
27) 여기서 선우휘의 초기 소설은 첫작품집 『불꽃』(을유문화사, 1959. 2)이 간행된 시기까지의 작품을 말한다. 이 작품집에는 1958년까지의 작품이 수록되어있다.

서의 활동은 군인에서 기자로 바뀌어 갈 무렵에 시작된 것이라 할 수 있다. 「테러리스트」, 「불꽃」과 같은 초기소설의 창작심리에 규율, 上命下服, 행동제일주의, 승리의지 등을 생명으로 하는 군인 체험이 가장 큰 비중으로 관여한 것임은 부인할 수는 없"다고28) 말하였다. 이러한 선우휘의 개인적 신분의 변화는 바로 그의 작품에서 주인공이 신문 기자가 되는 것으로 나타나는데, 이것은 초기 소설 이후의 소설에 있어서 중요한 변화로 지적할 수 있다. 이러한 변화는 그의 소설의 핵심적 화자가 방관자로 나타난다는 면에서 확인된다.29)

우리가 여기서 주목하는 것이 선우휘의 초기 소설의 사상적 기반을 살피는 것이라면, 우리는 우선 자신의 분신으로 여기서 세계를 관찰하고 서술하는 화자로서의 주인공에 주목할 필요가 있다. 선우휘의 초기 소설에 등장하는 화자는 대부분 방관자로서의 교사이거나 기자 혹은 장교들이다.30) 이들 작중화자는 모두 행동 제일주의자를 관찰하는데, 이들 행동 제일주의자는 일정한 이념이나 감정의 소유자로 나타난다. 특히 공산주의에 대한 태도는 지극히 신경질적인 반응을 보이고 있다. 가령 앞에서 논의한 「불꽃」에서 주인공 고현의 어릴 때부터의 친구인 연호를 묘사하고 처리하는 것이라든가, 「勝敗」에서 서구가 패배적 인물로 그려진다거나, 「깃발없는 旗手」에서 이철이 윤리적 파탄자로 그려진다거나, 「한 平生」에서 '나'의 선생님이었던 김선생님을 기회주의자로 묘사하는 태도는 이러한 것을 확인할 수 있는 것이라고 할 수 있다.

---

28) 조남현, 위의 글.
29) 조남현, 위의 글.
  여기서 조남현 교수는 선우휘가 그의 소설에서 자전적 요소의 인물로 유형으로 교사, 군인, 기자, 실향민이 중심을 이루고 있음을 지적하고 있다.
30) 이러한 의미에서 김윤식(앞의 글)의 논의와 조남현(앞의 글)의 논의는 이러한 측면에서 의미있는 지적으로 생각되며, 필자의 견해로 이것은 이것에 대한 논의가 선우휘의 소설의 사성적 특징을 살펴보는데 꼭 필요한 고려요인으로 생각된다.

초기 소설과 그 이후의 소설을 비교할 때, 초기 이후의 소설에서 기자로서의 주인공이 이들 관찰자를 애틋한 시선으로 바라보면서도 방관자임을 입증하는 증거로 작용한다. 그리고 기독교적인 소재를 끌어들여 작품화한 일군의 소설들 속에서는 신문기자의 호기심을 만족시킬 수 있는 것이 상당 부분 나타나고 있음도 주목할 필요가 있다. 특히 선우휘가 1960년대 중반 이후 기성적인 체제에 대해 보수적인 입장으로 전환해나가는 과정 속에서 기독교적인 소재를 끌어 들였다는 사실은 「불꽃」에서 보여주었던 행동적 의지가 이후의 이러한 소설들 속에서 방관자라는 작중화자의 특징을 통해 내면화되었다는 것과 맞물려 있다는 것을 인정한다 하더라도 「불꽃」을 중심으로 한 초기 소설의 이러한 경향을 통해 선우휘 초기소설의 사상적 기반을 검토하는 것은 그 나름대로 의미있는 작업이다.

　초기 소설에 있어서 선우휘의 사상적 기반을 살피는 것과 관련하여 위에서 언급한 "방관자"적 특성은 선우휘 문학의 한 특징으로 논의되고 있는 휴머니즘적 특징과 관련된다.[31] 작가 선우휘가 기계적인 역사의 움직임에 대해 저항하며 참된 인간가치를 지키기 위해 그의 작중 인물들에게 능동적인 행동을 취하도록 하기는 하지만 추상적인 이데올로기 때문에 귀중한 생명을 무참하게 혹은 과감하게 살해하거나 버리는 행위에 대해서는 회의적인 태도를 취한다. 가령 「불꽃」에서 전장이라는 극한 상황에서 벌어지는 주인공 "고현"과 친구 연호와의 총격에 대한 묘사에서 작가의 시선은 그것을 객관적으로 묘사하기보다는 그 사건을 "아픔"이라는 단어를 사용하여 정감어린 시선으로 서술하고 있다는 사실에서 위의 사실을 확인할 수 있다.

---

31) 이태동, 「이데올로기와 휴머니즘의 사이」(전집 1, pp. 373-381.)

5. 맺는말

지금까지 우리는 1950년대 문학, 그 중에서 소설을 전쟁소설이라는 용어로 규정하면서 선우휘의 「불꽃」의 전쟁문학적 특징에 대해 논의했다. 우선 「불꽃」은 "고현" 일가의 3대에 걸친 수난사를 회상이라는 속액자와 친구 연호와 주인공의 사상적 차이를 중심으로 전장의 극한 상황을 동굴에서의 총격 장면으로 환치한 겉액자라는 두 개의 이야기를 그리고 있다는 측면에서 1950년대의 중심적 문제인 전쟁의 문제와 민족의 수난사를 동시에 다루고 있는 작품이다. 그러므로 필자는 「불꽃」을 액자소설적 구성과 관련하여 이 작품의 문체적 특징을 규정하고 그것을 살펴보았는데, 이것이 이 작품의 문체적 성과에 대한 긍정적 평가와 부정적 평가를 받게 된 이유라고 생각된다.

그리고 이러한 액자 소설적 구성원리는 식민지 시대 이후 우리 민족이 겪어야 했던 민족적 수난사를 주인공 "고현" 일가의 수난사로 환치시켜 문제 삼아 속액자로 만들고, 1950년대의 성격을 가장 선명하게 하는 사건으로서의 6·25 한국전쟁을 동굴이라는 작은 상황을 설정한 겉액자를 설정함으로써 후자만을 가지고 간단한 단편소설로 끝날 수 있었으나 전자를 삽입하여 중편소설로 만들 수 있었던 것으로 생각한다. 그리고 「불꽃」을 중심으로 한 전기 소설에서 선우휘 소설의 중심적 특징은 선우휘의 초기 소설이 당대에 있어서 한국 전쟁과 관련하여 이념을 문제삼으면서도 자신의 고유한 휴머니즘의 입장에서 이것을 정리했다는 점이다.

참고문헌

1. 자료

선우휘, 『선우휘 전집』, 조선일보사.
1950년대 소설 이론자료집.

2. 국내 논저

권영민, 「전후 의식의 극복과 문학적 자기 인식」, 『한국 문학』, 1985. 6.
김병익, 「6·25와 한국 소설의 관점」, 『현대사』 창간호, 서울언론문화클럽, 1980. 11.
김붕구, 「증언으로서의 문학」, 『사상계』 29호, 1955. 12.
김상태, 「1950년대 소설의 문체 연구」, 『한국의 전후문학』, 한국현대문학연구 제1집, 1991. 4.
김양수, 「신세대론의 부언」, 『현대문학』 21호, 1956. 9.
김우종, 「동인상 수상 작품론」, 『사상계』 79호, 1960. 2.
김윤식, 「선우휘 문학의 세 의미층」, 『鮮于輝 文學選集 5』, 조선일보사, 1987.
박동규, 『한국 현대 소설의 성격 연구』, 문학세계사, 1983.
박연희, 「문학작품과 작가」, 『동아일보』, 1955. 12. 6.
박영준, 「대표작 자선평」, 『문학사상』 10호, 1963. 7.
백 철, 「신인군과 신세대론」, 『文藝』 9, 1950. 4.
백 철, 「동인문학상 심사평」, 『思想界』 50호, 1957. 9.
선우휘, 「6·25와 전쟁문학」, 『한국문학』 140호, 1985. 6.

선우휘,「정훈장교시절에서「불꽃」을 쓰기까지」,『문학사상』, 1984. 4.
원형갑,「실존과 문학의 형이상학」,『현대문학』55-60, 1959. 8-12.
윤병로,「고착된 기성과 방황하는 신인」,『한국평론』4호, 1958. 8.
윤병로,「전쟁문학시론」, 성균관대학 논문집 24호, 1977.
이기윤,『1950년대 한국소설의 전쟁체험연구』, 인하대 박사학위논문, 1989. 2.
이봉래,「신세대론」,『문학예술』13호, 1956. 4.
이어령,「1957년의 작가들」,『사상계』54호, 1958. 1.
이어령,「실존주의 문학의 길」,『자유공론』4호, 1959. 3.
이철범,「실존주의와 휴머니즘의 관계」,『문학예술』32호, 1957. 12.
이태동,「이데올로기와 휴머니즘 사이」,『선우휘전집』1, 1987.
임헌영,「분단문학의 새전망」,『한국문학』140호, 1985. 6.
장용학,「실존과 <요한시집>」,『한국전후문제작품집』, 신구문화사, 1965.
전영태,「6·25와 한국 소설의 재발견」,『한국문학』140호, 1985. 6.
정명환,「전쟁과 한국작가」,『사상계』128호, 1963. 11.
조남현,「선우휘 소설에의 한 통로」, 문학정신, 1990. 2.
조연현,「신인과 신세대」,『신천지』46호, 1950. 5.
조연현,「실존주의 해의」,『문예』21호, 1954. 3.
최일수,「문학상의 세대의식」,『지성』2호, 1958. 9.
하근찬,「<수난이대>를 낳은 그 전쟁」,『문학사상』176호, 1987. 6.

3. 국외 논저

Bruce Cummings,『한국전쟁의 기원』, 청사, 1986.
J. Holliday,『유엔과 한국』, 사계절, 1984.
Robert, R, Simons,「한국전쟁」,『한국현대사』, 사계절, 1984.

제2부
한국전쟁과 세계문학

중단된 聖戰 : 한국전쟁에 대한 미국소설의 연구

정연선*

1953년 한국전쟁이 끝난 후 미국인들에게 있어서 그 전쟁은 하나의 잊혀진 전쟁이었다. 아마도 인천(Inchon), 포크 찹 힐(Pork Chop Hill), 장진호(Chosin Reservoir) 등과 같은 치열한 전투가 벌어졌던 몇 군데의 격전지 이름만이 미국인들의 가슴속에 남아있을지 모른다. 그러나 한국전쟁은 아직도 끝나지 않았다. 왜냐하면 공식적으로 그 전쟁은 휴전으로 인해 중단된 상태이고 이는 어느 때고 재개될 수 있다는 의미를 내포하고 있다. 한국전쟁은 비록 극동의 아주 조그만 나라에서 3년간 지속된 전쟁이었지만 공산주의 국가가 최초로 자유세계를 공격하였다는 점, 그 공격을 격퇴시키기 위해 국제연합군이 싸운 최초의 전쟁이었다는 점, 그리고 미국에게는 냉전시대에 처음으로 억제정책(containment policy)을 적용하여 싸운 전쟁이고 민군관계의 새로운 사례를 보여준 전쟁이며, 핵무기 시대에 제한전쟁으로 싸운 최초의 전쟁이었다는 점에서 세계 역사에서 아주 중요한 의미를 가진 전쟁이었다.

이와 같은 국제 정치적 중요성에도 불구하고 한국전쟁은 미국소설작가들의 관심을 크게 끌지 못한 것처럼 보인다. 왜냐하면 1, 2차 세계대전의 많은 작품들에 비해 한국전쟁은 그렇게 많은 소설작품들을 생산해내지 못했기 때

---

* 육군사관학교 교수, 주요 저서로 『미국전쟁소설』(서울대학교 출판부, 2002) 등이 있다.

문이다. 1952년 전쟁이 한창 계속되던 때부터 1960년대 말까지 약 60여권의 소설들이 쓰여진 것을 볼 수 있고 오히려 한국전쟁 50주년이 되는 2000년 전후로 해서 또한 많은 소설들이 쓰여진 것을 볼 수 있다.[1] 그러나 어느 한 권의 소설도 어니스트 헤밍웨이의 1차대전 소설인 『무기여 잘 있거라』와 같은 문학성과 문화적 중요성을 지니는 작품들을 발견하기란 쉽지 않다. 그럼에도 불구하고 한국전쟁소설들은 전체로서 하나의 사회적, 역사적 다큐먼트로서 미국전쟁소설의 전통에 속하는 하나의 중요한 소설군을 형성하고 있다고 말할 수 있다.

만약 미국문학에서 전쟁소설이란 작가가 어떤 도덕적 의도를 가지고 전쟁과 군대와 그리고 그것이 인간에게 끼친 영향을 묘사하는 소설이라고 정의한다면 한국전쟁소설 또한 그러한 정의에서 크게 벗어나지 않는다.[2] 또한 전쟁경험을 통한 의미의 추구라는 미국전쟁소설의 전통적인 주제도 한국전쟁소설에서 계속된다. 그러나 이러한 미국전쟁소설장르의 전통과의 일치에도 불구하고 한국전쟁소설에 나타난 작가의 태도와 분위기는 이전의 전쟁소설들과 크게 다른데 이는 주로 전쟁양상의 차이에 따른 작가들의 인식의 변화 때문이라고 생각된다. 존 도스 패소스(John Dos Passos)의 『한사람의 입문』(One Man's Initiation)과 『삼인의 병사들』(Three Soldiers)에 나타난 것처

---

[1] 한국전쟁소설을 60년대를 전후하여 전반기, 후반기로 나눈다면 전반기에는 주로 전쟁에 참전했던 병사들이 자신의 전쟁경험을 수기나 소설로 형상화시킨 작품들이고 후반기의 작품들은 전쟁을 간접 경험한 세대에 의해 쓰여진 소설들이 대부분이라고 말할 수 있다. 2000년 현재까지 약 100권의 소설작품이 쓰여진 것으로 조사되고 있다. 한국전쟁문학작품에 대한 자세한 자료에 대해서는 다음 책들을 참조할 것: Arne Axelesson, *Restrained Response : American Novels of the Cold War and Korea, 1945-1962*. New York: Greenwood Press, 1990; Paul M. Edwards, *The Korean War: An Annotated Bibliography*. Westport, CT: Greenwood Press, 1998; W.D.Ehrhart and Philip K. Jason, ed., *Retrieving Bones: Stories and Poems of the Korean War*. New Jersey: Rutgers University Press, 1999.
[2] 전쟁소설의 정의에 대해서는 정연선, 『미국전쟁소설』(서울대출판부 2002), pp.1-9를 참조할 것.

럼 1차대전 소설에서 전쟁은 부패한 문화와 문명의 산물로 간주된다. 주인공 병사는 전쟁을 악으로 보고 그 악으로 상징되는 전쟁을 끝내기 위해서 전쟁에 참여한다. 그러나 그 전쟁의 허무성에 환멸을 느끼고 전쟁을 이탈한다. 반면에 노만 메일러(Norman Mailer)의 『나자와 사자』(The Naked and the Dead)나 어윈 쇼(Irwin Shaw)의 『젊은 사자들』(The Young Lions)에서 보여지는 것처럼 2차대전 소설에서는 전쟁은 사악한 제도나 사회가 만들어낸 산물로 간주된다. 즉 병사들은 나치즘과 파시즘이 사악한 제도이기 때문에 그것을 물리치기 위한 정당한 전쟁에 참전한다. 그러나 그곳에서 주인공 병사는 그러한 정당한 전쟁을 수행한다는 명분으로 인권을 유린하는 군대조직의 모순을 발견한다. 따라서 그는 미국사회의 축도라고 생각되는 군대조직 속에서 그 조직에 맞서 싸우거나 아니면 외부의 적을 무찌르기 위해 군대조직이라는 내부의 "적"을 묵인한다.

그러나 한국전쟁소설에서 전쟁은 그러한 사악한 제도나 사회와는 아무런 관련이 없는 하나의 보편적인 인간의 현상으로 나타난다. 그 전쟁은 적절하게 다루어야할 인간의 사건일 뿐이다. 각 병사는 그저 국가의 명령에 따라 참전했을 뿐이고 그 전쟁을 끝내야 되기 때문에 싸울 뿐이다. 따라서 한국전쟁소설에서는 이전의 전쟁소설에서 보여지는 것과 같은 전쟁에 대한 극단적인 허무감이나 군대조직의 무자비함에 대한 극심한 반대 같은 것은 없다. 전쟁은 그저 원하지는 않지만 끝내야 하는 하나의 인간사 속에 끼어 든 사건일 뿐이다. 그리고 군대는 하나의 전문적인 조직이며 군 생활도 하나의 직업일 뿐이다. 바로 전쟁과 군대에 대한 작가들의 이러한 태도의 변화가 한국전쟁소설의 몇 가지 특징을 구성하고 있다고 말할 수 있다. 피터 아이칭어(Peter Aichinger)가 올바르게 지적하듯 "전쟁은 인간이 싸우기로 동의하는 한 인간사에서 끊임없이 계속되는 하나의 현상이며, 국가는 전쟁을 통해서 결코 그 목적을 이룰 수 없어 보이며 그리고 무엇보다도 전쟁은 위험한

일"(Aichinger 67)이기 때문에 한국전쟁부터 각개 병사들에게 순진한 이상주의나 애국심은 크게 중요시되지 않았으며 자신을 먼저 생각하게 되었다는 것이다. 이러한 주장은 사실 문제를 너무 단순화시키고 있다는 측면이 있기는 하지만 한국전쟁소설에 대한 주제와 태도를 이해하는데 하나의 실마리를 제공해준다.

첫째, 한국전쟁에서 전쟁이 인간의 보편적인 현상이라는 태도는 우선 1차 대전 이후 미국인들의 의식 속에서 전쟁이 오랜 동안의 내면화과정을 거쳤다는 사실에서 추측해 볼 수 있다. 1918년 소설인 『한 사람의 입문』을 2차 대전을 치른 후 1945년에 『최초의 조우』(First Encounter)라는 제목으로 다시 펴낸 존 도스 패소스는 그 서문에서 전쟁의 충격에 대한 1, 2차 대전 세대들의 반응을 다음과 같이 기술하고 있다.

> 1914년부터 1918년까지의 유럽의 전쟁은 정말로 소름끼치는 일이었다. 마치 황열병이란 말을 전혀 들어본 적이 없는 곳에서 번지는 그 전염병처럼 정상적인 질서의 세계 바깥에서 일어난 사건 같았다… [그러나] 오늘날의 젊은이들에게 이러한 사건들은 인간의 근본적인 결함에서 유래된 것처럼 생각한다. 만약 내반족(內反足의) 다리를 가지고 있다면 그 상태로 사는 법을 배울 뿐이다.(Dos Passos, 36)

위의 인용문에서 암시하고 있는 것은 1차대전의 작가들에게 전쟁은 "소름끼치는 일"로서 그러한 악의 근원을 제거하기만 하면 적어도 치유될 수 있는 것으로 간주되었지만 2차대전에 와서 사람들에게 전쟁은 인간사회와는 뗄 수 없는 하나의 현상으로 인식되었다는 것이다. 이와 비슷한 맥락에서 제임스 볼드윈(James Baldwin)은 2차대전에서 자행된 잔학상을 다루는 한 책에서 "2차대전쯤에 악은 미국의 에덴동산에 들어와 그곳에 계속 머물러 있게 되었다"(Baldwin 38)라는 말로 미국 사회에서 전쟁을 보편적인 현상으로 받아들이게 된 과정을 암시하고 있다. 심지어 문학비평가 맬컴 카울리 (Malcolm Cowley)는 2차대전의 소설작가들은 "마치 전쟁에 푹 빠져있는 것처럼 글을 쓰고 있으며 바깥 세계의 어떤 사건으로 전쟁을 기술하는 것이 아니라 마치 우리 삶의 하나의 내적인 부분이 되어버린 것처럼 글을 쓰고 있다"(Cowley 39)라고 까지 말하고 있다.

이러한 전쟁의 내면화과정은 한국전쟁에서도 계속된다. 특히 주목할 만한 것은 한국전쟁은 미국인들에게 있어서 2차대전이 끝난 5년 후에 발발한 사건으로 하나의 전쟁이 끝나고 또 하나의 전쟁이 너무 빨리 왔다는 사실이다. 바로 이러한 사실이 미국인들에게 당혹감과 일종의 배신감을 주었던 것으로 보인다. 다시 말하면 승전의 기쁨과 평화를 즐기려는 순간에 또 다른 전쟁에 휘말려야한다는 사실이 미국인들에게 불만의 요소가 되었다고 볼 수 있다. 그러나 한편 전투참가를 위해 소집된 미국병사들은 또다시 나타난 이 전쟁을 마치 지진이나 허리케인과 같은 자연적인 재앙으로 받아들이는 듯 했다. 전쟁은 그저 끊임없이 계속되는 인간의 사건으로 미국인들의 의식속에 자리잡은 듯 했다. 바로 이러한 이유에서 제임스 미치너(James Michener)는 그의 한국전소설 『독고리의 철교』(The Bridges of Toko-ri, 1952)에서 타란트 제독의 입을 통해 미국은 "세대마다 끝없는 전쟁"에 휘말리지 않을 수 없으며 차라리 "그 우둔한 전쟁을 다루는 방법을 배우는 편이 훨씬 낫다"(42-43)고 체념한 것인지도 모른다.

두 번째로 한국전쟁은 "특이한 전쟁," "희한한 전쟁," 또는 "이러한 전쟁"이라는 몇 가지의 별칭이 붙은 전쟁으로 미국의 입장에서 보면 제한전쟁, 즉 이전의 상태를 회복시키는 "경찰 행동"이었다는 측면에서 이전의 전쟁과는 근본적으로 달랐다.[3] 이러한 전쟁개념은 전통적인 미국의 전쟁명분과는 정

---

[3] 한국전의 특수성에 대해 쓰여진 많은 책들 가운데 다음의 두 권이 특히 주목할 만하다: E. J, Kahn, Jr., *The Peculiar War: Impressions of a Reporter in Korea*. New York: Random House,

면으로 위배되는 개념이었다. 왜냐하면 미국인들에게 있어서 20세기의 모든 전쟁은 미국의 특정한 국가적 이익을 위해 싸운 것이 아닌 자유와 민주주의라는 보편적 원칙을 위해 싸운 성전이었기 때문이다. 이러한 성전 개념은 미국인들로 하여금 모든 전쟁을 악에 대항하는 선의 싸움이라는 이분법적 흑백논리로 구분하게 하였다. 따라서 미국이 싸운 모든 전쟁은 성전이 되었고 그러한 성전에서는 일방적인 미국의 군사적 승리가 아니면 그것은 승리가 아니었다. 그러나 한국에서 수행된 제한전쟁에서는 일방적인 군사적 승리는 달성될 수가 없었다. 왜냐하면 처음부터 정책입안자들에 의해 전쟁목적이 제한되었기 때문이다. 더구나 전쟁의 승리는 고사하고 그 전쟁은 휴전으로 중단되었기 때문이다. 이러한 성전 개념과 제한전쟁 사이의 괴리는 미국의 참전병사들로 하여금 한국에서의 미국의 전쟁목표에 대한 회의를 품게 했다. 퀜틴 레이놀즈(Quentin Reynolds)의 소설 『신만이 알리라』(Known But to God, 1960)의 한 병사는 한국에서의 전쟁의 정당성에 대한 회의를 다음과 같이 표현한다. "난 이 더러운 전쟁에 자원한 해병대원은 한 사람도 없다고 봐. 우리 아버지는 1차대전에서 싸웠고 형님은 2차대전시 빅 레드 사단에서 싸웠다. 형님은 북아프리카의 캐서린 협곡에서 총에 맞아 부상을 당했지만 모두들 왜 싸우는지는 알고 있었어 …… 그런데 이 전쟁에서는 아무도 몰라."(191)

한 저명한 정치학자인 새뮤얼 헌팅턴(Samuel P. Huntington)도 이와 비슷한 견해를 피력한다. 그의 책 『군인과 국가』(The Soldier and the State)에서 헌팅턴은 한국전쟁은 "미군병사들이 단순히 싸우도록 명령을 받았기 때문에 싸운 주요한 전쟁"으로는 첫 번 째 경우였으며 싸워야 할 명확한 전쟁명분이 없는 가운데 미군병사들은 "전통적인 전문직업군의 징표라 할 수 있는

1950; T. R. Fehrenbach, *This Kind of War*. New York: The Macmillan Company, 1963.

전쟁의 정치적 목표에 대한 극도의 무관심을 나타냈다"(389)라고 주장한다. 소설에 나타난 병사들의 이미지도 이러한 헌팅턴의 견해와 일치한다. 『독고리의 철교』에 나오는 용감한 해군 예비역 전투조종사 해리 부루베이커는 성공적인 출격임무를 마친 후 적의 대공포에 맞아 격추된 후 "전혀 이해하지도 못했던 전쟁에서 전혀 수호하려고 하지도 않았던 곳"(142)에서 죽음을 당하는 것이 아쉬울 뿐이다. 그런가 하면 한 직업군인은 제한전쟁을 수행하는 과정에서 나타난 수단에 대한 깊은 좌절감을 나타낸다. 마이클 린치(Michael Lynch)의 소설 『한 미국 병사』(An American Soldier 1969)에서 로빈스 소령은 전쟁을 그릇된 방향으로 이끌어가고 있는 정치인들에 대한 분노를 다음과 같이 표출한다. "4만 명의 미국의 젊은이들이 이곳에서 죽었다. 그렇지만 우리는 이기지 못했다. 우리는 이길 수 있는 수단이 있었지만 이기지 못했다. 무기가 있었지만 사용하지 않았다. 왜냐하면 정치인들이 그렇게 하지 말라고 했기 때문이지."(177) 그렇지만 전쟁의 정치적 목표가 무엇이든지 소령은 직업군인으로서 자신의 본분을 잘 알고 있다. 그래서 그는 국가의 전쟁목표로부터 초연할 수 있다. 부하들과의 대화에서 소령은 "전쟁에 나가는 것은 인간들의 본성 때문이지. 그것이 현실이야. 우리는 그러한 본성을 바꿀 수는 없다. 우리는 이러한 현실과 함께 살아가는 거야. 우리는 직업군인이야. 우리는 성직자가 아니야. 우리는 임무를 수행하도록 명령을 받으면 그것을 수행할 뿐이지."(178)

이는 예비군이나 일반 병사들도 마찬가지이다. 대표적으로 어니스트 프란켈(Ernest Frankel)의 『형제들의 무리』(Band of Brothers 1958)에 나오는 인물로 장진호에서 자신의 중대원들을 성공적으로 이끌어내는데 성공하는 해병대 예비역 패트릭 대위, 또한 출격 임무시 그리고 격추된 후 포로생활을 통해 불굴의 용기와 인내심을 보여주는 프렛 스컴라(Fred Skoma)의 『죽의 장막 뒤에서』(Behind the Bamboo Curtain 1957)에서 나오는 예비역 해군 조종사 퓨리 중위, 그리고 단지 해병이라는 이유 하나 때문에 싸운다는 팻 프랭크(Pat Frank)의 『밤을 사수하라』(Hold Back the Night 1952)에 나오는 하인저링 일등병 등이 그들이다. 이들 장병들은 군인은 항상 싸운다는 그러한 태도를 취한다. 이러한 태도는 한국에서 싸운 미국 병사들의 태도에 대한 페렌바크(T. R. Fehrenbach)의 "군인의 진정한 기능이라는 것은 싸우는 것이고 병사의 운명은 그저 고통받는 것이며 필요하다면 죽는 것이다"(This Kind of War 100)라는 논평에서 가장 극명하게 요약되고 있음을 볼 수 있다.

   세 번째로 한국전쟁소설을 특징짓는 또 하나의 양상은 전쟁이 개인적인 차원으로 격하되고 있다는 사실이다. 다시 말하면 한국에서의 전쟁은 개인의 목적을 위한 사적인 전쟁으로 간주되고 있다는 것이다. 사실 2차대전이 끝난 1945년 이후 미국은 강력한 상비군을 유지할 필요성을 느끼지 않았기 때문에 군대는 거의 동원해제 되었었다. 그런 상태에서 한국전이 발발하자 미국은 전혀 싸울 준비가 되어있지 못했다. 또한 제한전쟁을 수행함에 있어서 총동원령을 내리는 것도 마땅하지 않은 듯 했다. 따라서 정부는 예비군 병력과 소수의 충원병력에 의존하기로 결정했다. 이렇게 군에 복무하도록 소집된 사람들은 전체 인구의 극소수에 불과했으며 따라서 이들은 선별적인 징집제도에 심한 분노를 터뜨렸다. 이들 시민군들에게 한국에서의 전쟁은 싸워야할 정당한 명분이 없는 전쟁이고 생존을 위한 게임일 뿐이었다. 더구나 본국의 사람들로부터의 격리감은 병사들로 하여금 자신의 복무기간동안 살아남기 위한 개인의 싸움이 되게 하였던 것으로 보인다.

   한국전을 개인적 차원으로 격하시킨 또 하나의 중요한 요인은 순환근무제도의 운용이었다. 한국전쟁의 후반부에 처음으로 도입된 이 제도는 병사들의 전쟁참여 동기에 상당한 영향을 끼쳤다. 이 제도하에서 각개 병사들은 자신이 언제 한국을 떠날지를 알고 있기 때문에 자신의 전쟁은 곧 시간과의 싸움이 된다. 그에게 전쟁이 끝나는 것은 그가 한국을 떠나는 날이다. 그래서 그의 참전기간동안 그는 내내 "날짜만 세어라. 우리는 단기병들이야"(Lynch 211)라는 생각으로 시간을 보낸다. 역사학자 페렌바크(T. R. Fehrenbach)도 "병사들에게 왜 싸우느냐고 물으면 많은 이들이 시간 채우기 위해서"(504)라고 말하는 병사들의 대답에서 한국전에 대한 미군병사들의 이러한 태도를 발견할 수 있다고 하였다. 비록 순환근무제도가 고통 분담 원칙에 입각한 것이기는 하지만 한편으로는 미군병사들의 전투동기를 약화시키고 "군내의 사기와 행정질서에 악영향을 끼쳤다."(Marshall 18)

아마도 이전의 소설들과 비교하여 한국전쟁소설에서 보여지는 가장 현저한 변화중의 하나는 군대조직에 대한 소설작가들의 태도이다. 윌리엄 스타이런(William Styron)의 『장거리 행군』(The Long March 1953)과 같은 극소수의 소설을 제외하고는 거의 어느 소설에서도 군대조직과 그 조직의 강력한 통제에 대해 비판하는 것을 발견하기 힘들다. 1차대전의 작가들에게 전쟁 그 자체가 사상 미증유의 충격이었다면 2차대전의 작가들에게는 군대조직이 그와 비슷한 충격을 주었었다. 에드문드 볼프(Edmund L. Volpe)는 노만 메일러나 제임스 존스와 같은 2차대전의 소설 속에 나타난 개인의 몰개성에 관해 논하는 가운데 "나의 세대에게 이러한 몰개성의 문제는 커다란 충격이었다. 우리는 명예나 영광 같은 것에 대한 환상은 없었지만 그렇다고 군대와 같은 거대 조직에 파묻혀 버린다는 생각은 해보지도 못했다"(106)라고 자신의 군대의 경험을 회상한 적이 있다. 그러나 전쟁이라는 명분을 위해 개인의 권리를 짓밟는다는 군대조직의 이미지는 한국전쟁소설에서는 거의 나타나지 않는다. 오히려 『형제들의 무리』와 『독고리의 철교』에서 보여지는 것처럼 자긍심과 인간적 연대감을 부여하는 곳이 바로 군대라는 조직이다. 심지어 『한 미국병사』에서 군대는 가장 효율적인 집단으로 찬양되기까지 한다. "군대는 정말 대단한 거야. 아주 잘 조직되어있고 맨 위로부터 아래까지 모든 것이 완벽하게 계획되어 있지"(88).

한국전쟁소설에서 군대조직이 왜 그렇게 인식되었는지 하는 이유는 여러 가지로 생각할 수 있을 것이다. 가장 중요한 것은 우선 2차대전후 사회적 조직으로서의 군대라는 개념이 미국인들의 마음속에 정착되었다는 것이다. 2차대전으로 인한 총동원령과 대량 징집으로 인해 미국인들은 누구나 자신의 존재를 군대와 결부시키지 않을 수 없었다. 전체 전쟁기간동안 미국이 동원한 총 동원병력은 1,600만에 달했다. 이 같은 엄청난 시민군의 증가와 그들의 군대복무의 경험은 미국인들로 하여금 미국 사회로부터 군대를 떼어서 생각할 수 없다는 생각을 가지게 했다고 보여진다. 또한 한국전에서 전투를 경험한 참전작가들은 거의 모두는 이미 2차대전의 참전군인들로서 군복무를 경험한 사람들이었다. 군대조직의 비인간성을 소설의 주된 소재로 사용했던 이들에게 이제 그러한 주제는 한국전에 와서는 더 이상 작가들의 관심을 끌지 못했던 것처럼 보인다. 또 다른 관점에서 볼 때 피터 아이칭어도 지적하듯 세계의 주요 전쟁에 자주 참전하는 미국군대의 위상에 대한 국민들의 신뢰감 같은 것도 미국인들의 그러한 의식을 갖게 하는데 기여했다고 볼 수 있다(Aichinger 69). 또한 한국전쟁쯤에는 항상 승리하는 기구로서의 군대라는 의식이 일반 미국인들 사이에 정착되었다는 점도 군대에 대한 긍정적인 태도를 갖게 한 요인으로 볼 수 있다.

한국전소설에서의 또 하나의 중요한 변화는 직업군인에 대한 소설작가들의 태도의 변화이다. 2차대전소설에서 묘사된 파시스트조직으로서의 미국군대와 파시스트로서의 직업군인들의 모습은 한국전소설에서는 거의 나타나지 않는다. 대부분의 직업군인들은 아주 공정하고 객관적인 시각으로 묘사된다. 그들은 거대한 권력을 휘두르지도 않고 초인적인 모습도 아니다. 그들은 이전 소설에서 나오는 권위주의적이고 무정한 군인들과는 달리 인간적이고 사려 깊은 사람들이다. 『독고리의 철교』에 나오는 타란트 제독과 『내게 영웅을 보여다오』(Show Me a Hero 1954)의 주인공 로간 장군은 모두 2차대전의 소설들 특히 『나자와 사자』의 커밍스 장군과 『지상에서 영원으로』의 샘 슬레이터 장군과는 다른 아주 헌신적이며 이성적이며 인간의 존엄성을 존중하는 사람들이다. 한국전쟁소설에 나오는 인물가운데 36마일의 죽음의 행군을 강요하는 가장 혹독한 인물로 그려지고 있는 『장거리 행군』의 템플턴 중령조차도 아주 객관적으로 묘사되고 있다. 작가 윌리엄 스타이런도 비록 중령이 대변하고 있는 군대조직을 비판하기는 하지만 그를 악한으로 만들지는 않는다.

앞에서도 언급했지만 주요 한국소설의 주제적 패턴은 전쟁경험을 통한 의미의 추구라는 미국의 전통적인 전쟁소설의 패턴을 따르고 있다. 그러나 이전의 전쟁소설의 주제와 다른 점은 한국전소설에서의 주인공 병사들은 처음으로 전쟁에 나가는 신참병사들이 아니라는 사실이다. 이미 전쟁의 시련을 통해서 그 참혹함과 세상의 이치를 깨우친 사람들이다. 비록 그들도 이전의 전쟁소설에서 발견되는 애국심이나 남성성의 시험이라든가 권태로부터의 탈피와 같은 그러한 이유로 전쟁에 참전하기는 하지만 대부분의 한국전 참전 병사들은 2차대전후 소집 해제된 사람들로 자신들의 의지와는 무관하게 재소집된 예비군 병사들이었다. 이들은 이미 이전의 전쟁경험을 통해서 전쟁의 비인간성과 군대의 잔학성을 이미 알고 있는 사람들이었다. 따라서 한국전에서 그들이 경험한 것은 2차대전에서 배운 것과 똑같은 환상과 교훈을 재확인하는 것이었다.(Aichinger 68) 또한 한국전쟁소설은 냉전시대의 민주주의와 공산주의 사이의 최초의 이념적 대결의 장소가 되고 있다는 것이다. 외국의 전쟁에 대한 미국의 개입의 정당성에 대한 토론이 병사들 사이에서 이루어지거나 아니면 공산군 포로수용소에서 미군포로와 공산군들 사이에서 벌어진다. 비록 이러한 이념적 논쟁은 한국전쟁소설 속에서 주된 주제는 아니지만 부분적으로 전체 한국소설의 분위기를 형성하고 있다.

한국전쟁소설은 대체로 다음과 같은 네 개의 그룹으로 나눌 수 있다. 첫째는 그 전쟁의 참모습을 전달하기 위해서 전쟁을 단순한 소재로 사용하는 소설들이다. 둘째는 미국전쟁소설의 전통적 패턴인 통과의례의 소설 형태를 따르는 소설들이다. 셋째는 2차대전소설에서 뚜렷하게 묘사되고 있는 것과 같은 시민군과 전문직업군 사이의 도덕적 갈등을 다루는 소설들이 있다. 마지막으로 한국에서 제한전쟁을 수행하고 있는 병사들의 갈등과 좌절을 다루는 소설들이 있다. 사실 거의 대부분의 한국전쟁소설들이 첫 번째 그룹에 속하는데 이역만리 떨어진 한국이라는 자기 자신들과는 아무런 이해관계도 없는 나라에서 벌어진 전투에서 살아 나온 병사들의 시련을 묘사하는 데 중점을 둔다. 대표적인 소설이 팻 프랭크(Pat Frank)의 『밤을 사수하라』(Hold Back the Night 1952) 이다. 두 번째 범주에 속하는 소설들은 첫 번째 소설들과 밀접하게 관련되어 있는데 클레이턴 바보(Clayton Barbeau)의 『성상(聖像)』(The Ikon 1961)이 대표적인 소설이다. 두 개의 상충되는 도덕적 집단사이의 갈등을 묘사하는 소설은 많지 않지만 윌리엄 스타이런(William Styron)의 『장거리 행군』(The Long March 1953)이 대표적이라 말 할 수 있다. 이들 소설에서는 전쟁은 거의 나타나지 않으며 다만 인간이 처해있는 하나의 조건으로서 암시되고 있을 뿐이다. 마지막으로 멜빈 보리스(Melvin B. Voorhees)의 『내게 영웅을 보여다오』(Show Me a Hero 1954)는 제한전쟁의 수행에 좌절하고 결국 그것 때문에 자신의 경력을 망치게되는 한 직업군인을 묘사하고 있다. 아래에서는 한국전쟁의 진정한 모습을 묘사하고 있다고 생각되는 상기의 네 권의 소설을 좀더 구체적으로 분석해 본다.

『밤을 사수하라』

이 작품은 1950년도 말 장진호에서 철수하는 미해병 중대의 이야기를 그린 소설이다. 작가 팻 프랭크는 이 소설에서 후퇴를 시작할 때 126명이었던 중대원들이 최종 목적지에 도달했을 때 겨우 14명만이 남았었다는 사실을 통해서 이 전투가 얼마나 치열했던 것인가 하는 것을 보여주려고 한다. 특히 한국의 해안(흥남)을 향해 후퇴하는 병사들의 고통과 시련을 묘사함으로써 한국에서의 전쟁의 실상을 전달하고자 한다. 여기에서 작가는 이 소설을 미해병대에 헌정함으로써 미해병의 용기와 불굴의 의지를 찬양하고 동시에 한국에서의 미국의 전쟁목적의 정당성을 긍정적으로 평가한다.

소설의 주인공은 해안으로 후퇴하는 연대를 엄호하는 임무를 맡고 있는 중대장 샘 맥켄지 대위와 그 중대장에게 충성을 다하는 통신하사관 이클랜드 상사이다. 두 사람은 모두 태평양전쟁에서 싸웠고 해병대에서 직업군인의 길을 걷기로 마음먹고 한국전에 참전한 사람들이다. 소설은 두 사람의 생각과 행동에 따라 전개되고 있다. 소설의 마지막에서 대위는 치명적인 부상을 입고 한국에서 후송되지만 상사는 후퇴시의 전공으로 현지 임관되어 중대의 지휘를 맡게되고 장교가 됨으로써 그의 필생의 소원을 이루게 된다. 소설은 한국전쟁을 정당전쟁으로, 그리고 해병대는 유익한 조직으로 인정하면서 끝을 맺는다.

소설의 중요한 관심은 과연 한국전쟁이 싸울 가치가 있는 전쟁인가 하는 데 있다. 이러한 문제는 병사들의 토론에서 자주 등장하는 주제이다. 한국전에 참전한 일반 병사들에게 한국은 "아시아의 더러운 오물통로"에 지나지 않으며 그곳에서의 전쟁은 "전략적 가치도 없는 3등급의 짜투리 땅을 놓고 벌이는 싸움"에 불과하다.[4] 따라서 그들의 주된 불만은 왜 그렇게 지킬 가치도 없는 나라를 위해서 그들의 고귀한 생명을 버려야하는가 하는 것이다. 그러나 작가는 여기에서 두 가지의 이유를 제시하는데 하나는 냉전시대의 성전의 이념이며 다른 하나는 미국의 전문 직업군인의 의식과 태도이다. 맥

---

[4] Pat Frank, *Hold Back the Night*(Philadelphia: J. B. Lippincott Company, 1952), p. 33. 이 소설의 본문의 인용은 모두 상기 책자에 의하며 이후에는 괄호 속에 쪽수만을 기입하기로 함.

켄지와 이클랜드 모두에게 한국은 공산주의자들의 의지를 시험하고 그들의 의지를 꺾어놓기 위한 시험대가 된다. 두 사람은 모두 애국심에 불타는 전형적인 냉전시대의 산물이다. 즉 그들에게 한국전쟁은 민주주의와 공산주의 사이의 정면대결의 장이며 한국을 잃으면 곧 전 아시아를 잃는다는 것을 의미한다. 바로 이러한 이유 때문에 NBC 방송국에서 전문 엔지니어로서의 미래를 보장받고 있었던 이클랜드는 한국전에 자원하여 참전한다. 두 사람은 모두 그들의 참전동기가 미국의 공식적인 전쟁목적과 일치한다. 맥켄지는 이클랜드보다 전쟁을 좀더 더 넓은 의미로 해석한다. 그에게 전쟁은 계속적인 인간의 현상이고 한국에서의 전쟁은 자신의 세대가 치루어내야 할 임무라고 생각한다. 이러한 태도는 군인은 싸우도록 명령을 받았을 때 항상 싸운다는 전문직업군 윤리를 반영하는 태도이다. 비록 마지막에서 그는 직업군인의 길을 끝내게 될지도 모르는 치명적인 부상을 입지만 한국에서의 그의 희생이 결코 헛되지 않다는 것을 확신한다.

  소설의 주인공 샘 맥켄지는 비인간적인 전쟁에서도 인간성을 유지하기 위해 노력한다. 그는 2차대전 소설에서 흔히 등장하는 것과 같은 그러한 권위주의자가 아니다. 한국전쟁은 정당전쟁이고 그래서 전쟁이라는 이름으로 행해지는 어떠한 부당한 행위도 용인하지 않는다. 그는 한 촌락에서 한 여인을 강간하려는 병사를 즉결심판에 회부하며 하나의 인간으로서 행동할 것을 명령한다. 그러한 비인간적인 행동은 이 소설에서 철저히 거부될 뿐만 아니라 비겁함도 용서받지 못할 배신 행위이다. 그래서 전쟁을 빠져나가기 위해 자해를 하는 셀러스 중위의 행동을 보면서 심한 배신감을 느낀다. 이러한 비겁한 행동은 지휘관에게 충성을 다하는 이클랜드의 용기와 충성심에 좋은 대조를 이룬다. 철수도중 맥켄지는 상사에게 적의 사격을 유도해내기 위해 적의 매복 속으로 들어가라고 명령한다. 상사는 중대장의 명령이 부당하다고 생각하지만 그 명령에 복종한다. 그는 무조건적인 복종이 바로 군의 생명이라는 것을 잘 알기 때문이다.

　맥켄지가 정당한 군법을 시행하는 것이나, 비겁함을 저주하는 것이라든가 이클랜드가 보여주는 충성심 같은 이 모든 에피소드들은 군대가 아주 건전한 집단이며 하나의 직업으로서 추구할 가치가 있는 조직이라는 것을 작가는 보여주려고 의도한 것 같다. 사실 이 소설에서는 이전 소설에서 보여지는 것과 같은 군대에 대한 강한 비판은 보이지 않는다. 물론 이 소설에서도 군대내에 존재하는 상하간의 불평등과 그로부터 야기되는 여러 가지 불만들을 인정한다. 심지어 이클랜드까지도 군대조직 속에서 행해지는 비민주적 행위들에 대해 불만을 토로한다. "어떠한 군대도 민주적이 아니지," "만약 그렇다면 그것은 군대가 아니야"(66)라고 맥켄지가 말할 때 상사는 그것을 하나의 "필수불가결"이라는 말로 받아들인다. 오히려 군대는 그 구성원들 사이에 소속감과 자부심과 전우애를 심어주는 유익한 조직이 된다. 더욱 중요한 인식의 변화는 2차대전후 군대가 평생직장으로서 추구할 가치가 있는 직종이 되었다는 사실이다. 맥켄지는 문학전공자로서 태평양전쟁 후 해병대를 제대하고 작가의 길을 갈 것을 바라는 아내의 애원을 거부하고 군대에 남는다. 왜냐하면 군대야말로 그에게 장래를 보장해줄 직장이라는 생각이 들었기 때문이다. 군대는 그것이 지니고 있는 부정적인 양상에도 불구하고 이 소설에서는 하나의 전문직업으로서 철저하게 인정되는 것을 볼 수 있다.

　이 소설은 한국의 특수한 환경이 미국의 병사들에게 미친 충격을 기술하고 있다. 유럽의 "깨끗한" 전쟁을 싸웠던 미국병사들에게 한국의 색다른 지형은 너무도 충격적으로 나타난다. 이런 곳에서는 미국의 기술적 우위도 유지되기 힘들어 보인다. 오히려 원시적 전투 방법이 더 나아 보이기도 한다. 한 헬기 조종사는 중공군의 기마병이 자신의 헬기를 놀래 킬 수 있는 전쟁이라는 것을 발견하고 놀라워한다. 그래서 이클랜드는 "이곳은 책으로 할 수 있는 전쟁이 아니다"(125)라고 결론을 짓고 만다. 한국전쟁이 지닌 또 다른 양상은 한국전은 중공군의 인해전술과 미국의 물질적 부와의 싸움이라는 사실이다. 아이러니컬한 것은 두 개의 적대적인 세력은 이 땅의 주인들이 아니라 모두 외국에서 왔다는 사실이다. 한국이라는 이국 땅에서 두개의 거대한 외국 군대가 자신들의 이익을 위해서가 아니라 다른 나라 사람들의 자결권을 위해서 그리고 자신들의 이데올로기를 위해서 싸우고 있는 것이다. 쿠젠스 중위와 그를 포로로 한 중공군 장교와의 논쟁은 이를 단적으로 말해주고 있다. 공산주의 이데올로기의 주창자인 중공군 주 대령은 미국의 물질주의, 오만, 흑인에 대한 인권남용, 제국주의 전쟁 등을 신랄하게 비판한다. 그럼에도 불구하고 작가는 대령의 공격을 반박하지 않는 듯 하다. 오히려 그는 대령을 동정적으로 묘사하면서 심지어는 그가 쿠젠스 중위를 살려서 그냥 돌려보내자 그의 인간적인 면모를 강조하기까지 한다. 소설에서 이러한 이데올로기 논쟁은 월남을 비롯한 아시아의 전쟁에 참전한 미국의 문제를 다루는 전쟁소설 속에서 자주 등장하는 주제이다.

마지막으로 『밤을 사수하라』의 주제는 전쟁의 가혹한 시련 속에서 나타나는 인간의 용기와 형제애에 대한 찬양이라고 볼 수 있다. 치열한 전투를 통해서 서서히 그 숫자가 줄어들고 있는 한 해병중대를 따라가면서 작가는 한계상황으로 내몰린 인간들의 의지를 시험해 본다. 그런 과정에서 작가는 오로지 전쟁에서만 볼 수 있는 불굴의 용기와 인간의 연대감을 발견한다. 이 소설은 비인간적인 전쟁에서 나타난 인간의 아름다운 모습을 묘사함으로써 전쟁의 긍정적인 단면을 철저히 인정하는 소설이다.

『성상(聖像)』

『성상』은 한 주인공 병사가 생의 의미를 찾아 한국의 전쟁터로 달려와 혹독한 시련을 겪고 죽어 가는 병사로부터 받은 괴이한 성상을 통해 삶의 의미를 깨닫는다는 전형적인 통과의례 소설이다. 이 소설의 통과의례의 주인 공은 미국 본토에서의 안전한 근무를 거부하고 한국에 자원한 토마스 워렌 이다. 그가 한국에 온 목적은 자신을 시험하기 위함이다. 그는 사람을 죽인 다는 것이 무엇을 의미하는지는 몰랐지만 겁쟁이로서 일생을 살아가는 것을 도저히 참을 수 없었기 때문에 한국에 자원하여 참전한다. 한국의 전쟁터에 서 성년을 맞이한 수많은 미국의 젊은이들처럼 그는 스스로를 시험하기 위 해서 한국에 온다. 1, 2차대전에서 그의 선배들이 "그들의 전쟁"을 싸웠듯이 워렌은 한국에서의 전쟁은 "자신의 전쟁"이라고 생각하며 그래서 그에게 한 국전은 한 인간으로서 성장하기 위해서 반드시 거쳐야할 시험대가 된다.

이 소설이 이전의 전쟁소설들과 다른 점은 작가는 여기에서 미국의 공식 적인 전쟁 목적에 대해서는 별로 관심을 갖지 않는다는 사실이다. 그의 주된 관심은 자신이 좌우명으로 삼고 살아가야 할 의미를 찾는 데 있다. 여기서 그의 자각은 이전의 소설들에서 보여지는 것처럼 미국의 공식적 전쟁목적과 전쟁의 실제 사이의 괴리에 대한 자각에서 오는 것이 아니라 정치와는 전혀 상관없는 자신이 겪는 시련과 경험을 통해 이루어진다. 따라서 이 소설에서 우리는 이전의 소설에서 나타난 극심한 절망과 허무감 같은 것을 발견하지 못한다. 이 소설의 주인공 토마스 워렌은 전쟁에 대해 긍정적인 태도를 견지 하며 냉전시대의 시대정신을 반영한다. 그에게 이 전쟁은 인간이 생의 의미 를 추구해나갈 때 만나게 되는 하나의 사건일 뿐이다. 또한 인간이 생존해 가야할 하나의 조건이 된다. 비록 작가는 전쟁을 인간 존재의 의미가 무효화 된 부서진 세계로 묘사하고 있지만 그러한 세계 속에서도 인간은 삶의 신조 를 찾아내야 한다는 것을 말하려고 한다. 자신의 남성성을 시험하기 위해서 전쟁에 자원한 워렌은 전쟁의 공포와 폐허 속에서도 생의 의미와 가치를 찾 으려고 한다.

이 소설은 개입, 충격, 귀환이라는 미국전쟁소설의 전통적인 통과의례의 패턴을 따른다. 불란서의 하늘도 미국의 하늘색과 똑 같은지에 대해 물을 만큼 순진한 도스 패소스의 『삼인의 병사』에 나오는 병사처럼 워렌도 한국에 대해서는 아는 것이 아무 것도 없다. 처음에 한국에 도착했을 때 그는 뚜쟁이 포주들과 암거래상들로 들끓는 초라한 집들로 꽉 찬 마을 집들을 발견하고 이것이 과연 5천년 역사를 자랑하는 나라인가 하는 충격을 받는다. 대포병사격부대에 배속된 후 워렌은 온갖 전투경험을 하게 된다. 고지 위에서의 야간 보초를 설 때나 순찰시에 맞는 가슴을 졸이게 하는 공포감, 적병을 사살할 때의 두려움, "경찰행동"에 대한 갈등 등 온갖 전투의 시련을 경험하면서 워렌은 자신의 정체성 탐구에 전념한다. 따라서 소설은 워렌의 외적인 전쟁경험과 내적인 정체성의 탐구라는 두 가지의 주제를 중심으로 전개된다.

이 두 개의 이야기는 서로 밀접하게 연관되어 전개된다. 일단 한국에 도착한 워렌은 폭력의 세계와 정신의 세계라는 두 세계 사이에서 방황하게 된다. 한편으로는 전투에서 자신의 남성성을 시험해보면서 그는 인생이란 무엇인가에 대한 문제에 골몰한다. 사실 워렌은 한국에 오기 전 불란서에서부터 이러한 문제에 봉착해 있었다. 그는 부모님이 사망한 후 일종의 삶의 회의를 느끼면서 그 의미를 찾는 탐색의 여행을 떠났던 것이다. 자신을 지구상의 이방인으로 생각하면서 워렌은 "내가 왜 살아 있는가?"[5]라는 실존적 질문을 던지곤 한다. 자신의 죽음의 환상을 보면서 워렌은 자신이 추구하는 답을 구하고자 한국이라는 전쟁 속으로 뛰어든다.

한국에서의 폭력의 세계는 죽음과 부조리가 가득 찬 세계이다. 그 세계는 깨어진 이상과 혼란과 반인륜의 세계이다. 그리고 그 세계는 우연과 전횡이 지배하는 세계이다. 여기서 워렌은 자신의 상관인 상사 한 사람이 정찰을 나가기 직전 적의 박격포탄에 맞아 비참하게 죽는 것을 목격한다. 또한 2차대

---

[5] Clayton C. Barbeau, *The Ikon*(New York: Coward McCann, Inc., 1961), p. 156. 이 소설의 본문의 인용은 상기 책사에 의하며 이후에는 괄호 속에 쪽수만을 기재하기로 함.

전의 전쟁영웅이었던 오드웨이 중위가 유모차를 끌고 PX에서 부인의 쇼핑을 도와주는 장교가 있는 "신식 군대"에 적응하지 못하고 자살하는 것을 목격한다. 그런가 하면 순전히 사람 죽이는 것을 즐기는 스위트 중위도 있다. 또한 본국의 사랑하는 가족과 헤어져 고통 속에 지내는 많은 사람들을 본다. 모든 것이 부서진 전쟁의 세계에는 오직 분노와 배반과 이별과 죽음과 잔학성만이 존재한다. 한편 이러한 폭력의 세계에서도 그는 순수성을 잃지 않고 사랑을 베풀려는 사람들을 발견한다. 그래서 그는 이러한 전쟁의 세계에서도 죽음과 폭력을 신의 의지의 결과라고 생각하며 받아들인다.

바로 이 소설의 주제는 이러한 두 개의 세계를 조화시키려는 작가의 노력에 집중된다. 이 소설에서 작가는 이 두 개의 세계가 육적인 세계의 화이트 일등병과 영적인 세계의 리클리 일등병 두 사람의 평범한 병사에 의해 대변된다고 본다. 화이트 일등병은 2차대전 중에는 폴란드군 장교였는데 미군에 사병으로 입대하여 3차대전의 시작이라고 생각되는 한국전에 지원한다. 전쟁에 참전하면서 그는 군대생활과 전쟁 속에서 한 인간으로서의 자신의 정체성을 확인한다. 그는 종교를 싫어한다. 그 종교의 교리 때문이 아니라 실제로 행사되는 모습 때문이다. 반면에 한때 신학대 학생이었던 리클리는 한 여자와의 사랑 때문에 신학대를 그만두고 한국에 참전한 지원병이다. 그는 모든 면에서 화이트와 반대다. 겉으로 보기엔 양심적 병역기피자로 보이지만 적극적으로 전투에 참여하며 적을 사살한다. 한국에 온 이유를 묻자 리클리는 "악순환의 고리를 깨고 …… 우리의 친구를 죽이는 자들에 대한 사랑을 베풀기 위해서"(224)라고 대답한다. 화이트가 세속적 가치를 대변한다면 리클리는 신의 사랑을 대변한다. 작가는 두 사람의 상반된 인물의 설정을 통해서 독자에게 어떤 교훈을 전달하고자 한다. 즉 리클리는 죽어 가는 상사가 준 성상으로 상징되는 신의 사랑을 통해 생은 살만한 가치가 있다는 것을 나타내려함이고 화이트를 통해서는 아무리 영적인 세계의 가치가 중요하지만 그 어떤 것도 생존을 대체할 수는 없다는 것을 전달하고자 한다.

이 두 개의 세계는 소설의 마지막에서 합일을 이룬다. 두 명의 미군병사가 공산군에게 포위된 산꼭대기에서 죽임을 당한다. 워렌의 수색대가 두 병사의 시신을 회수하러 가지만 적의 무자비한 공격을 받는다. 이어지는 전투에서 수색대는 두 병사의 시신을 회수하는데는 성공하지만 리클리는 전사하고 워렌은 중상을 입는다. 워렌이 그렇게 오랫동안 탐구해왔던 생의 진실을 발견하게 되는 것은 바로 치열한 전투의 순간에서 비롯된다. 자신의 존재이유를 발견하는 것도 바로 이 순간이다. 통과의례의 소설에서 작가들이 흔히 사용하는 기법으로 작가는 극적인 반전을 가져오는 극중해결사(deus ex machina)로 성상을 도입한다. 워렌은 총알의 속도를 둔화시킨 성상에 의해 목숨을 건진다. 자신의 상관인 상사가 죽어가면서 준 괴이한 성상에 의해 워렌은 자신의 탐구가 성공하는 것을 깨닫는 것은 바로 이때이다. 여기서 작가는 주인공 워렌이 신의 사랑의 상징인 성상 속에서 그간 추구해왔던 생의 의미를 발견한다는 것을 암시하고 있다. 치열한 전투의 와중에서 워렌은 생의 의미를 발견하고 그것이 살아갈 가치라고 믿으며 하나의 성인이 되어 돌아온다. 이 작품에서 작가는 50년대의 혼란과 방황을 한 젊은이의 전쟁참여를 통해서 극화시키고 동시에 그것을 어떻게 극복하며 질서를 추구해 가는가를 보여주고 있다.

『장거리 행군』

윌리엄 스타이런의 『장거리 행군』은 직접적으로 한국전을 다루고 있는 소설은 아니다. 더구나 소설의 배경도 한국의 전쟁터가 아니다. 이 소설은 미 본토에서의 한 해병대 대대를 다루고 있다. 그럼에도 불구하고 소설의 전체적인 행위는 한국전 때문에 야기되고 있기 때문에 한국전 소설로 분류한 것이다. 여기서 작가는 개인의 윤리와 전문직업군의 윤리의 대결이라는 중요한 사회적, 도덕적 주제를 도입한다. 중편인 이 소설에서 작가는 2차대전 소설인 허만 웍의 『케인함의 반란』에 나오는 것과 같은 통과의례의 구조와 대결의 구조를 혼합하여 구성하고 있다. 통과의례의 주인공은 태평양전쟁에 참전했던 뉴욕의 변호사 출신 컬버 중위로서 한국에서의 "경찰행동"에서 싸우도록 소집된 사람이다. 또한 대결의 구조를 이루는 두 사람의 적대자는 본부중대장인 매닉스 대위와 대대장인 템플턴 중령이다. 이들의 대결에서 컬버는 참관자이며 동시에 관찰자가 된다. 이 소설은 바로 이러한 이중의 역할을 수행하는 컬버의 관점을 통해서 이야기가 전개된다.

대대 통신장교인 컬버 중위는 전쟁을 지속적인 인간의 보편적 현상으로 보면서도 특히 한국전에 대해서는 자신의 생활에 있어서 원치 않게 끼어 든 불청객으로 생각한다. 즉 한국전은 너무도 빨리 왔다. 왜냐하면 2차대전의 전쟁을 끝내고 이제 그는 막 평화스런 생활을 즐기려는 찰나였기 때문이다. 한국전은 미국인들에게 자신들의 나라가 국제적인 분쟁에 너무 자주 끼어들며 자신들의 일상생활을 망쳐 놓는다는 인식이 지배적이었다. 작가는 이러한 인식을 다음과 같이 표현한다. "컬버는 마치 자신이 1945년 어느 병영 막사에서 잠들었었고 6년여 후에 깨어나 그 사이의 자유와 성장과 고요가 일장 춘몽이었던 것 같은 이상야릇한 느낌을 느꼈다."[6] 이것은 뉴욕의 라디오 가게를 처분하고 가족과 헤어져 군에 다시 들어온 예비군 장교인 매닉스 대위도 마찬가지이다. 태평양전쟁에서 부상까지 당했던 참전용사인 매닉스는 예비군에 남아있었던 것을 후회하며 또 다른 전쟁에 참전해야 한다는 것에 크게 불만을 터뜨린다.

---

6) William Styron, *The Long March* (New York: New American Library, 1968, originally published in 1953), p. 3. 이후 본문에서의 인용은 상기 책자에 의하며 괄호 속에 쪽수만을 기재하도록 함.

소설의 이야기는 바로 이러한 예비군 장교들의 불만, 특히 36마일의 장거리 행군을 명한 대대장 템플턴 중령의 명령을 부당하다고 항의하는 매닉스 대위를 중심으로 전개된다. 사실 두 사람 모두 나름대로의 정당한 명분이 있다. 대부분이 젊은 예비군들로 구성된 대대의 지휘관으로서 템플턴은 군기를 세우고 군인정신을 다시 주입시키기 위해서 행군을 계획한다. 왜냐하면 그는 자신의 부대가 한국전에 참전하기 위해 편성되었고 그래서 다가오는 전투를 위해 철저히 준비해야 한다고 생각했기 때문이다. 반면에 예비군들의 대표격인 매닉스 대위는 그러한 장거리 행군이 오랫동안 군을 떠났던 젊은 예비군 병사들에게 무리라고 생각했던 것이다. 더구나 2차대전소설에 나오는 많은 반영웅들처럼 중령은 자신의 개인적인 명성, 즉 해병대 역사상 가장 먼 거리를 행군했다는 그러한 명성을 얻기 위해 하지 않아도 될 행군을 계획했다고 생각한다.

이 소설의 메시지는 바로 작가가 어느 쪽을 편을 드느냐 하는데 있다. 이렇게 볼 때 『뉴 퍼블릭지』에 보낸 한 편지에서 작가 스타이런이 말한 것을 주목할 필요가 있다.

> 내 소설의 주인공은 권위에 대해, 특히 자신의 지휘관에게 반항적인 도전을 함으로써 추락하게 되는 젊은 해병대 예비군이다. …… 내 주인공은 패배한다. 그는 제도에 도전하지만 그것이 파멸의 원인이 된다. 우리는 제도에 반항할 수는 없다. 그것이 내가 여기에서 말하려고 했던 것 같다.(Styron 1959, 3)

더구나 작가는 이 소설에서 군대생활은 부패한 것이며 군대가 없으면 훨씬 더 나을 것이라는 것을 밝히려고 했다고 말했다. 이러한 인용문에서 보듯이 작가는 매닉스 대위의 반항에 동정적이고 군대조직의 비인간적인 통제와 규격화를 비판하는 것이 분명하다. 이러한 의미에서 『장거리 행군』은 권위와 권력에 알레르기적인 반응을 보이며 대항하는 개인과의 싸움을 주제로 하는 미국전쟁소설 장르에 속하는 또 하나의 대표적인 소설이라고 볼 수 있다. 매닉스는 인간의 자유를 위해 하나의 거대한 반항의 제스처를 취하다 그 제도에 무자비하게 정복당하는 1차대전 소설인『삼인의 병사』의 존 앤드루스와 같다고 볼 수 있을 것이다. 또한 매닉스는 전문직업군의 태도를 파시스트의 태도와 동일시하는 2차대전 소설의 자유주의 지식인과 같다고 볼 수 있다.

그러나『장거리 행군』이 2차대전의 주요 소설들과 다른 점은 이 소설이 직업군인이나 상비군 병사들을 악한으로 묘사하고 있지 않다는 사실이다. 이 소설에서 템플턴은 권위주의적인 장교로 묘사되고 있지는 않다. 어떤 면에서는 합리적이고 객관적인 장교로 묘사되기도 한다. 아이러니컬하게도 매닉스는 템플턴을 인간적인 측면에서는 싫어하지 않는다. 그의 분노는 바로 해병대라는 조직에 대한 것이다. 심지어 컬버 중위도 "템플턴은 나쁜 사람이 아니야. 그는 단지 직업군인일 뿐이야"(23)라고 말할 정도이다. 사실 템플턴이 매닉스 대위를 특별히 괴롭히는 것도 아니다. 오히려 아주 공명정대하게 다룬다. 행군시 대위의 발의 상태를 보고 트럭을 타라고 권고하는 것도 템플턴이다. 이들 사이의 대결은 소설의 마지막에서 매닉스가 행군 내내 지프차를 탔다고 템플턴을 고발할 때 절정에 달하게 된다. 여기서 작가는 그 고발이 매닉스의 오해에서 비롯되었다는 것을 분명히 암시한다. 만약 잘못된 것이 있다면 그것은 전문직업군 윤리에 따라 살려는 템플턴이 아니라 바로 조직이라는 것이 작가의 주장인 듯 하다.

소설의 마지막 메시지는 제도에 대한 컬버의 체념을 통해서 전달된다. 행군의 마지막에서 컬버는 매닉스의 자학적인 도전 행위를 점점 참을 수 없게 된다. 왜냐하면 그것은 오히려 그의 부하들의 고통만을 가중시키는 일이기 때문이다. 그것은 소위 바위를 달걀로 깨려는 것과 같은 것으로 인식한다.

왜냐하면 조직, 제도라는 것은 개인의 힘으로 무너뜨릴 수가 없기 때문이다. 소설 초에서 스타이런은 이와 같은 순응의 시대에 개인의 저항은 무기력할 뿐이며 사태를 더욱 악화시킬 뿐이라는 것을 이미 단도직입적으로 이야기한 바 있다. 컬버의 눈을 뜨게 한 사람은 자신의 부하인 오리어리 상사이다. 오리어리는 통신하사관으로 태평양전쟁시 과달카날 전투에서는 아주 어린 병사였지만 모든 임무를 성공적으로 수행하며 억센 직업군인으로 변화하는 것을 목격하면서 깨달음을 얻는다. 피로와 고통의 순간에도 의연함을 보여주는 오리어리 상사의 태도에서 컬버는 깊은 인상을 받는다. 강행군의 고통 속에서도 그러한 극렬하고 광적인 체벌을 가하는 자에게 존경과 찬사를 보내는 오리어리의 태도에 컬버는 혼란스러워하며 오히려 템플턴보다 매닉스를 비롯한 자신들이 잘못된 것이 아닌가하고 생각한다. 컬버는 결국 개인을 부수고 하나의 조직원으로 만드는 제도를 받아들이지 않을 수 없다. 동시에 템플턴으로 대표되는 제도에 대해 가지는 깊은 증오심에도 불구하고 컬버는 결국 직업군인들과 함께 하는 이러한 행군은 한국에서의 전쟁을 수행하기 위해서 필수적이라는 것을 깨닫는다. 결론적으로 군대조직과 제도에 대한 이러한 체념은 결국 2차대전 이후에 나타난 순응사회의 반영이며 동시에 친전적인 2차대전 소설의 문학적 계승이라고 볼 수 있을 것이다.

『내게 영웅을 보여다오』

이 소설은 한국전쟁에 참가한 미국군인들의 경험을 종합하는 소설이라고 말할 수 있을 것이다. 이 소설의 주인공은 한국에 주둔한 미육군의 총사령관을 맡고 있는 3성 장군이다. 그러나 이야기는 주인공 장군뿐만 아니라 새로운 전쟁을 싸우고 있는 현대적인 군대를 따라가면서 전쟁 속에 처한 병사들의 고통과 시련을 묘사하고 있다. 특히 이 소설은 한국이라는 나라에서 전개되는 특이한 종류의 전쟁인 제한전쟁을 수행하는 과정에서 나타난 민군관계의 복잡한 문제를 다루고 있다. 이 소설의 세 사람의 주요 인물은 라크 로간 장군, 제롬 모간 일등병, 민간인 종군기자 피터 토서이다. 3인의 병사의 전쟁경험을 다루고 있는 1차대전 소설인 도스 패소스의『삼인의 병사』처럼 작가 멜빈 보리스의 소설도 이들 세 사람의 전쟁경험을 추적하고 있다. 그러나 세 사람의 병사들이 소설의 진행과정에서 한 번도 만나지 못하는 패소스의 소설과 달리 이 소설의 세 사람은 서로 밀접하게 연관되어 있다. 그런 면에서 이 소설은 구조적인 측면에서 앞의 소설보다 더 일관성과 짜임새를 가지고 있다고 말할 수 있다.

로간 장군은 권위적인 장교가 아니다. 그는 용감하고 아주 애국적이며 직업군인으로서 능력 있고 아주 인간적이며 사려 깊은 사람으로 묘사된다. 또 다른 한국 전쟁소설인『독고리의 철교』에 나오는 타란트 제독처럼 그는 헌신적이고 합리적이며 이성적인 사람이다. "영웅적인 지휘관"이라기 보다는 "군대 관리자"라고 말할 수 있는 로간 장군은 부대의 지휘법, 언론 통제방법, 정치와의 원활한 관계(정치가들에 대해서는 부정적인 견해를 가지지만) 등을 잘 알고 유지, 조정할 수 있는 사람이다.[7] 로간은 전쟁을 수행함에 있어서 목적과 수단이 똑같이 중요하다는 것을 강조한다. "전쟁은 지옥이다"라는 윌리엄 셔만 장군의 전쟁 현실론을 거부하며 이성과 효율을 강조한다. 이러한 이유 때문에 그는 완벽주의에는 회의적이다. 2차대전 소설에 나타난

---

7) 모리스 재노비츠(Morris Janowitz) 교수는 그의 저서에서 지휘관을 두 가지 종류--"영웅적인 지휘관"과 "군대 관리자"--로 구분하고 현대 군대조직의 역사를 이들 두 종류의 지휘관들 사이의 갈등으로 보고 있다. 그에 의하면 "군대 관리자"는 전쟁을 수행함에 있어서 과학적이고 실용적인 방법을 사용한다. 그리고 민간 사회와의 관계에서도 아주 효율적이고 전문적이다. 반면에 "영웅적인 지휘관"은 전형적인 무사형으로 옛날 말을 타고 상무정신을 발휘하면서 개인적인 용맹을 보여주던 군인의 모습의 지휘관이다. 참조: Morris Janowitz, *The Professional Soldier*(New York: The Free Press, 1960), pp. 21-22.

권위주의적인 군인의 대표자인 노만 메일러의 『나자와 사자』의 커밍스 장군과 달리 군대가 모든 병사들을 꽁꽁 묶어 놓아야 할 "공포의 사다리"가 아니며 어떤 임무를 달성하기 위해서 부하들을 괴롭히고 수치심을 유발케 하는 것은 잘못이며 그렇게 할 필요도 없다고 생각한다.

이 소설은 제한전쟁을 수행하는 로간 장군의 갈등과 그의 비극적인 가족생활의 문제라는 두 가지의 주제를 중심으로 전개된다. 다시 말하면 로간은 한국에서 지금까지의 전쟁과 완연히 다른 전쟁, 즉 싸워서 이겨야 하는 전쟁이 아니라 억제된 전쟁을 싸우도록 강요받고 있는 자신의 위치 때문에 심한 갈등을 느끼고 있다. 더구나 군에 대한 자신의 헌신적인 노력을 이해하지 못하는 가족들 때문에 그의 개인적인 생활은 점점 더 비극적이 되어간다.

로간은 한국전이 끝날 무렵 정전 협상이 진행되는 동안 8군사령관으로 한국에 온다. 수많은 전투에 참가했던 로간은 어떤 전쟁도 예상과 실제는 다르다는 것을 알고 있었지만 한국에서는 정말 자신이 생각했던 지금까지의 전쟁과는 다른 것을 발견한다. 즉 사령관으로 "상부의 승인 없이는 대대급 이상의 전투는 전혀 할 수 없는"[8] 희한한 전쟁이라는 것을 알게 된다. 여기서 그는 2차대전을 승리로 이끌었던 세계 최고의 군대가 전쟁터에서 무용지물이 되는 것을 본다. 더구나 그가 보기에 한국전은 미국에서는 아무도 관심을 두지 않는 전쟁인 것처럼 보인다. 그래서 정부의 전쟁 정책이 이들 고급 장교들에게 주된 불평의 요인이 된다. 미국이 싸운 모든 전쟁은 성전이요 모든 승리는 무조건적인 군사적 승리이어야 한다고 생각했던 병사들에게 한국에서의 제한전쟁은 이해가 되지 않는다. 한 대령은 민간 정치인들의 전쟁수행을 "그들은 민주주의를 지키기 위해서 전쟁을 하였지만 공산주의를 위한 세계가 되었다"(123)라고 비판하기까지 한다. 이러한 좌절감은 로간에게 특히

---

[8] Melvin B. Voorhees, *Show Me a Hero* (New York: Simon and Schuster, 1954), p. 70. 이후부터 본문의 인용은 상기 책자에 의하며 괄호 속에 쪽 수 만을 기재하기로 힘.

더하다. 소설의 한 곳에서 장군은 사령관으로서의 무력감을 다음과 같이 표현한다. "정말 못할 일이군! 어떻게 나에게 이런 일을 시키다니! 여러 병사들이여, 용감히 싸워라. 그러나 무리하지는 말아라. 열심히 싸워라, 그러나 너무 열심히는 말고"(213). 더구나 전쟁의 말기에 도입된 순환근무제도는 야전지휘관들의 입장에서는 또 하나의 불평의 요인이었다. 이들 지휘관들이 볼 때 이 제도는 병사들의 전투의지를 약화시키는 요인이 된다. 로간의 전임자인 랙스 장군은 인수인계시 장병들의 정신상태를 다음과 같이 알려주기도 하였다. "누구나 왔다가 간다. 아무도 전쟁기간 내내 이곳에 있지 않는다. 그들은 곧 떠날 사람들의 환호 속에 도착한다. 그리고 무사히 명예스럽게 자신들의 근무기간을 마치기를 바라며 업무를 수행한다. 결과적으로 모든 사람들은 본국이라는 아주 조그마한 군사적 목표를 품게 된다"(85).

전쟁수행에 대한 군인들의 이러한 좌절감과 결부하여 한국전쟁은 미국 정치에서는 민군관계에서 민간의 우위를 보여준 최초의 전쟁이었다. 맥아더 장군을 연상시키는 일화에서 로간 장군은 정치에서의 자신의 역할에 대해 한국군 장성과 이야기하는 가운데 민간우위에 대한 자신의 불편한 심기를 다음과 같이 빈정거리며 표현한다. "나는 정치적인 문제에서는 전혀 힘이 없습니다. 위대한 우리 공화국의 병사들은 아무 것도 아는 것이 없는 척 해야 합니다. 그렇지 않으면 군에 대한 문민우위라는 아주 신성불가침을 훼손하고 있다는 비난을 받을 것이니까요"(213).

로간을 더욱 괴롭게 하는 것은 군에 대한 자신의 헌신적인 노력을 이해하지 못하는 가족들의 문제이다. 사실 가족문제의 삽입때문에 이 소설은 다소 멜로드라마가 되며 전쟁소설로서의 예술성이 훼손되고 있기는 하다. 그럼에도 이 에피소드는 직업군인의 길을 갈 때 야기되는 여러 가지 복잡한 문제를 함께 상정시킴으로써 현대군대의 문제점을 부각시키는 장점은 있다고 보아진다. 로간은 군인의 길에 대한 자신의 헌신적 노력과 가족관계의 붕괴사이에서 심한 갈등을 겪는다. 그의 아들은 미육사 중퇴생으로 어디론가 사라졌다가 어느 날 갑자기 한국전에서 피의자가 되어 군법회의에 나타난다. 아내는 알콜 중독자가 되어 가족을 돌보지 않는다고 남편을 들볶는다.

이 소설은 그 피의자가 패트릭 상사라는 가명을 쓰고 있지만 기실은 로간의 아들이라는 사실이 판명될 때 절정에 달한다. 범죄수사대의 일원인 패트릭은 포로를 죽인 혐의로 체포된다. 군사재판에서는 직무유기, 불복종, 방기 등의 혐의로 그에게 유죄판결을 내린다. 그리고는 불명예제대와 함께 7년간의 감옥생활과 중노동의 형벌에 처한다. 여기에서 초점은 과연 그러한 판결의 최종 결재권자가 바로 사령관 자신이라는 사실이다. 결국 자신의 아들이라는 것을 알지만 그는 그 판결을 승인하고 만다. 그러나 패트릭의 상관인 중위가 포로를 살해했다고 자백함으로써 패트릭은 무죄방면되는 극중해결법(deus ex machina)의 사용으로 작가는 플롯을 반전시킨다.

『내게 영웅을 보여다오』는 한국전쟁을 병사의 관점에서 묘사하기도 한다. 장군급 장교들과 달리 전쟁의 이데올로기에 대해서는 무관심하다. 왜 한국에서 싸우느냐고 물으면 그들은 한결같이 징집이 되었기 때문이라고 대답한다. 그들은 그저 싸우도록 명을 받았기 때문에 싸울 뿐이라고 대답한다. 그럼에도 모든 전쟁에 참가한 젊은이들처럼 한국전의 병사들도 자신들의 전쟁 참여를 어느 정도는 정당화시키고 있다. 바로 한국에서의 전쟁은 50년대를 살고 있는 그들 세대에 닥친 "그들의 전쟁"이었기 때문이다. 치명적인 부상을 입고 군대복무를 끝내지 않으면 안되었던 한 병사는 자신의 한국전 경험을 "영원히 무엇인가를 빼앗겨 버린 것"(298)같은 기분으로 되돌아본다. 제롬 모간 일등병은 한국의 전쟁터에서 성인이 된 미국 젊은이들 중의 하나이다. 코카콜라 회사의 트럭 운전사로 근무하다 징집된 모간은 한국에서 수많은 혹독한 전투를 치른 후 마침내 상사로 진급하고 한 사람의 성인이 된다. 그럼에도 불구하고 모간은 결국 자신의 여자 친구에게 버림받는 사람으로 전쟁의 피해자가 된다.

한국에서의 전쟁은 이 소설의 모든 사람들을 피해자로 만든다. 종군기자인 피터 토서는 한국전쟁이 지니는 이념적 중요성을 너무 잘 알고 있다. 그는 38선을 "인간을 갈라놓는 가장 사악한 분리선의 상징"(120)으로 본다. 그리고 한국전의 정체는 군인들 때문이 아니라는 것도 알고 있다. 그러면서도 공인으로서 대중들이 알아야할 것을 전달해야한다는 기자로서의 직업의식이 투철하다. 이러한 기자의 철학이 매스컴이나 본국의 국민들보다는 오직 적에 대해서만 신경을 써야하는 군대윤리와 갈등을 일으킨다. 그는 정전회의가 열리고 있는 지역에서 적측의 기자들과 정보교환을 해서는 안된다는 규정을 위반한다. 궁극적으로 그는 군대와의 마찰로 한국을 떠나게 된다.

한국에서는 아무도 성공을 거두지 못한다. 임무를 수행하는 과정에서 모두들 중도 탈락한다. 로간 장군은 전쟁과 정치논리에 휘말려 실패하는 일종의 비극의 주인공이다. 정부의 전쟁정책을 수용하지 못하는 로간 장군은 결국은 해임되지만 본국으로의 귀환시 영웅적인 대접을 받는다. 30년 이상을 군에 봉직한 직업군인으로서 로간은 명예와 원칙과 애국심과 관용의 중요성을 배운다. 그럼에도 불구하고 2차대전후부터 순응의 시대에 이르기까지 직업군인인 그는 문민우위를 인정하지 않을 수 없으며 "애매 모호한 말과 제한 전쟁의 실패"(288)를 그저 받아들일 수밖에 없는 처지가 된다. 마치 『성상』에서 밀려오는 신식군대를 수용할 수 없기 때문에 자살하는 오드웨이 중위처럼 로간 장군은 군사작전에 간섭하는 민간의 정치논리를 수용할 수밖에 없다. 미국방성 복도로 걸어 들어갈 때 장군은 관광 나온 한 부부가 군대 건물인데 민간인들만 보인다고 하면서 "그런데 군인들은 다 어디 있는 거야?"(315) 라고 말하는 것을 엿듣는다. 여기서 "그런데"란 말은 민군관계와 관련하여 정치에서 문민우위의 50년대 시대상황을 잘 요약하고 있다고 본다. 소설의 마지막에서 종군기자 토서가 암시하듯 장군은 본국으로 돌아오지만 영웅이 아니라 패자가 되어 돌아온다. 이미 소설 초에서 작가는 스캇 핏제랄드(F. Scott Fitzerald)의 "내게 영웅을 보여다오. 그러면 난 그대에게 비극을 써 주리다"라는 말의 인용을 통해서 장군의 비극적 결말을 예고하고 있었던 것이다.

제 1, 2차 세계대전의 미국전쟁소설들은 미국의 전쟁목적인 소위 성전 이념의 도덕적 정당성에 대한 긍정 아니면 비판이 주된 관심사이다. 이들 소설 속에서 전쟁의 이념적 목적의 정당성은 전쟁의 수단에 의해 결정된다는 것이다. 따라서 미국전쟁소설의 중심에는 이러한 전쟁의 목적과 수단 사이의 도덕적 갈등이 항상 존재한다. 그리고 이러한 갈등이 소설들의 지배적인 모티프를 형성하고 있다. 지금까지 논의된 한국전쟁소설 역시 이러한 미국전쟁소설의 전통에서 크게 벗어나지 않는다. 앞에서 논의한 소설 속의 주인공들, 즉 연대의 후퇴를 엄호하기 위해서 자신의 부하 중대원들을 희생시켜야 하는 맥켄지 대위, 부대의 전투준비태세 향상을 위하여 장거리 행군을 강요하는 템플턴 중령, 제한전쟁 수행을 놓고 갈등하는 로간 장군, 생의 의미를 찾기 위해 적을 죽여야하는 워렌 일등병 등 모두가 이전 소설들의 주인공들과 다르지 않다.

 그럼에도 불구하고 본 논문에서는 한국전쟁소설이 전체적으로 몇 가지 측면에서 이전 소설들과 다르다는 것을 발견한다. 첫째로 이전 소설들이 사회, 문화적 비판의 수단으로 전쟁을 사용하고 있다면 한국전쟁소설은 미국 병사들이 이국의 환경 속에서 겪었던 시련이 주된 관심사이다. 부패한 문화나 사악한 제도의 산물이 아니라 전쟁은 인간의 거쳐야할 인간의 사건일 뿐이다. 따라서 한국전쟁소설 속에는 이전의 전쟁소설 속에서 보여지는 그러한 허무감 같은 것은 나타나지 않는다. 50년대 미국의 젊은이들에게 한국에서의 전쟁은 그들이 한 인간으로서 성장해 가는데 하나의 시험대이다. 『성상』의 주인공 워렌 일등병이 한국의 전쟁터에서 성인이 된 전형적인 젊은이이다. 앞에서도 언급했지만 한국전은 보편적인 인간의 사건으로 간주된다. 하나의 이유는 한국에서 싸운 많은 젊은이들은 2차대전에서 싸웠던 참전군인들이었다는 것이다. 그들에게 한국에서의 전쟁은 너무나 빨리 왔고 그래서 이전의 전쟁이 주었던 그러한 충격을 주지를 못했다. 한국에서의 전쟁은 오직 인간의 용기와 인내를 요구하는 전쟁이었고 이국의 사악한 환경 속에서 미국의 젊은이들이 겪었던 영웅적인 시련의 이야기만이 있을 뿐이다. 이러한 이유 때문에 아마도 한국전쟁소설 중에는 『오명』(Stigma 1957), 『칼과 메스』(Sword and Scalpel 1957), 『판문점으로 가는 길』(A Ride to Panmunjom 1956), 『죽의 장막뒤에서』(Behind the Bamboo Curtain 1957)와 같은 공산군 포로 수용소에서 생환한 이야기들이 다수 있는 것인지도 모른다.

두 번째 한국전이 하나의 보편적인 인간의 현상이라는 개념은 미국 병사들로 하여금 이전의 전쟁을 싸운 선배들과 다른 전쟁 동기를 가지게 한 것으로 보여진다. 즉 그들의 전쟁동기는 이념과 정치적 목적과는 상관이 없는 것으로 나타난다. 한국전쟁이 민주주의와 공산주의와의 싸움이었고 그것에 대해 병사들도 동의하지만 그것이 그들을 한국의 전쟁터로 내보낸 주된 동기는 아니다. 헌팅턴 교수는 미국의 병사들은 한국전쟁에서 정치적 목표와는 전혀 상관없는 태도를 보였는데 이를 직업의식의 발로로 보며 이러한 심리상태가 바로 2차대전에서 싸운 그들의 선배들과 다른 것이라고 주장한 바 있는데(Huntington 389) 한국전쟁소설은 바로 이러한 주장을 증명이라도 하는 듯 하다. 이러한 의미에서 피터 존스는 "한국전 소설은 '직업의식'--[정치적 목적과는 상관없는] 초연한 태도"(Jones 178)를 보인다고 말하는데 이는 한국전 소설에 대한 정확한 평가라고 판단된다. 하급 병사로부터 장군급 장교에 이르기까지 징집되었건 재소집되었건 재노비츠 교수가 직업군인에게서 발견했던 '군인은 항상 싸운다'라는 태도를 보여주고 있다(Janowitz 215-231). 이러한 태도는 『내게 영웅을 보여다오』의 모간 일등병, 『밤을 사수하라』의 하인저링 일등병, 『독고리의 철교』에서의 타란트 제독 등 모두에게 보여지는 태도이다. 한국전 소설작가 중 누구도 이러한 미국군인들의 태도를 파시스트적이라든가 권위주의적이라고 말하지 않는다. 오히려 정치의 개입으로 전쟁수행에 지장을 받고 좌절하는 이미지로 그림으로써 이들을 동정적으로 묘사한다.

　세 번째 가장 중요한 특징은 한국전 소설은 문민우위의 원칙 때문에 제한전쟁을 수행하는 군인들의 좌절감을 갖게되는 민군관계를 다룬다는 점이다. 많은 소설들은 "한국에서의 군사작전은 인기 있는 성전이 아니었으며 미국은 항상 결정적인 승리를 얻기 위하여 싸운다는 개념은 맞지 않았다"라고 말한 한 사회학자의 주장을 확인시켜 준다(Janowitz 404). 한국전 참전 작가들은 한국이 제한전쟁의 한 사례를 보여주고 있다는 사실을 잘 알고 있으며 『내게 영웅을 보여다오』에서 보았듯이 그에 대한 실망을 잘 묘사하고 있다. 한국전 소설은 외국의 전쟁에 개입한 미국군대의 전쟁수행과정에 있어서의 갈등과 실망을 다루고 있는 최초의 역사적인 다큐먼트라고 볼 수 있고 다가올 월남전 소설에서 똑같은 과정을 되풀이할 것이라는 것을 예고해준다. 사실 60년대에 쓰여진 월남전 소설들은 미군병사들이 지켜야했던 "교전원칙"으로 야기된 갈등과 절망을 주로 묘사하고 있다. 억제정책을 수행해야했던 두 번의 아시아에서의 전쟁에서 민군간의 갈등은 눈에 띄게 나타났고 이는 결국 군대의 위상이 더욱 실추되는 결과를 가져온 것으로 보인다.

　한국에서의 전쟁이 인기 없는 성전이라는 이미지에도 불구하고 전쟁소설 작가들은 미국의 성전을 실패한 것으로 보지 않는 듯 하다. 대부분의 소설작가들은 미국의 모든 전쟁은 성전이고 군사적인 패배는 있을 수 없다는 정책입안자들의 견해에 동조한다. 사실 한국에서의 전쟁은 미국의 일방적인 승리로 끝난 것은 아니었다. 그럼에도 불구하고 전쟁소설 속에서 미국인들은 그것을 성전의 실패로 받아들이기를 주저하는 것이 분명하다.『밤을 사수하라』와『형제들의 무리』에서 묘사되는 장진호에서의 해병대의 철수는 그것이 후퇴가 아니라 "다른 방향으로의 전진"이라고 본다.『내게 영웅을 보여다오』의 제 6장의 부제는 "전략적 철수"라고 되어 있다. 전쟁소설작가들의 마음속에 미국의 성전은 실패할 수 없으며 다만 한국에서는 일시 중단되었을 뿐이라는 그러한 생각이 자리잡은 듯 하다. 아무도 그 전쟁이 언제 재개될지 모른다. 그때까지 미국의 성전은 중단되었을 뿐이다. 이런 의미에서 앞에서 논의된 네 권의 소설들의 주인공들은 승자이며 동시에 패자이기도 하다. 왜냐하면 중단된 성전에서 그들은 부서진 몸과 마음으로 고향에 돌아오기 때문이다.

  마지막으로 미국인들에 의해 쓰여진 한국전쟁 소설들 속에서 한국과 한국인에 대한 그리고 냉전시대의 첨예한 이데올로기 문제에 대한 미국인들의 태도가 어떤 것인가를 찾아보기란 쉽지 않다. 거의 대부분 먼 이국의 전쟁에서 살아 나온 미국 젊은이들의 시련과 갈등과 좌절 그리고 무용담 등을 다룬 "내가 그곳에 갔었다"라는 사실적 소설들이라고 말 할 수 있겠다. 한국전을 싸운 미군병사들에게 한국은 2차대전의 연장선에서 남태평양의 어느 외딴 섬이고 무더위와 폭풍우와 말라리아 대신 혹독한 추위가 있었던 시련의 땅이었으며 자신들의 국익을 위하여 지켜내야 할 우방이라기보다는 인간의 의지를 시험한 하나의 시련의 무대로 생각했던 것으로 보인다.

참고문헌

Aichinger, Peter, The American Soldier in Fiction 1880-1963. Ames: Iowa State University Press, 1975.

Baldwin, James, "As Much Truth As One Can Bear." New York Times Book Review, 14 January 1962. pp. 1, 38.

Barbeau, Clayton C. The Ikon. New York: Coward McCann, Inc., 1961.

Cowley, Malcolm, "War Novels: After Two Wars," in The Literary Situation, New York: The Viking Press, 1954.

Dos Passos, John, One Man's Initiation: 1917., Ithaca, New York: Cornell University Press, 1969.

Fehrenbach, T. R, This Kind of War, New York: The Macmillan Company, 1963.

Frank, Pat, Hold Back the Night, Philadelphia: J. B. Lippincott Company, 1952.

Huntington, Samuel P, The Soldier and the State, Cambridge: Harvard university Press, 1957.

Janowitz, Morris, The Professional Soldier, New York: The Free Press. 1960.

Jones, Peter G, War and the Novelist, Columbia: University of Missouri Press, 1976.

Kahn Jr, E. J, The Peculiar War: Impressions of a Reporter in Korea, New York: Random House, 1951.

Lynch, Michael, An American Soldier, Boston: Little, Brown and Company, 1969.

Mailer, Norman, The Naked and the Dead, New York: Holt, Rinehart and Winston, 1948.

Marshall, S. L. A, Pork Chop Hill: The American Fighting Man in Action, Korea Spring, 1953., New York: William Morrow and Company, 1956.

Michenor, James, The Bridges at Toko-ri., New York: Random House, 1953.

Reynolds, Quentin J, Known But To God, New York: John Day Co., 1960.

Styron, William, The Long March, New York: Bantam Books, 1952.

_____, "If you write for television," New Republic, 140. No.14/2316 (April 6, 1959), 16.

Volpe,, Edmund L, "James Jones--Norman Mailer," in Harry T. Moore, ed., Contemporary American Novelists. Carbondale: Southern Illinois University Press, 1964.

Voorhees, Melvin B, Show Me a Hero., New York: Simon and Schuster, 1954.

정연선, 『미국전쟁소설: 남북전쟁으로부터 월남전까지』, 서울대학교 출판부, 2002.

『매쉬』 연구 : 구세주 이미지를 중심으로

안정숙*

1. 들어가는 말

우리가 『매쉬』 MASH(Mobile Army Surgical Hospital)를 연구할 때 세 가지 분야에서 같은 이름을 발견하게 되는데 리처드 후커(Richard Hooker)의 소설과 2년 후 그것을 각색한 영화 M*A*S*H(*표는 20세기 폭스 사가 영화화할 때 삽입한 것), CBS에서 1972년부터 10여 년간 TV 시리즈로 방영한 M*A*S*H가 그것이다.

작품의 배경으로 등장하는 한국, 한국전, 한국인이 어떤 이미지로 그려지는가는 우리의 관심을 끄는데 우선 두드러지는 인상은 한국에 대한 몰이해이다. 『매쉬』를 영화와 TV 시리즈로 영상화하는 과정을 소상히 기록한 콜터(Suzy Kalter)의 책을 보면 왜색 분위기가 짙다. 그 책에 실린 TV 시리즈의 화보에 사창가 포주는 기모노 옷을 마사지걸은 일본 목욕 가운을 입고 있고 배경 세트의 문과 장식장은 일본 것이다(40-1). 제작자들이 한국 문화와 일본 문화를 구별하지 못해 그런 설정을 한 것으로 보인다. 문화 형식으로 재현되는 과정에서 타자의 언어는 번역되는 과정을 통해 낯선 것으로 차이를 부

---

* 공군사관학교 교수, 주요 논문으로 「바흐찐의 다성성과 여성의 목소리」 등이 있다.

195

여받는다.

　소설에서 서술의 힘을 유지하는 힘은 양자대립의 구조에서 비롯된다. 나/너, 우리/그들, 상/하, 남/녀 등의 이항대립 쌍에서 전항이 좋은 것 우월한 것으로 인정되기 위해서 후항은 나쁜 것 열등한 것으로 전제되어야 한다. 『매쉬』의 에피소드들에서 이 대립 쌍은 저습지 사람들/그 외 사람들로 순진하게 구별되는 것으로 보이나 그 구별은 남/녀, 우리/타민족으로 이어진다. 작가의 이분법적 사고에서 한국인은 타자화되고 그중 여성은 이중으로 타자화되며 창녀는 계층적으로 한번 더 타자화되어 사람이 아닌(nobody) 것으로 된다. 사람과 더불어 한국 문화는 제2항을 차지하고 있으므로 "우리" 언어로 번역할 때 기괴해 보일 뿐이다. 화자는 한복을 파파산 옷으로 부르며 갓은 높다란 새 둥지처럼 보인다(Papa-San suits take their name from the elderly Korean gentleman who sports them, and they are long, flowing robes of white or black, topped off by tall hats that looked like bird cage)(MASH 64. 앞으로는 쪽수만 적겠음) 고 묘사한다.

　소설은 영상물로 바뀌면서 미국을 뒤흔드는 센세이셔널한 작품으로 부상되었는데 영화 시나리오로 각색되면서, 또 TV 극본으로 바뀌면서 소설의 원래 모습과는 다르게 변했으나 이런 시각은 달라지지 않았다. 『매쉬』는 제작자들이나 관객, 시청자들에게는 제작자였던 진 레이놀즈(Gene Reynolds)의 말대로 "축자적으로는 한국전이나 비유적으로는 월남전"(콜터 22)에 관한 담론이었다. 원작자도 예상치 못한 반향은 작품 자체가 아니라 반전 분위기가 고조되고 미국이 아시아의 전쟁에 개입하는 것이 어떤 의미가 있느냐에 대한 논쟁 때문이었다고 볼 수 있다. 미국/아시아의 이항에서 한국과 일본, 중국, 월남은 "gooks"일 뿐 한국은 대체되어도 의미에 큰 변화가 생기지 않는 배경이다.

　1983년 TV 시리즈가 종영된 이후 이 소설은 관심에서 벗어났고 전문적으로 연구되지 않고 있다. 서지를 찾아보면 연기에 참여했던 배우들이 작품 제작 과정의 에피소드들을 모아 놓은 책이나 화보 몇 권이 있을 뿐이다. 본격적인 문학 작품이라기보다는 한국전에 참여했던 저자의 자전적 소설에 가까우므로 문학적 관점에서 진지한 접근을 하기가 어렵다는 것이 첫째 이유일 것이다. 또한 소설로서 보다 영화나 TV물로 인기가 있었으므로 영문학자들의 관심에서 벗어나 있었을 것이다. 본 연구에서 리처드 후커의 소설을 대상으로 타자로 서 있는 한국인의 입장에서 한국전과 한국인이 어떻게 그려지고 있는가를 살펴보고자 한다.

2. 『매쉬』: 소설, 영화, TV 드라마로의 변천 배경

『매쉬』가 영화와 TV 드라마로 만들어진 배경에는 시의성에 편승한 상업적 의도가 깔려 있다. 70년대 월남전 반대 운동이 정점을 이루고 전쟁에 관한 담론이 무성해질 때 제작자들의 눈길을 끈 것이 바로 한국전 관련 소설이었다. 월남전과는 시간적, 공간적 거리가 있어 논쟁의 신랄함을 피할 수 있었기 때문이라고 생각된다. 한국전은 종전된 지 20년도 안 되었으나 100년전 쯤의 과거로 인식되고 있었다는 것(콜터 22)이 그 증거이다. 그러므로 한국전은 그들의 눈에 적절한 대체물로 보였다. 영화나 TV 화면에서는 한국인들이 월남 농부들이 쓰는 고깔을 쓰고 있고 영내 방송에서는 일본 유행가가 흘러나온다. 한국적 배경은 고증이 부족한 채 부주의하게 사용되고 있다.

『매쉬』는 자전적 소설로 주인공인 벤자민 프랭클린 피어스(Benjamin Franklin Pierce)를 작가와 거의 구별할 수 없다. 리처드 후커(Richard Hooker)(Kalter 25)라는 필명으로 작품을 쓴 작가는 의사인 리처드 혼버거(Dr. Richard Hornberger)로 실제로 한국전에서 8055 매쉬 부대, 즉 미 육군 이동

외과병원에서 근무했다. 그는 주인공을 자신과 동일시하여(콜터 26) 텔레비전 시리즈의 주인공의 배역을 맡은 앨런 올다(Allen Alda)의 연기를 못마땅해 했다. 수줍은 성격인 자신을 여자와 놀아나는 사람으로 표현했기 때문이었다.

혼버거는 1968년 17번이나 거절을 당한 끝에 윌리엄 모로우(William Morrow) 출판사에 서 출간 제의를 받는다. 형편없는 인세를 받은 이 소설이 이듬해 영화화되어 큰 성공을 거두자 누구보다 놀랐다.그는 자신의 작품을 영화화하는 대가로 10 만 불을 받았고 시나리오는 링 라드너 2세(Ring Lardner Jr.)가 맡았다. 그는 반정부, 반체제 인사로 유명한 사람이었다. 무려 15명의 감독이 스크립트를 퇴짜 놓고 로버트 올트만(Robert Altman)이 감독을 맡게 되었다. "영화의 메시지는 진부하기 짝이 없었고 순전히 상업적 목적으로 찍었다"고 올트만은 말했다. 영화는 원작이 발표된 지 2년이 안된 시점인 1970년 나왔는데 대성공을 거두어 박스 오피스에서 3600만 불을 벌어들였고 대략 1400만 명의 관객이 들었다(콜터25-7). 70년대 블록 버스터였던 셈이다.내용의 선별과 변경은 상업적 목적에 따라 이루어졌으며 치과의사의 가짜 자살 소동이라든지국회 의원 아들의 응급 수술, 325 후방 병원 팀과의 축구경기에서 벌어지는 소동들과 한 한국 소년, 하우스보이를 자신의 모교로 진학시키려는 피어스의 노력 등의 에피소드를 담고 있는데 TV 시트콤으로 만들어지면서 그 경향은 더욱 심해졌다.

1972년부터 영화의 성공에 주목한 20세기 폭스 사의 회장인 윌리엄 셀프(William Self)는 영화를 TV 시리즈로 만들고 싶어했다. CBS나 ABC가 회의적인 시각으로 망설이고 있을 때 그는 제작비도 얼마 안 돼 별로 손해 볼 것이 없고 "인물도 스토리도 기본적인 상황도 강하기 때문에 좋은 프로가 되리라고" 말했다. 그는 진 레이놀즈(Gene Reynolds)를 감독으로 결정하고 런던으로 가서 래리 젤비트(Larry Gelbert)와 만났다(콜터 26). 그는 코미디

작가로 밥 호프와 대니 토마스(Danny Thomas) 같은 개그맨들과 함께 일했다. 코믹한 상황과 재치 있는 대사를 시트콤에 적절히 집어넣는데 성공했다.

젤버트는 TV 시리즈에 맞게 인물과 내용을 새롭게 설정하던 중 원작의 인물 중 듀크 포레스트(Duke Forrest)를 없애 버렸다.또 처음 시연분(a pilot show)을 위한 원고에서 영화에서 첨가되었던 디쉬 소위도 넣었다가 CBS의 권유로 없애버렸다. 소설의 주인공은 피어스였으나 영화에서처럼매킨타이어가 중심 인물로 되었고 웨인 로저스(Wayne Rogers)가 역을 맡았다.버트 멧캘프(Burt Metcalfe)는 조감독으로서 배우 캐스팅에 들어가 피어스 역으로 뉴욕의 무대에서 유명한 앨런 올더를 선발하고제작에 들어갔다.

젤버트는 시의적절한 뉴스, 특히 월남전 관련 내용을 집어넣었고(콜터 29), 1974년에는 한국의 미군 기지를 방문하여 소재들을 수집했다. 그래서 M*A*S*H의 60%는 극작팀의 연구에서 창조되었다. 97개의 에피소드를 쓴 이후 젤버트는 소재의 고갈로 팀을 떠났고 그 이후는 레이놀즈, 멧칼프가 뒤를 이어 시리즈를 이어갔다. 750개의 스토리가 이어졌고상당수의 에피소드가 취재 내용 중에 가감 삭제되었으며 한국전에 참가한 퇴역 군인들에게서 사실과 다른 역사(a bad history)라는 평을 들었다(콜터 31-3).

3. 희생양과 고기완자 수술

소설의 세 주인공은 이분법적 사고를 가진 인물들로 편을 갈라 아/적을 나눈다. 은연중에 자신들을 전쟁의 희생양으로 여기는데 매일 죽음을 접하며 위급한 상황을 감당해야 하는 중압감과 자괴감 때문이다. 충분치 못한 시간과 장비, 지식과 경험 때문에 고통스러워하고 자신들의 수술을 "고기완자 수술"(meatball surgery:엉터리 수술)이라고 자조 섞어 부른다. 작은 공동체

안에 사회적 구조가 축약되어 들어 있고 권위와 계급, 돈은 이들이 저항하는 가치이며 이들의 충돌이 이야기를 구성한다. 그러나 작가가 깨닫지 못하는 것은 우리/타자의 구도에서 한국과 한국인이 타자화되어 있다는 점이다.

그들은 남의 전쟁에 끼어 들었다는 사실에 낭패감을 느끼고 무엇보다 전쟁의 의미에 회의를 느낀다. 주인공인 피어스의 말대로 "대통령의 초대장을 받아 엉겁결에 끌려든" 전쟁이기 때문이고 인물들은 한국전에 대해서 상당히 유보적인 태도를 보인다. 픽션을 현실과 대응하는 것으로 보기는 어려우나 이 작품이 실제 사건들을 수집해 모아놓은 것으로(MASH, Forward) 보아 인물들의 생각은 거의 사실과 다르지 않았을 것이다. 여러 사가들이 인정하듯 한국전은 이전의 세계대전들과는 다른 성격을 띤 전쟁이었다. 미국은 자기들이 개입된 전쟁은 성전의 성격을 갖고 있다고 믿었다(정연선 33). 그러나 헌팅턴은 한국전쟁이 미국사에서 처음으로 성전(a crusade)이 아닌 전쟁이었다고 평했다. 트루만 정부는 미온적인 태도를 보이면서 남한의 독립을 유지한다는 제한적인 정치적 목적을 세웠고 미국은 현상유지(status quo ante)를 바랐다는 것이다(Huntington 388-9). 이런 클로제위츠식의 제한전 개념은 미국인들에게 낯설고 마음에 들지 않았다고 할 수 있다. 더욱이 한국전은 트루만 대통령의 언급대로 전쟁이 아니라 "국지적 군사 행동"으로 예상됐으나 전쟁의 참혹상은 그 예상을 넘어섰다. 300만 이상의 한국인 피난민이 생겨났고 미군 사망자 33,629명, 부상 103,284, 포로 혹은 실종 5,178명이라는 상황이 발생했다(콜터 234). 작중 인물들은 전쟁의 의미를 물으며 "우리는 미쳤다. 완전히 미쳤다."(89)고 토로한다. 언젠가는 끝날 전쟁이지만 도대체 언제 끝나는지, 왜 싸우는지(89) 아무도 모르는 전쟁에 대해 넌덜머리를 내고 있다.

군의관들은 낯설고 명분을 알 수 없는 전쟁에 개입되어 있다는 생각을 하며 생소한 환경에 소외감을 느낀다. 에이펠(Apel)이 느낀 한국의 혹독한 날

씨는(Preface I) 상징적으로 그것을 보여주는데 대부분의 의사들은 한국이 어디 있는 나라인지 조차 몰랐다(에이펠 3). 지리적 환경 뿐 아니라 군내의 분위기도 낯설게 느껴졌는데 1951에서 52년까지 한국의 8076부대에 외과의로 근무했던 경험을 자서전으로 쓴 에이펠은 솔직히 그곳의 의사나 간호사들이 군대의 규범에 무지하고 훈련이 안된 상태에서 징집되었다고 고백한다(Preface XI). 롭도 한국전에 참여한 병사들이 기계화된 수송수단이나 무기에 의존할 뿐 기초적인 훈련들, 주변 경계, 전투순찰, 참호 구축 등의 훈련이 되어 있지 않았다고 주장한다(Ropp 366).그들은 전쟁에 참가한다는 것은 생각해 본 적이 없는 민간인 의사들이었으므로(에이펠 12) 군대의 분위기가 어색했다. 의사들은 공식적으로는 8시간 내지 12시간 단위로 교대해야 했지만 환자가 "쇄도"할 때는 18 내지 24시간을 휴식 없이 일했고 너무 스트레스를 심하게 받아 3개월만에 로테이션 되는 일도 잦았다(콜터 23).

작품 중에 피어스가 부대에 도착한 첫날 밤 부터 부상자들이 1주일 동안이나 쉴새없이 쏟아져 들어와 두 의사가 녹초가 되도록 일하는 장면이 나온다(10). 정규 스케쥴은 무시되고 서서 생각하고 움직일 수만 있다면 모든 사람이 쉬지 않고 일할 수밖에 없는 상황(23)이다. 중공군이 개입해 공세를 강화하던 2주간에 상황은 더욱 악화된다.

> 그들은 수술 준비실로 갔다. 그곳의 광경은 생애에서 가장 바쁜 날이 기다리고 있다는 것을 알려 주었다. 그들 뿐 아니라 4077 부대원 모두가 더블 내추럴 역사상 가장 바쁜 2주일이 시작 된 것을 알게 되었다. 2 주 내내 부상자들이 실려 오고 실려 나갔다. 모든 외과의와 간호사, 위생병들을 근무가 겹치기도 하면서 하루에 12, 혹 14 혹 16 시간을 매일 일했다. 어떨 때는 24 시간 중 20시간을 근무하기도 했다.(82)

작품 내의 상황은 실제 현실과 흡사했다. 2차 대전 이전에도 군에 의료진들이 투입되었지만 독립부대로서는 한국전에 처음 공식적으로 등장하였다. 기록에 의하면 매쉬에 도착한지 6시간 안에 부상자의 생존 여부가 결정되었고 그 후 24시간을 버텨내면 부상자는 거의 모두 살아났다. 매쉬 부대는 평균 95%의 환자를 구해냈고 1차적인 처치 후에 부상자들은 후방인 오끼나와나 도쿄의 병원으로 이송되었다(콜터 22).

그러나 과로와 중압감에 시달리는 의사들은 자신들의 수술이 때로는 편의적이고 불충분하다는 것을 의식하고 있다. 소설 후반에서 후임 장교로 온 핑컴 대위가 매쉬에서는 고국에서 배운 것은 다 잊고 "고기완자 수술"을 해야 한다고 말할 때(155) 주인공들은 놀란다. 그리고 위급 상황에 대처하기 위한 고육지책으로 유용하다는 것을 증명한다. 핑컴이 장 부상 환자의 수술을 맡아 6시간이나 걸리고도 상복부의 구멍을 남겨 두어 환자가 위독한 지경이 되자 호크아이가 말한다.

> 이게 바로 우리가 하는 고기 완자 수술이야. 이제 그 수술이 자체로 장기라는 거 알겠지. 환자의 완전한 회복을 염두에 두지 않지. 그저 부상자가 여기서 살아나 누군가에게 가서 고쳐지게 하는 거야. 어느 정도까지는 손가락, 손, 팔, 다리에 관심을 두지만 다른 부상 부위가 더 중요하기 때문에 생명을 구하려고 다리를 일부러 희생시키기도 하지. 사실 우리가 다리를 보존하려고 시간을 끄는 사이 다른 친구가 수술준비실에서 기다리다 수술시간을 놓쳐 죽을 수도 있을 때는 다리를 그냥 포기할 때도 있지. (160)

"고기완자 수술"이라는 용어는 저습지 사람들이 늘상 쓰던 것이었으나 결국 임시방편임을 가리키는 것으로 이들을 괴롭게 만든다. 매쉬의 의사들은 본토에서 멀리 떨어져 있으므로 최신 의학정보와 기술에 뒤쳐져있다는 자괴감과 기술적 미흡함 때문에 괴로워한다. 워싱턴의 월터 리드 병원에서 한국에 주둔한 의사들에게 교육을 하러 혈관 외과 교수를 보내기도 하나

(85-6) 이는 그들의 필요에 못 미치는 것으로 전선에서 쏟아져 들어오는 환자를 돌볼 때 도움이 되지 않았다. 병원은 거의 혼돈 자체였으며 온갖 종류의 부상자가 동맥, 폐, 장, 방광, 간, 비장, 콩팥, 후두, 인두, 뼈, 위 등(82)을 다쳐 줄지어 들어 왔기 때문이다. 저습지 사람들은 전공과 관계없이 수술을 감행하며 현장에서 전문가가 되어 갔다. 혈관 부상을 부분적으로 치료한 적이 있을 뿐인 초보들이 목 정맥에서 치솟는 피를 막으려 혈관을 찾다가 피어스의 손가락을 겸자로 찝기도 하며 당황하는 에피소드가 나온다(89). 호크아이는 그 부대에 신경외과 의사가 없어 난감해 하며 듀크에게 "그 과목 좀 들은 일이 있느냐"고 묻고 "약간 들은 적은 있지만 프로라기에는 모자란다"는 대답에 "너는 이제 프로"(82-3)라고 인정하고 수술을 맡긴다.

의학적 지식과 기술 외에도 주인공들은 고립된 상태에서 물질적 정신적 지원의 부족으로 소외감에 빠진다. 혈액이 부족해도 서울로부터 공급되지 않아 자체 내에서 해결해야 하는 사태가 벌어져 자고 있는 의사의 팔에서 채혈을 하기도 한다(91). 매쉬의 인력이 모자라는 것도 일선이 아닌 후방의 정책 결정자들은 모르고 있으며 멀캐이 신부까지 간호 보조로 일하며(88) 지친 의사들은 상관인 헨리 블레이크에게도 수술을 미룬다(당신이 지휘관이지만 남는 인력이 없잖습니까)(92). 새로운 부상자들이 들어 올 때마다 수술과 처치를 계획하고 자기 수술이 끝나면 옆 테이블에서 벌어지는 수술을 보조하고 자기 담당인 수술이 준비되면 그 일을 맡는 식으로 한마디로 부대의 모든 인력과 역량을 총 동원하는 체제로 돌아갔다(86).

여전히 그들이 들어왔다. 배, 가슴, 목, 혈관, 팔, 다리, 눈, 고환, 방광, 척추 등에 총을맞고서. 승리와 패배. 삶과 죽음. 초기에 모든 외과의 특히 저습지 사람들은 큰 변신을 겪었다. 간혹 술을 마시고 불평을 많이 했지만 대홍수기가 오면 방황하는 한가한 술고래가 아닌 유용한 인간으로 돌아가 완벽하고 효율적인 전투 부대가 되었다. 좋은 일이었지만 지나친 일이었다. 2주가 지날 때쯤 전부 지치고, 충혈 된 눈에, 기진맥진하고 신경질을 냈다. 그들의 반사 신경은 둔해졌고 판단이 가끔 흐려졌다.(88)

극단적인 피로와 정신적 긴장 때문에 의사들은 우울증에 걸렸고 특히 중공군의 대 공세인 대홍수기(The Deluge) 이후 환자들이 죽어나가자 자책감에 괴로워하며 울기도 한다(100). 유쾌한 문제아들인 주인공들이 너무 지치고 낙담하여 문제를 만들지도 못하는 상황이 벌어진 것이다(100). 그들은 상황에 갇혔다고 느끼며 환자는 치료를 받아 낫지만 자기들은 치유될 방법이 없다고 생각한다. 죽음 같은 피로에 덧붙여 잦은 이동은 부정적 감정들을 불러일으켜 인간관계에 불화를 조성한다.

> 기쁨이 없었다. 그들은 너무 피곤했다. 사실 기진맥진했고 진이 빠져 저습지 사람들은 잤다. 6시가 오고 가고헬기가 오지 않자 8시까지 잤다.(91)

극도의 긴장 상태에서 매쉬 부대는 이름 그대로 자주 이동했다. 한국에 주둔했던 의료진은 910명의 예비군 의사들과 686명의 치과의들이었고 4077병원의 실제 모델이었던 8055부대는 200 병상과 10명의 의사, 12명의 간호사들로 이루어져 있었고 어떤 부대는 33번이나 천막과 퀀셋을 옮겼다(콜터 22-3). 의사들은 인간성 상실의 위기를 느끼며 자아를 유지하려 애쓴다.

> 이런 환경에서 오래 살면 사람들을 사랑하거나 미워하게 되지. 우리는 운이 좋았어. 나는 모르겠어. 앞으로 내 인생에 이런 일이 다시는 일어나지 않으리라는 것밖에는. 가족 빼고는 그 막사에서 우리처럼 가깝게 지낼 사람이 없겠지. 어글리하고 데이고, 그리고 다른 사람들하고도 가까웠지. 이런 일이 있어서 기뻐. 그리고 그 일이 끝나서 더 기뻐.(167)

제대하여 미국으로 돌아가는 길에 호크아이가 털어놓는 말 속에 다시는 이런 상황에 놓이는 일이 없기를 기대하는 심경이 담겨 있다. 한국에 온지 18개월인데 마치 어제 일 같다고 듀크는 토로하며 "우리는 우리 일을 완수했고 부끄러울 게 없다"(169)고 자위한다. 그렇지만 "지난 18개월 동안 사람을 안 죽이기는 오늘이 처음"(170)이라는 말 속에는 그의 자괴감이 담겨 있다.

4. 구세주 이미지 : 휴머니즘과 이분법적 사고

전쟁문학에 대한 담론은 전쟁이 엄청난 활력과 상징적 에너지를 작가들에게 제공한다는 점에서 존재의의가 있다(Jeffrey Walsh 2). 한 예로 전쟁 중에도 수많은 사회적 정치적 토론과 논의를 낳았던 월남전 이후 작가들은 미군의 경험을 다시 규정하며 공적으로 명문화하려 애쓴다. 전쟁은 우리 시대의 비극적 비전, 커다란 역사적 반전(peripeteia), 내러티브를 연출해낸다. 샐리는 톨스토이의 전쟁관을 그의 작품에 근거해 분석하면서 애국심의 신화를 제거해버리면 모든 전쟁 계획과 준비는 그 불합리를 드러낸다고 전한다(Gallie 123). 전쟁 소설에서 주인공들은 대개 실존적 상실감과 방향 상실, 희생의 의미 없음을 느껴 허무주의적 인식에 이른다(월쉬3-4). 또한 내용상 인종적 긴장감을 극화하거나 사회적 불의가 부각되기도 한다. 주인공은 대개 젊은 병사로서 기존 질서의 불합리함에 저항하며 성장하는 성장소설(Bildungsroman)의 주인공의 면모를 보이기도 한다(5).

『매쉬』의 인물들은 의료업무가 우선 되는 이동병원에서 근무하기 때문에 직접적인 전투 장면에 참가하지 않는다. 존 마시 식의 구분을 따르자면 이 작품은 "주요 인물들이 전투원이건 비 전투원이건 소설 전체를 통해서 군사적인 역할을 수행하는 것을 묘사한" 군대 소설이라기보다는 "어떤 형태로든 전쟁에 의해 영향을 받는 모든 사람들을 묘사한" 포괄적 의미의 전쟁 소설이라고 보는 것이 옳다(정연선 6 에서 재인용).

소설의 주요 인물은 세 명의 외과의사로 피어스, 일명 호크아이(Hawkeye)와 조지아의 포레스트 시 출신인 남부 신사 어거스터스 베드포드 포레스트(Augustus Bedford Forrest), 트래퍼 매킨타이어(Trapper McIntyre)이다. 그들은 정의감에 바탕을 둔 휴머니즘을 견지하는 인물들로 그려진다.

15장으로 이루어진 이 작품에서 각 장의 구조들은 거의 동일하다. 갈등을 일으키는 인물과 상황들이 나오고 그에 대한 주인공들의 대응이 있으며 갈등의 원인을 제거한 뒤 상관인 블레이크(Blake) 중령의 애정 어린 질책을 듣고 사태는 해결된다.

인물들은 이분법적으로 구분된다. 화자는 저습지사람들(우리)/ 그들을 선명하게 나누어 그들을 비판하는데 에피소드 식의 구성 탓에 인물의 인식과 변화가 없이 그려져 고정된 구도를 유지한다. 주인공인 저습지--6호 막사--사람들의 주변에 그들의 사고와 행동에 동조하는 인물들이 한 묶음으로 묶여있다.

위선 없이 인간을 사랑하는 마음으로 성실히 일하는 사람들로 마취 전문인 존 블랙, 치과의사인 월터 월도우스키(Walter Koskiusko Waldowski)가 있다. 주기적으로 우울증에 시달리는 월터를 구하기 위해 주인공들은 그에게 가짜 약을 주어 죽은 뒤 살아나는 것처럼 꾸몄다.

신부 존 패트릭 멀케이는 종교인 중에서 이들이 신뢰하고 의지하는 유일한 사람이다. 허위의식으로 가득찬 홉즈와 달리 직업의 신성함과 지혜를 겸비한 사람으로 세 주인공들과 어울리며 위로를 주고(24) 위급한 상황에서 부상자 곁에서 그들을 돕는데 신비한 효험을 볼 때도 있다(25).

상관 중에 아버지 같은 가부장적 권위를 가진 블레이크는 이들의 중요성을 인정하고 형식보다는 실질적 내용을 중시하는 합리적인 인물로 그들은 친밀한 정서적 유대 관계를 맺는다. 사적인 자리에서 상관을 이름(Henry)(12)으로 부르고 블레이크 중령도 그들을 친근하게 대한다(12). 헨리는 저습지 사람들의 장난기 때문에 어려움을 겪지만 그들의 헌신과 희생을 높이 평가한다.

헨리와 반대로 훌리한 소령은 권위주의자이며 허위 의식으로 가득 차 있다. 저습지 사람들은 여성 상사인 그녀에게 저항하며 조롱한다. 그녀는 부임하자마자 호크아이의 행동에 대해 비판하는데 사병들이 그를 별명으로 부르는 것을 이상히 여기며 "그런 친근성은 대단히 부적절하다"(46)고 지적한다. "어떻게 당신 같은 사람이 의무부대에 책임 있는 자리에 오게 됐느냐"(46)는 질타는 대사로 처리되어 TV 시리즈에 그대로 인용되었다(콜터 22). 호크아이는 "당신은 정규육군광대의 여성판본"(46)이라고 비꼬고 자기와 부하들에게 상관하지 말라고 일침을 가한다.

또 다른 권위주의자이며 규율을 중시하는 드롱(DeLong)은 경원의 대상이된다. 헨리 블레이크가 동경에 소환되어 가 있는 동안 그를 대신해 부대장으로 드롱이 와 있을 때 세 사람은 정신 이상인 척하여 서울로 가서 정신과 진료를 받으며 그를 피한다.

상사 뿐 아니라 동료 의사들 중에도 경원의 대상이 있다. 위선과 책임 회피와 잘난 척하는 태도는 저습지 사람들이 가장 혐오하는 것이다. 부유한 의사 집안의 아들인 프랭크 번즈(Frank Burns)는 권위에 익숙한 사람으로 자신의 실수를 부하에게 돌리며 비겁한 행동을 하다 본국으로 쫓겨간다.

주인공들은 종교적 위선에 저항하며 호크아이와 듀크를 위해 기도한다는 홉즈 소령에게 무례하게 군다(종교에 사로잡혀 계시군요)(11). 둘은 비번일 경우에도 수술준비실에 머물러 있기를 강요하는 홉즈에게 저항을 느껴 그를 막사에서 내보내기 위해 블레이크 중령을 찾아간다(14). 종교와 군대 질서로 억압하는 홉즈는 젊은이들이 거부하는 기성 세대의 가치를 대표하는 인물로 "마음에 안 들뿐 아니라 우리의 사회적 성장을 방해한다"고 여겨진다(11). 악수하기 좋아하는 목사 새미(Shaking Sammy)는 환자의 상태를 살펴보지도 않고 부상병들의 집으로 엉뚱한 편지를 보내다가 가짜 화형식을 당한다(27-8).

사회적 특권 계층의 행태에 비판의식을 보이기도 하는데 트래퍼는 국회의원의 아들의 폐수술이 긴급한 것이 아니었음에도 전문의인 자기를 일본까지 부른 것에 분노를 느낀다. 간단한 수술을 45분만에 해치우고 둘은 고쿠라 오픈에 참가하며 이를 질책하는 상관에게 과도한 충성을 빌미로 오히려 겁을 준다(몇몇 의원들에게 다 불어 버릴 겁니다)(70).

주인공들이 정의감에 입각해 현상을 바라보고 행동하는 것이 보편적인 휴머니즘에 합당한 것으로 보이나 그들의 이분법적 사고는 우리/ 그들의 구도에 빠질 수 없는 존재로 약하고 무지한 한국인을 전제하고 있다. 작가는 그것이 이미 타자로 규정하고 관용을 베푸는 대상으로서의 타민족이라는 사실을 직시하지 못하는 것 같다. 타자들은 말이 없으며 무력하게 그려지고 타자의 문화는 고려되지 않는다. 자족감을 만족시켜주는 대상일 뿐이다. 타자의 대상화를 통해 만족을 추구하는 지배적 욕구가 무의식적으로 드러난다고 볼 수 있다. 주인공들은 "gooks"라는 말로 적군을 부르는데 이는 동양인에 대한 비하적인 지칭이며 중국인을 비하해 chinks라고 부르는데 주저함이 없다.

『매쉬』에서 우리가 유의해 보아야할 점은 배경으로 채택된 전쟁터로서의 한국전 뿐 아니라 한국인의 이미지이다. 등장하는 한국인은 하우스보이와 포주, 창녀들이다. 호전을 제외하고는 대부분 생생한 인물로 구현되지 않는다. 내러티브에서 요약 전달되는 상황이나 사건에 끼어 있을 뿐이다. 그 중 인물로서 등장하는 사람은 하우스보이인 호전(Ho-Jon)이 유일한데 장교들이 벌이는 소동들 중에 휴머니스트적인 면모를 유감 없이 발휘하는 대상이다. 그는 일방적으로 시혜를 받는다. 그는 어리고 힘이 없으며 저습지, 즉 6호 막사의 세 의사를 세상에서 가장 위대한 존재로 알고 있다. 호크아이는 부상당한 그를 구해낼 뿐 아니라 트래퍼와 함께 장학금을 모금하여 미국으로 유학을 보낸다. 이 에피소드는 여러 갈등 중에서 윤리적 타당성을 인정받는 것으로 선호되어 영화에서도 TV에서도 재현되었다. 미국인의 자부심을 만족시켜 주고 전쟁의 대의에 크게 공감하지 못하는 정서적 미진함을 보상하기 때문이었을 것이다.

작가는 메시아인 예수의 이미지를 차용한다. 이는 의식적이든 무의식적이든 세상을 구한다는 개념을 담고 있다. 17살이 되어 징집된 호전은폐에 폭탄이 깊이 박히는 부상을 당해 매쉬로 이송되고 의사들의 헌신적인 노력 끝에 회복된다. 이후 그가 호크아이의 모교인 안드로코긴 의대에 진학할 수 있도록 장학 기금이 조성되는데 긴 수염과 장발의 트래퍼가 예수와 닮았다는 것에 착안하여 그의 사진을 1달러에 팔아 무려 6500$을 마련한다.

신부가 찍은 사진 중에 우연히 긴 수염에 장발을 기른 사냥꾼 존이 예수와 닮았다는 사실을 발견하자 듀크는 털복숭이 원숭이 같다며 그 얼굴이 예수라면 자기는 부처 흉내를 내겠다며 야유하지만(56-7) 호크아이는 그 모습을 이용해 돈을 모으려고 계획한다. "그의 사진을 근사하게 뽑아서 1장에 1불씩 파는 거야. 그리고 몇 번 친히 모습을 드러내는 거지"(57). 그들은 부대 사람들이 재미 삼아 기념물로 살 것이라 예측한다.

모금을 위해 다른 부대로 갈 때 트래퍼는 아예 예수의 모습을 연출한다. 그는 트럭 뒤에 세운 십자가에 묶여 거의 벌거벗고 머리는 산발을 한 채 매달렸다. 호크아이는 "우리 하우스보이를 대학에 보낼 돈을 모금한다고 밝히고 1$에 인자이신 그 분 자신, 아니 거의 비슷한 그분의 자필 서명된 사진을 사라"고 애원했다(58). 사진에는 모두 지저스 크라이스트라고 서명되었다.

마지막 소동은 3000장을 팔고 부대로 귀환 한 후였다. 허리까지 옷을 늘어뜨린 바짝 마른 트래퍼를 수송 헬기에 매달고 병사들이 모인 곳을 찾아간다. 때맞추어 밝은 섬광탄이 터지는 바람에 효과는 100퍼센트로 나타나고 (58-9)그들은 사진을 다 판다. 부대원들이 트래퍼 J. 지저스 크라이스트 매킨타이어라고 서명된 사진을 열광적으로 사 주었기 때문이다. 호크아이의 계획은 성공했고 자기 아버지에게 편지를 써서 호전을 맡아달라고 부탁하고 학장에게 호전의 입학을 부탁한다.

호전은 단 한 문장 "알아요. 블랙 대위님"(I know, Captains Blacks)(54)에서 모습을 직접 드러낸다. 독자는 블레이크를 블랙으로, 명사마다 s를 붙이는 형편없는 영어를 듣게 된다. 이 버릇이 나중에 고쳐졌고(55) 장교들의 호의에 힘입어 호전은 제대하고 1952년 9월 10일 미국에 도착한다(60). 그는 지옥 같은 전쟁터에서 구원을 받은 것이다.

야만의 나라의 구원해야 할 존재들로 한국인들이 그려지고 있다는 것은 의심의 여지가 없다. 호전이 긍정적인 모습을 가진 청년인 반면 사창가의 미세스 리가 운영하는 사창가에 간질 발작을 일으킨다는 창녀는 그저 소문일 뿐 우리에게 한번도 보여지지 않는다. 엄청난 인기를 끄는(121) 그녀에 대한 소문은 한국을 상징적으로 암시하는 이야기의 배경막 구실을 한다. 그녀를 소유하고 있는 사람은 미세스 리이다. 미세스 리는 모든 여자를 세 부류로 나누어 판다.

    미세스 리는 자기 애들을 "아아주 깨끗하다(velly clean)"고 말했다. 게다가 세 부류로 나누었는데 영화배우, 체리 소녀, 그리고 학교 선생이었다. 소녀의 지위는 미세스 리가 손님의 욕구 수준에 맞추어 빈틈없이 계산되어 결정되었다.(120)

포주를 중심으로 성을 사고 파는 일이 작품에 나오는 유일한 한국인의 행동이다. 그러므로 등장하는 한국인들은 이름 없는 창녀들뿐이다. 호크아이와 듀크가 4077 매쉬 부대를 찾아 갈 때 처음 마주친 것은 의정부의 진창길에 형성된 초라한 마을이며 거기서 파는 가장 인상적인 물건은 차내 서비스 사창가였다. 대 여섯 채의 초가집들이 "북경까지는 더 이상 없다"(5)는 간판과 성조기를 달고 영업하고 있다.

5. 끝내는 말

『매쉬』의 스토리는 전선에서 3마일 떨어진 철원의 저습 지대(Swamp)의 육군 외과병원을 배경으로 삼고 있다. 그러나 이 작품에서 우리는 한국을 볼 수 없다. 서울, 의정부, 영등포, 임진강 등 몇 개의 지명과 호전, 미세스 리라는 인명이 나올 뿐이고 한국인의 모습을 직접 보는 것이 아니라 화자에게 듣게 되고 전시의 극단적인 가난과 피폐함은 내러티브의 희미한 배경처럼 드리워져 있다. 호크아이와 듀크가 부대를 찾아가는 도중에 보게 된 길가에서 요란한 차림으로 호객하는 창녀는 비 오는 날의 진창길과 마찬가지로 이야기의 기후이며 지형일 뿐이다.

작가가 형상화 과정에서 주제의 깊이나 예술적 완성도를 성취하지 못한 것은 그의 역량의 한계라고 쳐도 그의 소설이 모체가 되어 엄청난 영향을 주며 한국에 대한 견해를 심어 주었다는 면에서 간과하기 힘든 작품이다. 미국인들은 당시 진행 중인 월남전에 참가한 그들의 아들, 남편, 친구를 생각하며 책을 보고 TV를 보았을 것이다. TV시리즈는 1972년 9월 방영되기 시작했을 때 큰 호응을 받지 못했지만(콜터 29) 이듬해부터 영화보다 더 큰 성공을 거두었고 매주 3000만이 넘는 시청들이 채널을 맞추어 이 희비극을 울며-클리넥스 통을 들고-감동하여 보았다(콜터 21). 1973년 에미상을 필두로 매년 골든 글로브, 작가 조합상, 피바디상 등을 휩쓸며 성공한 시트콤이 되었다. 그러므로 한국은 어떤 나라와 바꾸어 놓아도 상관없는 배경으로서의 역할을 할 뿐이었다.

　순리(Soon-Lee)와 맥스 클링거(Max Klinger)와의 결혼으로 끝나는 TV 시리즈의 내용과 영화에 대한 연구가 이어지면 매쉬라는 상징어가 담고 있는 한국과 한국인에 대한 담론을 총체적으로 점검할 수 있을 것이다.

참고문헌

Apel Otto F. Jr. & Pat Apel, MASH, Lexington: Kentucky UP, 1998.

Von Clausewitz, Carl, On War. trans. & eds. Macheal Howardand Peter Paret.New Jersey: U of Princeton, 1976.

Gallie, W. B, Philosophers of Peace and War: Kant, Clausewitz, Marx, Engels and Tolstoy. Cambridge: Cambridge UP, 1978.

Hooker, Richard, MASH, New York: Pocket Books, 1970.

Huntington, Samuel P, The Soldier & the State: The Theory and Politics of Civil-Military Relations. Cambridge: The Belknap P of Harvard UP, 1981.

Kalter, Suzy, The Complete Book of M*A*S*H. New York: Harry N. AbramsInc., 2000.

Ropp, Theodore, War in the Modern World. London: Cambridge UP, 1959.

Walsh, Jeffrey, American War Literature: 1914 to Vietnam. London: Macmillan P, 1982.

정연선, 『미국전쟁소설: 남북전쟁으로부터 월남전까지』 서울: 서울대학교 출판부, 2002.

楊朔의 韓國戰 參戰文學 硏究
― 〈三千里 江山〉을 중심으로 ―

趙大浩 *

I. 序論

    1952년 楊朔(1913~1968, 山東省 蓬萊人)의 장편 소설「三千里 江山」이 『人民文學』10期~12期에 걸쳐 연재된 후 다음 해 3월 北京의 人民文學出版社에서 단행본으로 출판하였다. 이 작품은 중국의 철도 노동자들로 구성된 '抗美援朝'부대가 1950년 겨울 압록강을 건너 한국 전쟁에 참전하면서 겪은 내용을 소재로 하여 씌어졌다. 이 작품이 발표되기 전까지 楊朔은 단편소설이나 산문 등 단편적인 글을 많이 써 왔지만, 이 작품의 발표로 비로소 장편소설가의 반열에 오르게 되었다.

    한국 전쟁이 발발하자 중국은 1950년 10월 19일「人民中國」誌의 특파원으로 徐遲를 파견한 데 이어 巴金을 단장으로 여러 명의 문인을 한국에 파견하였지만 그 때까지도 문단에서는 새로운 수확을 거두지 못하고 있었다. 따라서 이 작품이 발표되자 일부에서「새로운 수확」으로 평가되어 부분적인 환영을 받았다.

---

    * 청주대 교수, 주요 저서로『곽말약시와 중국혁명정신』(청주대학교 출판부) 등이 있다.

이 작품은 한국전에 참가한 한 문인의 눈으로 전쟁에 임하는 중국의 의도가 어디에 있는지를 나타내 주는 것이기도 하다. 작품의 소재가 한국 전쟁이고, 우리의 국토에서 씌어진 작품이기 때문에 필자는 특별한 관심을 갖고 이 작품을 대하게 되었다. 작품성은 비교적 낮은 것으로 평가하면서도 여기에서 중국 지도층의 의도를 엿볼 수 있었고, 이 작품이 갖는 역사성과 정치성을 중요시하여 일차적인 연구를 하게 되었다.

본 연구는 人民文學出版社에서 출간된 1953년판을 底本으로 하여 1978년 6월에 인쇄된 제24차 인쇄본을 텍스트로 하였다. 필자는 이 작품을 대하면서 사회적 여러 현상이 문학적 문제를 조명해 줄 수 있을 뿐 아니라 사회 문제에 대한 이해 없이는 문학에 대한 완전한 이해가 불가능하다고 생각하고 문학이 사회 구조에 어떤 영향을 미칠 수 있는가도 관심을 갖게 되었다. 그러므로 본 연구는 이 작품이 생성된 중국내의 여러 가지 정치 상황과 사회상을 살펴보지 않을 수 없었고, 사회주의 국가내의 계급과 집단 사이의 갈등이나 개인간의 갈등이 통치자의 의도에 의해 나타난 문학을 통해 어떤 방식으로 합의점에 도달하면서 통제되는가 역시 나의 주요 관심사항이었다. 이 작품은 우리에게 생소하기 때문에 작품에 나오는 주요 인물의 성격 분석과 줄거리를 소개한 후 이 작품을 통해 작가의 창작 의도가 어디에 있는지를 살펴보겠다.

II. 創作 背景

1. 大衆 運動

1949년 중국정부가 탄생되면서 중국은 大衆動員이라는 운동방식으로 사회주의 국가를 건설한다. 특히 중국공산당의 대중운동은 群衆路線으로 美

化되어 정치적 실천과정에 나타났다.당 지도자 毛澤 東이 黨 활동의 가장 중심부분을 群衆路線으로 인식하며 대중운동이 갖는 위력을 최대한 활용하고자 노력하였다. 이것은 혁명목표를 달성하기 위해 전개되는 대중운동은 군중을 위하고 군중 속에서 나와 군중 속으로 들어가야 하기 때문에 군중의 발의에 의해서 나오고 또 이것이 군중에 수용되는 절차를 밟아야 한다. 그러므로 중국 공산당은 혁명활동을 전개할 때 이 운동은 人民과 일체가 될 수 있고, 정책 수행과정에서 봉착할 수 있는 여러 가지 어려움을 극복할 수 있을 것이라고 생각했다. 그러므로 대중운동으로 나타난 群衆路線은 당지도부와 당원의 실천이 옳고 그름을 검증할 수 있고, 그 기준에 의해서 당은 간부와 당원을 통제할 수 있었다. 헌법이 제정되기 전부터 주요 정책은 법적 절차에 의해서 이루어진 것이 아니라 超法的인 대중운동의 방법에 의해 강행되어졌다.

중국의 이러한 군중운동은 비합법적 통치력을 군중의 이름으로 정당화 될 수 있지만 군중을 동원하여 지도자의 의도대로 긴장 상태와 열광 상태를 조성하여 정치적 목적을 달성할 수 있다. 이러한 운동방식은 당 조직이나 국가의 행정 뿐 아니라 사회단체나 문예까지도 특정 목표를 쉽게 달성하기 때문에 공산당 정권하에서는 쉽게 동원되고 있다.

중국은 정권수립 초기 이러한 대중 운동의 방식으로 군중운동이란 이름 하에 '반혁명 잔당'을 일소하려는 정책이 수행되었다. 國共內戰期에 국민당 정부군이 공산군에 패했지만, 그 잔여세력은 중국의 변방으로 흩어져 저항을 계속했기 때문에 공산당의 입장에서 보면 反革命 잔재의 일소는 필연적이었다. 이러한 反革命 세력을 일소하고 사회주의 건설에 인민을 동참시키는 일이 중국공산당에게 주어진 최대의 과제였다.

규모면에서 가장 큰 대중운동의 구체적 사례는 1950년에 실시한 토지개혁과 반혁명활동의 진압에서 나타났다. 종전에 시행한 토지개혁은 혁명전략의 완수를 위한 전술적 성격이 강하게 나타나 있다. 즉 地主에게 타격을 가해 그들을 고립시키고 富農을 중립화 시킨 후 雇傭農이나 貧農으로 하여금 대중운동 방식으로 계급투쟁을 전개하여 地主를 소탕시키는 것이다.

한국전쟁이 발발한 직후인 1950년 6월 30일에야 토지개혁법이 정식으로 선포되었지만 이것은 어디까지나 정권 수립초기 내부적 긴장상태를 조성하여 혁명의 완수라는 당 지도부의 정책판단이었다. 이러한 토지개혁은 한국전쟁이란 외적 긴장상태를 이용하여 군중을 동원하고, 투쟁을 통해 토지개혁을 완수할 수 있었다. 이것은 또한 지주와 부농을 소탕함으로써 절대다수인 토지세력을 얻을 수 있었고, 봉건세력을 일소할 수 있는 능력을 검증받은 셈이었다.

2. 思想改造運動

중국 정부가 탄생된 후 중국인들에게 주입될 통치이념은 모택동 사상이었다. 이것은 사회주의 혁명을 완수하고 강력한 사회주의 국가의 건설에 밑바탕이 되는 사상이었다. 그러나 지식인들은 대부분 지주들의 자손이거나 도시의 소시민 혹은 자본가들이었기 때문에 중국공산당의 시각에서 볼 때 그들은 청산대상이거나 자신의 진영으로 포섭해야 될 대상이었다. 그러므로 국가 수립 직후부터 지식인의 청산과 사상개조는 필연적이었고, 이것은 1950년대부터 서서히 나타나기 시작했다. 한국전쟁으로 야기된 긴장 상태를 애국 운동으로 전환시키는 데 성공한 毛澤東은 지식인들의 머릿속에 뿌리 깊이 박혀 있는 親美사상을 씻어내는 일이 급선무였다.

1951년 1월 12일 全文 8개조로 된「失業知識人 처리에 관한 보충지시」를 공포하였다. 이 지시는 지식인에 대한 정부의 적극적 지원을 내용으로 하는 것이었으며, 지식인들의 호감을 얻고 그들을 포섭하고자 하는 정책적 고려가 크게 작용한 것이었다. 그 뿐 아니라 중국 공산당은 '抗美援朝'운동으로 고조된 지식인들의 애국열을 의식적으로 높이 평가하여, 애국서약 운동, 무기헌납 운동, 의료반의 한국전 파견, 위문단 조직 등 일련의 대중적인 「抗美援朝」운동을 적극적으로 추진하고 선도하는 역할을 지식인들이 맡도록 함으로써 공산정권에 대한 그들의 지지와 협력을 확보하려고 도모하였다.[1]

지식인에 대한 사상개조 운동은 영화 武訓傳으로부터 시작되었다. 이 영화는 孫瑜감독에 의해 만들어져 1950년 12월 상영되었고, 대단한 호평 속에 전국을 순회하며 상영하였다. 이 영화를 본 郭沫若 등 문예계 인사들의 호평과 武訓이 민중교육의 영웅으로 추앙되었음에도 毛澤東은 이 영화를 反革命的인 것으로 폄하하였다. 그리고 1951년 5월부터 人民日報가 주도하여 이 영화에 대한 비판 운동을 전개하였다.

武訓은 淸末 山東省에 살았던 사람이다. 빈농 출신인 그는 가난한 사람들을 위해 거지 행각을 하면서 번 돈으로 학교를 세운다. 그러나 毛澤東이 武訓의 학교 설립 자체가 빈농과 지주 사이의 모순을 혁명적 방법으로 해결하지 못하고 농민의 투쟁의지를 약화시켰다고 보았다. 지주에 대한 대중 투쟁 운동과 武訓의 활동 자체가 모순되기 때문이었다. 그러므로 '武訓傳' 비판 운동을 농민의 투쟁 의식 고취 뿐 아니라 지식인들의 사상개조 운동으로 활용하였다. 특히 교육계에 종사하는 교육자의 사상개조 운동에 많은 노력을 기울였다. 교육 義人으로 칭송받던 武訓을 위선적인 교육자로 비판하고, 그의 계급성을 폭로하고, 이것을 학생과 대중들에게 주입시킴으로써 사회주의 사상의 우월성을 주입시키려 노력하였다. 각급 학교에서의 개별적인 사상검토 작업과 그룹 토의를 통해 사상검토 운동이 시작되었다. 사상개조가

---

[1] 金河龍, 『中國政治論』, (서울:博英社,1985), P.159.

필요한 교사들은 군중과 학생들 앞에서 자아 비판을 하고 군중 비판을 당하는 대중모임이 전국에서 일어났다. 이 과정에서 정부 당국이 특히 심혈을 기울인 분야는 대학의 저명 교수에 대한 사상개조 운동인데, 이 운동은 가혹하고 철저하게 이루어졌다. 사상개조가 불확실한 교수나 문인들은 본인의 의지와 관계 없이 검토와 비판의 대상으로 낙인 찍혀 노동 개조의 현장인 농어촌이나 탄광으로 보내져 反혁명 분자로서 철저하게 감시와 통제를 받아 사상을 개조시켜야 했다.

3. 韓國 戰爭

1950년 6월 한국 전쟁이 발발하자 중국은 인접국에서 촉발된 국제적 긴장상태를 국내문제 해결에 이용할 수 있는 기회로 맞게 된다. 1950년 6월 27일 美 트루만 대통령이 臺灣 방위를 명령하자 6월 30일 중국은 '中國人民美國侵略反對委員會'를 조직하여 거국적인 反美운동을 전개하기 시작했다. 아울러 同年 7월 23일에 공포한 '反革命活動鎭壓'에 관한 指示를 공포하여 국민당 정부군의 잔여 세력을 소탕하고, '반혁명 분자'를 색출하는 대중운동을 전개하였다. 왜냐하면 한국전쟁의 발발로 대륙 내에 있는 국민당 정부군의 패잔 세력과 反혁명 세력들이 다시 활동할 수 있는 기회를 주기도 했기 때문이다. 그러므로 중국의 공산정권은 내부의 적을 소탕할 수 있는 절호의 기회로 맞이하였다.

1950년 10월 1일 중국은 한국전에 개입하기를 결심하고 '抗美援朝,保家衛國'을 명분으로 대중운동을 전개하기 시작했다. 그들은 '中國人民支援軍'의 이름으로 '人民解放軍'이 1950년 10월 19일 압록강을 넘어 한국 전쟁에 참전하였다.

'抗美援朝總會'가 조직되어 전국으로 그 조직이 확대되었고, 이 기구를 통하여 전국 각 도시에서 대규모 군중 집회가 매일 열렸다. 물론 이 운동에서 드러난 목표는 애국운동이었다. 미국과 대항하여 북한 공산정권을 돕는 것이 바로 '保家衛國'이고, 한국전 개입은 과거의 血盟을 돕는 것이기 때문에 소련을 위시한 사회주의 국가의 단합과 원조를 얻을 수 있다고 생각하였다. 지원군에 참가한 청년과 학생은 그 수를 헤아릴 수 없었고, 지원군 모집 소개가 있자 각급 학교 학생들은 서로 앞을 다투어 그들의 '성스러운' 대열에 동참하려고 한 것은 당시의 상황을 목격한 중국인 교수의 설명이었다.

軍役을 담당할 능력이 없는 자는 輸送隊와 擔架隊를 조직하여 戰線에서 수송을 맡았고, 의사는 의료대를 편성하여 야전병원에서 부상병을 돌보았다. 후방에서는 각계 각층의 무기 헌납운동, 위문품 헌납운동이 전개되는가 하면, 또 다른 한편으로는 전선으로 물자 공급을 원활하게 하기 위한 애국증산 운동이 그 범위를 확대해 나갔다. 中日전쟁, 國共 내전의 오랜 혼란 속에 중국 民衆의 내면에서 퇴색해 버린 민족의식을 한국전쟁을 이용하여 다시 각성시키고, 아울러 그 여세로서 신생 중국체제에 대한 민중의 지지도를 크게 높이자는 데 중국 지도층의 의도가 있었음이 분명하였다.[2]

'抗美援朝'운동은 대중운동을 통해 중국인들에게 애국열을 고조시켰고, 민족의식을 고양시키는 애국운동으로 발전됨에 따라 중국 공산당은 反혁명 분자의 숙청 뿐 아니라 反정부적 경향을 띤 민중의 불평과 불만을 봉쇄하는 기회로 삼게 되었다. 농촌에서는 愛國增産운동으로 전개되어 증산의 목표가 설정되고 大衆의 경쟁 속에 한국 전장에서 물자의 대량 소모가 있었어도 1953년부터 중국 경제는 회복기를 맞아 새로운 경제건설 단계의 진입이 가능하기도 했다. 즉 '抗美援朝' 운동이 공장과 농촌의 생산성을 크게 자극시

---

[2] 金河龍, 위의 책, P.150.

킬 수 있었다.

그러나 여기에서 파생된 당 간부와 정부 관리의 부패를 처리하기 위해 그들에 대한 整風 운동을 불러 일으켰다. 黨, 政, 軍 간부들은 부패와 연루되어 대중으로부터 유리되고, 혁명으로부터 이탈하는 현상이 발생한다. 중국은 이들에 대한 숙청작업을 감행하지 않을 수 없게 되었다. 그 구체적인 사례가 '三反운동'이다. '反貪汚, 反浪費, 反官僚主義'를 내걸고 정부와 군뿐만 아니라 당 간부에게도 숙청작업을 감행하며 사회주의 건설에 박차를 가하게 되었다.

Ⅲ. 作品 內容

1. 構成

이 작품은 총 12만자로, 프롤로그와 에필로그, 작자 후기를 제외하고 총 18段으로 이루어진 장편소설이다. 1950년 6월 25일 북한의 남침으로 한국전쟁이 발발하자 中國은 '抗美援朝'운동을 전개하여 한국전에 참전하였다. 이에 따라 중국의 철도 노동자들이 '朝鮮支援大隊'를 조직하여 한국전에 참전한 후 겪는 이야기가 이 작품의 내용이다. 프롤로그에서는 1950년 8월 북한의 한 농촌에서 7세 된 손자와 70세 된 할아버지의 무궁화에 대한 이야기로 시작된다. 제2단에서 압록강 북단 철도공 姚長庚의 한국전 참전 이야기로 이어져 정치위원 武震이 '援朝大隊'를 조직하여 압록강을 건너게 된다. 이하 제18단까지 중국 철도 노동자로 구성된 인민지원군 대대가 북한에 파견되어 북한인과 일체가 되어가는 과정, 북한군의 지원 상황, 다섯 차례의 승리, 한국전을 바라보는 중국인의 자세 등을 쓰고 있다. 중국인의 주된 시각은 작가의 표현대로 "조국과 인민, 평화에 대한 지원군의 사랑과 국제주의와 애국주의 정신"3)으로 나타난다. 이러한 주제를 나타내기 위해 작가는 영웅적 인물을 형상화시키고 있다. 작가는 영웅에 대해 "神이 아닌 인간으로 우리와 같은 사람" "영웅은 보통 사람에서 키워지는"4) 사람으로 이해하고 있다. 이러한 관점에서 작가는 '사랑'과 '생명'의 양면에서 영웅을 형상화시키고 있다.

여자 교환원 姚志蘭과 열차 기관사 吳天寶는 바로 '사랑'의 각도에서 그려지고 있다. 姚志蘭은 '抗美援朝' 운동에 참가하기 위해 결혼까지도 포기한다. 그는 '保家衛國'을 위해 사사로운 사랑을 던져버리고, 약혼자 姚志蘭에게 "나를 사랑하는 마음으로 조국을 사랑하세요",5) 그리고 그는 조국을 사랑하며 영예롭게 눈을 감는다.

작가는 또 '生命'의 각도에서 車長杰과 吳天寶라는 두 명의 평범한 영웅을 만들어 내고 있다. 그들은 자신의 생명을 소중하게 생각하나 "인민의 승리가 자신들에 달려 있을 때" 조금도 주저함이 없이 자신의 생명을 내던진다. 車長杰의 모습은 일생동안 묵묵하고 부지런하게 일만 하다가 최후에 장렬히 희생된다. 그의 모습이 비록 독자들의 주의를 끌지 못했지만, 작가는 그의 모습을 "살아 있을 때 조용히 살다가 죽을 때에도 조용하게 죽었다. 신문 보도나 傳記에서도 그의 이름을 찾아 볼 수 없겠지만 조용한 그의 일생을 통해 그가 인민에게 헌신한 것은 얼마나 위대한 공로인가"6)라고 말하고 있다.

楊朔은 소설가라기보다 수필가로 더 유명하다. 그러므로 이 작품에서 채용한 묘사법은 산문식 서사법이 많다. 이야기의 연속성을 무시하고 복잡한

---

3) 楊朔, 『三千里江山』, (北京:人民文學出版社, 1978), P.163.
4) 楊朔, 위의 책 (이하 동일), P.165.
5) 楊朔, P.152.
6) 楊朔, P.140.

내면의 심리 묘사는 상당히 부족하다. 언어의 활용면에서 생동감을 주고는 있으나 관념적이거나 개념화되어 영웅 창조에 진실된 인간미를 떨어뜨리고 있다. 吳天寶와 姚志蘭은 '抗美援朝' 운동에 참가하기 위해 결혼을 연기하고 吳天寶는 한국 전쟁에서 희생된다. 車長杰의 헌신적 행동, 武震의 냉담하고 준엄함은 작품 전체의 재미를 떨어뜨리고 있다.

이 작품 전체는 생동감이나 묘사력이 부족하고 인물의 설정이 미약하다. 예를 들면 車長杰의 죽음에 대한 우매성과 姚志蘭의 결혼 연기 결정이 일반적인 사실과는 상당히 다르다.

이 작품은 또한 그 구성이 과도하게 산문화 되어 있어 소설로서의 체제를 결여시키고 있다. 작가가 원래 소설가라기보다 산문가로서 명성을 날렸기 때문에 그의 소설에서도 수필적인 필법이 많이 나타난다. 그러므로 이 작품의 특징은 줄거리의 전개가 단순하고, 소설에서 갖추어야 할 起, 承, 轉, 結이 모호하다. 등장 인물 또한 연관성이나 논리성이 미약하다 .작가의 인물 묘사가 단조롭고 사건 전개의 소설적 재미가 없다. 그러므로 이 작품은 구성상 독자의 흥미를 얻는 데 실패하였다.

2. 人物

이 작품에 등장하는 주요 인물은 다음과 같다

가. 姚長庚

그는 이 작품에서 장년 노동자의 전형적 형상으로 등장한다. 과거 서양에 대한 반감이 강했지만 신 사회에서 당과 인민에 충성을 다하는 사람이다. 압록강 북쪽에 살고 있는 철도 노동자로 40세를 약간 넘긴 그는 아내와 딸 姚志蘭 등 두 식구와 함께 단란하게 살아 간다. 중국정부 수립 전에는 철도공이었다가, '해방'이후부터 새로운 局長 武震의 눈에 들어 工務團長이 된다. 그는 온갖 고생을 겪으며 살아왔기 때문에 얼굴색도 활짝 펴지 못하고 어두운 그림자가 드리워져 있어 다른 사람에게 친근감을 주지 못한다. 그의 부인 姚太太는 한쪽 눈이 보이지 않는 애꾸눈이었지만 마음씨가 착하고 특히 동물을 좋아하였다.

姚長庚부부에게는 원래 두 명의 아들이 있었지만 10년 전 일본군에게 끌려가 탄광으로 보내져 그 곳에서 모두 죽고 딸 姚志蘭만 남았다. 그리하여 그들 부부는 딸에 대한 사랑이 남달랐다. 사람은 누구나 죽는 것이지만, 그 죽음은 조국과 인민을 위하고 가치 있는 것이어야 한다고 생각하는 사람이다. 일을 처리함에 있어서는 서두르지 않고 언제나 침착하고 치밀한 사람이다.

'抗美援朝'운동으로 압록강을 넘어 한국 전쟁에 참가한다. 그의 임무는 무기와 식량 및 병사의 수송에 안전을 기하기 위해 선로의 안전한 보호와, 폭격으로 파손된 선로를 안전하게 보호하는 일이다. 청천강의 교량 보수공사에서 적기의 공습을 받고, 다리에 엎드려 있다가 등 뒤에 부상을 당한다. 등뒤에서는 계속 피가 흐르지만 자신은 피부가 약간 까졌을 뿐이라고 말한다. 고통을 참고 등에 박힌 탄피를 뽑아낸 뒤 피를 흘리면서 교량의 안전상태를 살필 뿐이다. 오히려 쓰러진 車長杰을 발견하고 그를 품에 안아 머리에 붕대를 감아준다.

나. 姚志蘭

'신사회'의 청년상으로 '신시대'의 영웅으로 등장한다. 그녀는 조국을 위해 자신의 사랑까지도 포기한다. 즉 약혼자 吳天寶와의 결혼까지도 뒤로 미루고 '保家衛國'을 우선시함으로써 애국주의의 표현이 강하고, 당과 인민에 대한 충성심과 영웅주의가 강한 여자다. 중국에서 열차를 몰고 북한 땅으로 찾아 온 약혼자를 대하는 태도가 냉정하다. 다만 서로의 기억에서 지우지 말고 훗날 다시 혼인 이야기를 말하자고 하여 吳天寶를 놀라게 한다. 그녀는 원래 날씬한 몸매와 쌍커풀이 있는 맑은 눈, 머리를 두 갈래로 땋은 18세의 아리따운 처녀였다. 그러나 전장에서 본 그녀는 모든 면에서 달라 있었다. 약혼자 吳天寶에게 대하는 말투조차 지원군 사령관의 말투로 변해 있었다. "영원히 인민을 위하고 인민을 사랑해야 해요 자기만을 생각하는 것은 이기적이에요 우리 목에 칼이 걸려 있는데 결혼이라니 무슨 뜻이지요? 진정으로 나를 사랑한다면 그 마음으로 조국을 사랑하세요"[7]라고 말한다.

그녀는 원래 책벌레였다. 매일 도서관에서 책을 빌려 집에 돌아와 탐독하여 어머니로부터 자주 꾸중을 듣는다. 특히 劉胡蘭의 일대기를 읽고 큰 감동을 받는다. 약혼자 吳天寶와는 야간 학교에서 알게된 사이다. 두 사람은 연인이라기보다 경쟁자였다. 한 사람은 전화 교환원으로, 또 한 사람은 열차 기관사로, 한 사람은 청년 당원으로, 또 한 사람은 團員으로 서로 격려하면서 학습면에서나 일상 생활에서 모범생들이었다.

그녀는 결혼을 뒤로 미루고, 한국 전쟁에 투입되면서 '美國侵略史'를 공부하며 '抗美援朝'에 관한 일만을 접하게 된다. 중국에서 군수물자를 실은 수송차량이 적기의 공습으로 불에 타자 그 불을 끄기 위해 뛰어들다가 얼굴에 가벼운 화상을 입기도 한다. 물자 수송 차량에 붙은 불구덩이에서 약혼자의 죽음을 맞아 양지 바른 청천강가에 묻는다. 그리고 눈물 속에 약혼자를 생각하다가 北京의 방송을 듣는다.

"우리의 지원군을 돕자" 그리고 毛澤東과 스타린의 이름이 수많은 군중의 입을 통해 공중으로 퍼져나갈 때 "조국이여! 당신을 위해 목숨도 아끼지

---

7) 楊朔, P.P.14, 20, 83 參照

않겠습니다"8) 라고 중얼거린다.

다. 吳天寶

'신사회'의 청년 영웅상으로 등장한다. 성격이 명랑하고 책임감이 강하며, 자신을 희생할 줄 아는 청년이다. 사회주의의 우월성을 확신하는 姚志蘭의 약혼자이기도 하다. 어렸을 때 부모를 잃고, 누나 집에서 자라 부모의 얼굴을 모른다. 매부가 抗日戰에서 일본군에 체포되어 감옥에서 죽고, 집이 불에 타자 그 후유증으로 누나도 죽고 만다. 그 후부터 완전 고아가 되어 떠돌이 생활을 하였다. 그가 어떻게 성장했는지 자기 자신도 분명히 설명할 수 없지만 영민하고 대담한 청년이 된 것으로 보아 아마 자기 자신의 운명을 스스로 개척한 것 같다. 그는 농촌에서 돼지도 길렀고, 산촌 생활도 함으로써 영웅주의의 쓰라린 과거사를 보여주는 전형적 인물이기도 하다. 성인이 된 후 도시로 나와 기관사가 되었고, 공산당에 가입한 후에는 자신의 장래가 환하게 열리리라고 생각하였다. 한국 전쟁에 투입된 후에는 지원군 병사와 군수물자를 수송하고, 부상당한 병사를 조국으로 후송하는 임무를 맡는다.

그는 중국의 인민과 毛澤東을 늘 생각하는 사람이다. 하루 종일 일을 한 인민들이 편안히 쉴 수 있듯이 毛澤東도 편안히 잠들 수 있기를 바랬다. 그러면서 가슴 속에 간직한 毛의 사진을 어루만지며 한국 전쟁에서 공을 세워 귀국하기를 바란다.

중국에서의 군수물자를 실은 기관차를 운전하여 청천강에 이르기 전 적기의 야간 공습으로 부상을 입는다. 정신을 잃고 쓰러지나 뜻밖에도 약혼자 姚志蘭을 만나 그녀의 간호로 정신을 차린다. 그러나 자기의 책임을 완수하기 위해 다시 열차에 오른다.

---

8) 楊朔, P.155.

그는 가슴에 통증을 느꼈지만 기차를 운전했다. 적기의 공습이 계속됐지만 안개를 이용하여 골짜기로 열차를 이동시켰고, 적기는 공격을 시도하다가 山에 부딪혀 폭파된다. 겨우 청천강 다리를 건너 임무를 완성하고서야 왼쪽 대퇴부의 상처에서 많은 피를 흘리고 쓰러진다. 쓰러지면서도 "毛主席을 볼 수 있도록 나를 좀 부축해 주시오"9) 라며 품 속에서 毛澤東의 사진을 꺼내 "毛主席 안녕히! 저는 조국과 인민이 저에게 부여한 임무를 마침내 완성했습니다"10)

"미스 姚에게 전해주세요 울지 말고, 나를 사랑하는 마음으로 조국을 사랑해 달라고……"11) 그는 毛의 사진을 손에 쥐고 마치 하루 종일 일한 사람처럼 노곤한 허리를 펴고 영원히 잠든다.

라. 武震

철도공의 한국전 파견 대장 겸 정치위원이다. 사각형의 검은 얼굴에 반짝이는 눈빛을 가졌다. 어렸을 적에는 渤海灣에서 고기 잡는 어부였다. 그는 가난과 위험을 안고 매일매일 고기잡이 생활로 심신이 지치고 불안하여 수중에 돈이 들어오는 대로 술을 퍼 마셨다. 그리고 술에 취하면 길거리에 서서 船主에게 큰 소리로 욕을 퍼부었다. 할아버지는 술로 죽고, 아버지는 바다에 빠져 죽었다.

抗日戰이 발발하자 공산당 八路軍에 가담하였고, 1949년 가을 軍에서 건설분야로 자리를 옮겼다. 건축분야에서 일하면서도 군대 생활을 잊지 못해 옛날에 입었던 군복을 즐겨 입었고, 군 생활 당시에 쓰던 물품들을 그대로 쓰고 있다. 동료들이 그에게 결혼을 권유하여 李㴋을 소개하자 두 사람

---

9) 楊朔, P.152.
10) 楊朔, P.152.
11) 楊朔, P.152.

은 결혼을 하고, 그의 집에 생기가 돈다. 부인은 가정을 꾸리기 위해 자질구레한 물건들을 사들이나, 유격대에서 잔뼈가 굵은 그는 이런 것들에는 관심이 없다. 그는 가정보다도 당과 인민에 대한 사업을 가장 중히 여겼기 때문이다.

즉 그는 모범적인 혁명간부였고, 전쟁 속에서 성장한 사람이다. 당과 인민의 이익을 최우선시하고 매사에 냉정하며 과단성 있게 일을 처리한다. 자신의 모든 행동을 혁명 사업의 완수에 두었다. 전쟁터에서 동지들의 죽음을 대하는 부하들의 눈물을 보고 "마음 속으로 괴롭지 않은 것은 아니지만 그게 무슨 소용이 있는가. 눈물이 동지를 기념하는 것이 아니라 동지를 기념하는 것은 전투일 뿐이야",12) 영원히 전투일 뿐이라고 말하는 그의 표정은 마치 한 마리의 냉혈 동물처럼 보였다.

마. 鄭超人

지식인의 형상으로 등장한다. 스스로 고상하게 생각하고, 행동하나 소심하다. 비록 崇美, 恐美 사상이 강하나 점차 '신사회'로 흡수되어 간다. 먹고 입는 것에 신경을 쓰는 사람이다. 식사 후에는 반드시 양치질을 하고, 거울을 자주 보는 사람인데, 이러한 그의 행동은 집안 내력과 무관치 않다. 그는 돈 많은 상인 집안에서 태어나 부모의 극진한 보살핌 속에 자랐다. 잠을 잘 때도 옆에서 피리를 불어 줄 사람이 있었고, 하루에도 몇 차례씩 어머니는 그의 머리를 쓰다듬어 주었다. 그리하여 그는 교만하고 나약하게 자라게 되었고, 이기주의에 빠지게 되었다. 그는 교회에서 설립한 대학을 다녀 영어를 구사할 줄 알았다. 평소에 책을 즐겨 읽고 토론을 좋아했다. '抗美援朝' 운동이 시작되자, 그는 장편의 지원서를 써서 보내자 그의 사상개조 가능성을

---

12) 楊朔, P.113.

본 상급부대에서 그의 요구를 받아들였다.

그는 비록 학문이 높으나 姚長庚의 훈계를 받아들이기도 하고, 위기에서도 목숨을 돌보지 않는 車長杰의 영웅적 행동을 목격하고 과거 자신의 생각이 잘못됐음을 느끼기 시작한다. 그러면서 자신의 존재가 점점 작아지고 있음을 감지한다. 그리고 모든 것이 공허일 뿐이라고 생각하며, 과거 멸시하던 사람들에게 따뜻한 동지애를 느낀다.

바. 安奎元

30세 전후의 북한 중대장이다.

1950년 6월부터 9월까지 중대원을 이끌고 한강 다리에서 인민군의 渡江을 도왔다. 그리고 미군의 인천 상륙 작전으로 한강 이남에 있던 인민군이 북으로 철수하자 그의 중대도 서울을 떠난다. 개성, 사리원, 평양을 거쳐 淸川江에서 武震을 만난다. 그는 武震을 만나자 毛主席, 朱德 총사령관, 인민 해방군 장군들의 근황을 묻고, 東北 지역의 공업 건설, 華北근거지의 토지 개혁 실태 등 모두가 그의 관심 사항이었다. 그는 조선의 의용군으로 중국의 抗日戰과 세 차례에 걸친 中國 革命戰爭에 참가하였다. 따라서 「革命聖地」延安을 제2의 고향으로 생각하고 있다. 특히 1948년 張家口 전투에서 武震과 作戰을 같이 한 사람으로, 그 때부터 손바닥에 큰 상처가 남아 있다. 그러면서 중국과 조선은 한 덩굴에 달린 오이 같이 뿌리가 상하면 같이 말라 죽는 운명이라고 말하기도 한다. 그리고 수년동안 자신을 교육시킨 중국 공산당을 생각한다.

사. 車長杰

겉으로는 어리숙해 보이지만 내면적으로는 충성심이 강한 사람이다. 평소에도 다른 사람 앞에 잘 나서지 않고 조용하게 자신이 맡은 일을 성실하게 수행한다. 청천강 다리로 떠내려오는 거대한 얼음덩이에 폭약을 설치하고 폭파시켜 위기를 넘기는 용감성을 보여준다..

그는 조국에서 보내 온 羊肝丸을 먹고 야맹증이 호전되자 다른 사람에게 중국 인민의 고마움을 말한다. 적기의 공습이 있던 날 청천강 교량 보수 공사에 필요한 방공호를 팠고, 姚長庚이 책망하여 곡괭이를 빼앗으면 맨손으로 땅을 파 내려 갔다. 그렇게 하는 자신의 행동이 조국 인민의 지원에 보답할 수 있다고 생각하였다. 그러나 교량 보수공사 때 적기의 공습에 피를 흘리며 쓰러져 姚長庚의 품 속에서 눈을 감는다. 살아 있을 때도 그는 누구의 눈에도 잘 띄지 않고 묵묵히 자신의 일만을 해 오던 사람이었으나 죽어가는 모습도 조용히 죽음을 맞이한다. 그러나 그의 행동은 모두 조국과 인민에 남긴 공적이었다.

아. 高靑雲

과묵한 청년이나 유명한 탱크 전사이다. 성격이 부드러우며 잘 웃는 계집아이 같은 사람이고, 고향에 어머니만 남겨 두고 지원군에 참가하였다. 그의 어머니는 일찍 남편을 잃고 아들 하나를 키웠다. 高靑雲은 어렸을 적부터 어머니의 사랑을 받아왔고, 마을 사람들이 어머니와 싸울 때는 상대편을 차기도 하고 물어뜯기도 하며 어머니를 보호했다. 그러나 한국전에 참전하면서 그는 '어머니'와 같은 이름 즉, '조국'을 발견하였다. 다른 사람이 잠들 때도 그는 저녁마다 전투 연습을 하고, 항상 입에 올리는 말은 조국이었다. 전쟁터에서도 오직 생각하는 것은 어머니와 조국이었고, 시간이 지나면서 어머니와 조국은 한 덩어리가 되어 차이점이 없어졌다. 어머니가 바로 조국이고, 조국이 바로 어머니였다. 조국에서 오는 위문품을 마치 자신의 집에서 보내 온 것으로 생각하여 품 속에 오래 오래 간직하기도 한다. 조국에서 보내온 다른 어머니의 위문 편지를 마치 자기 어머니가 보내 준 것처럼 가슴에 간직한다.

한강 남쪽의 전투에 참가하여 적의 보병과 탱크의 이동을 막는다. 적의 탱크가 진격할 때 對 전차 수류탄으로 저항하다가 수류탄이 떨어지자 적의 탱크위로 뛰어 올라가 탱크문을 열고 수류탄을 던지려고 했지만 꽉 잠긴 문을 열 수가 없었다. 탱크 속의 적군들도 탱크에 올라 탄 그를 발견하고 대포를 쏘며 몸체를 상하 좌우로 돌려댔다. 그 때 탱크 안에서 연기가 피어 오르며 문이 열린다. 그는 이 때를 놓치지 않고 수류탄을 집어 넣는다. 꽝 하는 소리와 함께 그도 나가 떨어져 부상을 당한다. 그는 어머니와 조국을 위해 상처를 입고 조국으로 후송된다.

3. 줄거리

압록강 북쪽에 鐵道工 姚長庚 일가가 살고 있다. 그는 책임감이 강하고 성실한 사람이다. 그의 딸 姚志蘭은 철도 전화원으로 기관사 吳天寶와 결혼을 앞두고 있고, 어머니는 혼사 준비로 바쁜 날을 보낸다.

1950년 6월 25일 한국전쟁이 발발한 후 중국의 한국전 참전이 결정된다. 姚志蘭은 '朝鮮支援軍'에 지원하고 결혼을 뒤로 미루자 어머니는 눈물을 흘리며 화를 내지만 아버지가 부인을 설득한다.

'조선 지원부대'의 대장 겸 정치 위원인 武震은 원래 八路軍에서 활동한 적이 있는데, 정부 수립 후 철도 분야에서 일을 하게 된 사람으로 업무 처리의 집중력으로 가정에는 등한시 한다. '조선 지원 부대'가 북한으로 넘어 갈 때 姚志蘭은 지원군 부대의 가담을 허락 받지 못하자 武震을 찾아가 눈물로 호소하여 겨우 승인을 받는다. 압록강변의 신의주가 적기에 의해 폭격을 받을 때 姚志蘭과 의무원들이 압록강을 넘는다. 이 때 기술원 鄭超人은 폭격에 피를 흘리며 쓰러지는 북한 부녀자들을 보고 놀라 걸음도 제대로 걷지 못하자 姚長庚이 그를 부축하여 다리를 건넌다. 어두운 밤을 이용해 武震은 '대대'를 인솔하고 북한으로 넘어오고 북한 崔站長의 도움으로 宣川으로 이동한다. 宣川에 이르러 그들은 산 속 동굴에서 잠시 휴식을 취하고 있을 때 조종사 禹龍大의 집이 폭격을 당한다.

취사원 老包頭는 압록강을 건너다가 솥을 잃어버려 여러 사람들의 원망을 샀고, 鄭超人은 對美공포증으로 武震의 화를 불러 일으킨다. 武震은 북한 철도 중대장 安奎元을 만나는데, 그는 원래 '조선 의용군'의 일원으로 抗日戰과 國共內戰에 참전한 사람이다. 두 사람은 같은 전쟁에서 피를 흘린 전우로 밝혀져 점차 친해진다. 전선에서 승전 소식이 들려오고, 그들 두 사람은 축하주를 마시면서 "中朝 두 민족은 한 덩굴에 달린 오이"[13]로 비유하며 뿌리가 상하면 같이 말라 죽는 운명이라고 말한다.

姚長庚은 鄭超人의 소심함을 싫어하고, 鄭超人 역시 姚長庚의 용맹성을 좋아하지 않는다. 鄭超人은 지원군의 실력에 의심을 품지만 폭격 당한 미군 장비와 미군 포로, 그리고 지원군의 초음속 제트기를 보고 마음을 바꾼다.

武震 일행은 將軍呢의 집에 머물면서 집안 일을 도와준다. 이 때 사령관 秦敏이 찾아와 武震에게 대중적 '立功運動'을 독려한다. 吳天寶는 약혼녀 姚志蘭을 만나 물건과 책을 건네 준다. 姚志蘭은 吳天寶에게 잠시 결혼 이야기를 하지 말라고 하면서 "자신을 사랑하는 마음으로 조국을 사랑하라"[14]고 말한다.

전화 교환소는 철로 밑 배수로에 자리잡고 있었다. 전화선은 폭격으로 절단되었는데, 적기가 또 다시 시한 폭탄을 투여하여 교환소를 봉쇄한다. 그러

---

13) 楊朔, P.147.
14) 楊朔, P.83.

나 老包頭가 武震의 지휘 아래 大亂과 같이 시한 폭탄을 제거하여 길을 뚫는다. 전화 반원들이 배수로에서 철수할 때 小朱가 폭탄에 눈을 다쳐 후송되자 姚志蘭과 康文彩가 병원으로 달려가 小朱를 만난다. 姚志蘭이 우울해 하자 武震은 "동지를 기념할 수 있는 것은 전투 뿐"15) 이라고 말해 준다.

커다란 얼음 덩이가 청천강 다리로 떠내려 오고 있다. 다리를 지키기 위해 車長杰이 생명의 위험을 무릅쓰고 폭약을 안고 내려가 얼음 덩이를 폭파시킨다. 鄭超人은 그의 영웅적 행동을 목격하고 사상적으로 감동을 받는다. 吳天寶는 부상자들을 조국으로 수송한다. 부상자들 속에서 高靑雲이라고 부르는 병사가 있었는데 20세도 안 돼 보이는 그가 4대의 적 탱크를 폭파시켰다는 말을 듣는다.

어느 날 武震은 사령관으로부터 특급명령을 받는다. 즉, 중국에서 오는 502 열차를 청천강 남쪽으로 반드시 통과시키라는 것이었다. 그 열차에는 군수물자가 실려 있다. 武震이 급히 간부 회의를 소집하여 상부의 명령을 전달한다. 즉 4월 30일 밤 주요군수 물자가 청천강 다리를 통과하니 청천강 대교의 통과를 책임지우는 것이었다 적기가 청천강 다리를 폭격하자 姚長庚이 부상 당하고, 車長杰이 이 때 희생된다. 吳天寶는 對戰車 수류탄과 탱크를 운송하다가 적기의 공습으로 부상을 당한다. 열차에 불이 붙자 姚志蘭 등이 달려가 吳天寶를 구하지만 그는 군수물자를 안전하게 지키기 위해 생명의 위험을 무릅쓰고 안개 낀 밤에 열차를 골짜기로 옮기고 대퇴부에 또 다시 상처를 입는다. 열차는 청천강 다리를 통과하지만 吳天寶는 姚志蘭에게 "울지 말고 나를 사랑하는 마음으로 조국을 사랑하세요"16)라는 유언을 남기고 최후를 맞는다.

武震이 총괄적인 보고서를 쓰고, 姚長庚은 부상 당해 귀국한 지 20일도

---

15) 楊朔, P.113.
16) 楊朔, P.152.

안 되어 다시 북한으로 들어간다. 武震에게 아들이 태어나자 이름을 '和平'이라 짓는다.

Ⅳ. 創作 意圖

창작 배경이 갈등 구조라면 창작 의도는 이에 대한 해결 구조로 볼 수 있다. 이 작품을 통해 나타난 작가의 의도를 '作家 後記'의 내용에 따라 분류하였다.

1. 愛國主義

작가의 창작후기에 나타난 바에 의하면, 이 작품은 조국과 인민에 대한 지원군의 사랑 즉, 애국주의의 표현이었다. 이것은 한국 전쟁에 참전하면서 조국과 고향을 떠난 사람들이 보편적으로 갖고 있는 나라 사랑이었다. 작가 자신도 밝혔듯이 이 작품을 쓰기 전 그에게는 애국주의의 관념이 뇌리에 깊이 새겨지지 않았다. 다만 지원군과 같이 행동하면서 그들을 통해 학습하게 되었고, 그들의 고귀한 사상을 써야겠다고 생각했다. 조국과 가정을 떠나 전장에서 보고 들은 내용이 이 작품의 소재가 되었다. 이제 작품에 나타난 예를 살펴보겠다.

작가는 어느 날 서울 거리에서 다리에 동상이 걸려 신발도 신지 못해 발을 묶고 걷고 있는 지원군 병사를 만났다. 귀국하라는 만류를 뿌리치고 진군을 계속하는 모습을 목격한다. 작가는 이러한 힘의 원천이 무엇인가를 오랫동안 생각하다가 그것이 바로 조국에 대한 뜨거운 사랑이라는 것을 알게 된다.

어느 날 安東에서 목격한 부상병은 땅에 내리자 마자 눈물을 흘린다. 그 이유는 정확하게 알지 못했지만 그 사람의 생각이 바로 조국에 대한 사랑이었음을 깨닫게 되었다.

조국에서 위문품이 도착하였다. 상자를 뜯어 위문품을 배급한 후에 병사들이 나무 상자를 가져다 의자를 만드는 것을 보고 그들이 마치 조국의 땅 위에 앉아 있는 듯 그것이 바로 지원군이 갖고 있는 조국애였다.

姚長庚은 자신의 과거를 생각해 보았다. 지금까지 자신의 일생은 비바람과 피와 눈물이었다. 지금도 아침 일찍 일어나 저녁까지 쉴 틈이 없다. 그러나 자신의 이러한 노력은 바로 조국에 있는 노동 인민의 보다 나은 생활을 위한 것이라고 생각했다.

姚長庚의 교량 수리를 보고 武震이 휴식을 권하자 "내가 이 근처에서 오래 살아왔기 때문에 일본놈들이 이 다리를 건너와 십 수년동안 우리를 괴롭힌 것을 보아 오다가, 이제야 겨우 숨을 쉬게 되었는데, 내 눈을 뻔히 뜨고 미국놈들이 이 다리를 건너와 우리를 괴롭힌다면 그 날을 다시 맞을 수는 없지요."[17) 姚長庚의 이러한 태도는 바로 조국애로 그려지고 있다.

武震은 사랑하는 아내를 집에 남겨두고 전장으로 떠난다. 남편의 짐을 꾸리는 그의 아내는 남편에게 불만이지만 武震은 아내에게 "가장 중요한 것은 당과 인민의 일이며, 그 다음이 당신-나의 아내이지"[18)라고 말하며 당과 인민에 대한 충성을 최우선으로 삼는다.

姚志蘭은 조국을 떠난 지 수십일 후에 국내에 많은 변화가 있을 것이라 생각하고 국내의 소식을 들으려 했다. 그녀가 가슴 속에 간직하고 있는 것은 가정 뿐만이 아니라 자신이 출생한 조국이었다.

高靑雲도 어머니를 생각하였다. 그럴 적마다 조국의 소식도 궁금했다. 시

---

17) 楊朔, P.26.
18) 楊朔, P.33.

간이 지나자 조국은 어머니와 함께 융화되어 경계선이 없어졌다. 어머니는 이제 조국이 되었고, 조국이 바로 어머니였다. 조국에서 보내 온 위문품은 모두 집에서 보내 온 것과 같이 가슴에 품고 쓸 수가 없었다. 담배 한 갑도 품 속에 넣고 꺼내려 하지 않았다.

2. 社會主義의 優越性(國際主義)

작가 자신도 지식인이었고, 많은 정풍운동과 학습 활동을 받아 왔지만, 자신의 몸에는 아직까지 非무산계급적인 요인이 남아있음을 솔직히 인정하고 있다. 그러나 그는 변신을 거듭해 왔고, 계급노선의 한계성을 드러내기도 한 작가의 변신은 많은 학습활동과 한국전에 참전하면서 이루어졌다.

작가가 이 작품에서 내보이려고 한 것은 바로 노동자 병사들의 인간미와 이를 통한 사회주의의 우월성이었고, 지원군 병사와 조선 병사와의 만남은 무산계급의 국제주의를 표현하기 위함이었다. 전선에서 어렵게 만난 지원군으로부터 얼마 남지 않은 양식을 얻게 된 이야기, 약혼자를 잃고서도 눈물을 흘리지 않던 姚志蘭이 천안문 광장에서 들려오는 전파를 듣고 조국을 부르며 눈물을 흘리는 이야기 등은 이러한 작가의 의도를 쓴 것으로 보인다.

북한군의 중대랑 安奎元의 중국혁명 지원과 武震의 북한 지원 등은 국제주의에 입각한 사회주의 우월성을 표현한 작가의 의도이다. 安奎元이 가장 잊지 못하는 것은 延安 시절의 생활이었다. 또한 그의 일생에서 가장 영광된 것이었다. 1945년 가을 그는 어떤 심정으로 延安을 떠났을까. 그는 흥분된 마음으로 짐을 챙겨 자신을 길러 준 땅을 떠나 더욱 더 넓은 세상으로 걸어 나왔다. 그러나 그 때 그는 떠나고 싶은 생각이 없었다.

이것은 「革命聖地」라고 일컫는 延安에 대해 북한 병사의 심경이 어떻게 그려지고 있는지를 나타내 주는 대목이다. 이것은 지원군의 북한 지원 이

전부터 관계된 역사적 사실에서 쓰고 있으며, 이와 같이 양국의 血盟關係는 사회주의 혁명이라는 같은 맥락에서 추진되어진 국제주의적 표현이기도 하다.

3. 英雄 人物 創造

영웅이란 당의 배양 아래 선진적 사상과 생각을 갖고 행동하는 사람이다. 그렇기 때문에 당은 바로 이 시대의 영혼이고, 영웅의 영혼이다. 이것이 바로 혁명적 영웅주의의 기본이다. 사실 영웅은 보통 사람들 가운데서 태어나는 것이 아니라 작가의 생각이었기 때문에 이 작품 속에서 나타나는 영웅은 모두 보통 사람들로부터 나온다. 그리고 시대를 불문하고 문학의 양대 주제는 사랑과 생명이다. 이 작품에서는 여자 전화원 姚志蘭과 열차 기관사 吳天寶를 통해 사랑을 표현하고 있다. 그들 두 사람은 결혼까지도 미루고 똑같이 한국전에 참전하였다. 姚志蘭의 입장에서 보면 자신의 앞에 두 갈래 길이 놓여 있다. 참전하지 않고 결혼을 할 수도 있었지만, 개인의 행복을 추구하지 않고 한국전에 참전하였다. 약혼자 吳天寶를 사랑하지만 개인적인 사랑에 머무르지 않고 더욱 더 고귀하게 승화시켜 吳天寶를 잃게 되지만 전체의 행복을 위해서는 개인의 행복을 희생시킬 수 있는 용감성을 작품에서 그리고 있다.

생명에 대해서도 개인에게는 무엇과도 바꿀 수 없이 소중한 것이지만 영웅의 본질에 대해서 車長杰과 吳天寶의 죽음을 통해 고귀한 생명을 더욱 더 고귀하게 승화시키고 있다.

吳天寶는 젊고 건강하며, 모든 일에 열정적이다. 그에게 있어서 생활은 바로 기쁨이었다. 그러나 인민의 승리가 자신이 몸에 달려 있을 때 그는 조금도 주저함이 없이 목숨을 바친다. 작가도 吳天寶의 죽음을 통해 독자들에게 승리의 교훈을 암시하려는 의도가 나타나 있다. 이들의 죽음이 조국과 가정과 인민에 대한 사랑으로 자신의 고귀한 생명까지도 희생할 줄 알고, 그것이 바로 인간 세상에서 가장 위대한 사랑이라고 작가는 말한다.

車長杰은 묵묵히 맡은 일을 충실히 수행하다가 목숨을 잃는다. 그의 죽음은 많은 사람들의 관심을 끌지 못하지만 한 평생을 조용히 살다간 사람일지라도 조국과 인민에게 얼마나 위대한 공적을 남길 수 있는가를 생각하며 작가는 이 부분에서 이름 없는 영웅을 부각시키고 있다.

秦敏의 말대로 영웅은 하늘에서 내리는 것이 아니라 배양해 내는 것이다, 모든 사람들의 마음 속에 불씨가 있어 빛을 발할 수 있고 영웅이 될 수 있다. 그러한 형상이 혁명 간부의 전형으로 그려지고 있다.

武震은 혁명 간부의 전형이었다. "친한 친구들이 죽거나 부상 당해 떠나가면 마음 속으로 괴로워하지 않는 것이 아니다. 그러나 괴로워만 한다면 무슨 소용이 있는가. 눈물은 동지를 기념하는 것이 아니다. 동지를 기념할 수 있는 것은 마땅히 전투이어야 한다"[19)]는 그의 말처럼 그는 전형적인 혁명간부 였다. 姚志蘭에게 하는 말에서도 그의 영웅상이 잘 나타나 있다. "자기 자신만을 아껴서는 안 되고 영원히 인민을 위하고, 인민을 사랑해야 한다. 자기 자신에 대한 과분한 애착은 사리사욕이며, 개인의 이해나 생사만을 고려하여 담력이 작아지는데, 담력의 크고 작음은 바로 사상문제이며, 사리사욕의 표현일 뿐이다."[20)] 그의 표현에 나타난 이것이 영웅의 모습이고, 이것은 작가가 그려 낸 영웅상이기도 하다.

---

19) 楊朔, P.113.
20) 楊朔, PP.78-79.

V. 結論

중국에 사회주의 정권이 수립된 후 1950년 한국전쟁이 발발하자 중국은 내부적인 여러 가지 정치적 사회적 요인에 의해서 '抗美援朝'운동을 제창하였고, 수많은 문인들을 한국전쟁에 從軍文人으로 참전시켰지만, 단편적인 작품이나 보고서 형식의 보도문학 작품만이 많았다. 그러나 이 작품은 역사적 가치를 띠고 지도층의 의도에 따른 작품으로 인정되어 '새로운 수학'으로 평가되었다. 중국이 한국전쟁을 이용하여 '文藝工作者'를 파송할 때 창작방침을 전달했겠지만 소기의 목적을 달성했다고 보기는 어렵다. 왜냐하면 이 작품은 소설로서의 기능을 갖추지 못하고 일반 독자들의 흥미를 끌지 못했기 때문이다.

문학평론가 陳涌의 평가대로 많은 독자들의 환영을 받았다고는 하나 이 작품은 거의 눈에 보이는 허구나 현실과 동떨어진 이야기가 많다.[21]

홍콩의 평론가 丁淼는 이 작품이 독자의 감동 대신 선전에 사용되어 그 작용이 반감되었고, 그 밖에 '英雄事蹟'은 완전히 허위라고 보고 있다.[22] 여러 곳에 설교식 표현을 함으로써 예술적 가치를 없애 버렸고, 독자들은 이것을 선전용으로 보고 있다고 그는 평한다. 따라서 '새로운 수학'으로 추앙받는 이유는 이 작품이 갖는 가치에 있는 것이 아니라 '抗美援朝'운동 2년간 이 작품 외에 다른 장편소설이 없기 때문이라는 지적이다. 전쟁을 소재로 한 장편소설에 我軍만 있을 뿐 敵軍에 관한 내용이 없이 지원군의 설명에 따른 말만 쓰고 있다. 예를 들면 무기를 버리고 투항하는 미군 포로들 이야기 중 중국군 부상병이 2명의 미군 포로를 붙잡는 데, 그들을 총구로 겨누자 "그들은 재빨리 앞가슴을 열어 보였다. 그들의 옷에는 저를 집에 보내주세요(請求

---

21) 丁淼, 『中共工農兵文藝』, (香港:天翔出版社, 1971), P.283 參照
22) 丁淼, 『中共文藝總批判』, (香港:天翔出版社, 1970), P.274.

放我回家)라고 한자로 적고 있었다."23) 이것으로 보아 미군의 연약한 모습만을 쓰고 있는데, 이러한 묘사는 항전문학에 나타난 보편적 문제점이었다.

주인공 吳天寶와 姚志蘭의 표현 중 "나를 사랑하는 마음으로 조국을 사랑하세요" 라는 표현은 50~60년대 중국식 애국주의와 중국식 영웅주의를 찬송한 것이고, 작가 자신도 이러한 청년들의 정신을 찬미하였고 武震, 姚長庚, 吳天寶, 姚志蘭 등은 당시대에 정치적으로 필요한 人物群이었다고 社會科學院 黃侯興 교수는 평하고 있다.

문학 작품은 인생의 표현이거나 사회적 반영물로 씌어져야 문학적 가치를 인정받을 수 있다. 그리고 이에 대한 평가는 예술적 가치로 이루어져야 한다. 그러나 이 작품의 기본 주제는 애국주의와 사회주의의 우월성, 영웅인물 창조로 나타난다. 이러한 주제를 나타내기 위해 작가는 吳天寶, 姚志蘭, 車長杰 등 영웅적 인물을 형상화시키고 있다. 그리고 이러한 인물을 보통 사람에서 찾아내 사랑과 생명의 양면에서 영웅을 만들어내고 있다. 즉 吳天寶와 姚志蘭의 사랑을 조국에 대한 사랑으로 승화시켰고, 吳天寶와 車長杰의 죽음을 새로운 생명으로 승화시켜 조국을 위해 자신들의 생명을 기꺼이 내던지고 있다.

작가가 이 작품에서 채택한 묘사법은 산문식 서사법이다. 이야기의 꼬리 잇기가 중시되지 않았을 뿐만 아니라 인물의 복잡한 내면세계의 묘사는 무시되고 있다. 그리하여 작품이 지나치게 관념적이거나 개념화되어 영웅적 인물은 추상적인 화신으로 나타냄으로써 진실성을 가진 인간미를 찾아볼 수 없게 만들었다. 작가는 이 소설을 발표하기 전 수필가로 활동했기 때문에 이 작품의 구성이 소설로서의 체제를 결여하고 산문화되어 있다. 따라서 이 작품의 특징은 등장인물의 일관성이나 연관성이 부족하고 소설에서 갖추어야

---

23) 楊朔, P.59.

할 起, 承, 轉, 結이 미약하다. 또한 인물이나 상황 묘사가 단조롭기 때문에 소설에서 가장 중요한 독자의 울림부분이나 흥미를 감소시키고 있다.

參考文獻

金河龍,『中國政治論』, 서울, 博英社, 1985.
徐瑞岳, 徐榮街 主編,『中國現代文學辭典』, 徐州, 中國礦業大學出版社, 1988.
陳鳴樹 主編,『二十世紀中國文學大典(1930-1965)』, 上海, 敎育出版社, 1994.
丁淼,『中共工農兵文藝』, 香港, 東南印務出版社, 1971.
____,『中共文藝總批判』, 香港, 東南印務出版社, 1970.
楊朔,『三千里江山』, 北京, 人民文學出版社, 1978.

중국 연극 <奇襲白虎團>과 한국전쟁

양회석*

1

「기습백호단(奇襲白虎團)」(이하 「백호단」)은 문화대혁명의 상징인 양판희(樣板戲)의 하나이다. 양판희는 "모범 연극"이란 의미로 관이 정치적 목적에서 지정한 것이다. 1966년부터 10년 동안 지속되었던 문화대혁명이, 마오쩌둥(毛澤東)이 중국 공산당 내부의 반대파를 제거하기 위한 권력투쟁으로서 극좌적인 오류이었듯이, 양판희 역시 아무리 미화될지라도 마오쩌둥의 처 쟝칭(江靑) 등이 문화계에 엄청난 파괴를 몰고 온 재난에 불과하다는 것이 일반적인 평가이다. 그럼에도 불구하고 필자가 양판희에 줄기차게 관심을 기울이는 데는 나름대로의 이유가 있다. 중국 공산당 수립 이후 시종일관 문예를 정치에 종속시켜 왔는데, 이러한 현상을 가장 극단적으로 보여주는 것이 바로 양판희이기 때문이다. 양판희를 통해서 우리는 사회주의 문예정책의 본질과 득실을 여실히 볼 수 있을 것이다. 게다가 무려 10년에 걸친 문화대혁명 기간 중국인이 보고들을 수 있는 문예는 양판희뿐이었다. 따라서 양판희는 이른바 문혁 세대로 불리는 중국인의 의식에 절대적인 영향을

---

* 전남대 교수, 주요 저서로 「중국희곡」(민음사) 등이 있다.

끼칠 수밖에 없었다. 그런 양판희 속에 한국전쟁을 소재로 한 「백호단」이 들어있다.

이 글은 양판희의 종합적인 이해를 위한 기초 작업의 일환으로, 또 중국인의 뇌리에 한국전쟁이 어떻게 각인되어 있는가를 살펴보기 위하여, 아홉 편의 양판희 중 「백호단」을 분석하고자 한다. 「백호단」은 초기 양판희에 속하며, 그 추형으로 따진다면 가장 빠른 작품이다. 그러므로 그것이 창작되어진 배경과 쟝칭의 영향 아래 개작되고 양판희로 선정되는 과정을 우선 짚고 넘어가야 할 필요가 있을 것이다. 이를 통하여 우리는 초기 양판희 성립 과정을 이해하는 데 유익한 정보를 확보하게 될 것이다. 다음은 극 연구의 일반적인 범주에 속하는 구조 인물형상 주제 등을 검토함으로써, 「백호단」의 연극적 성취와 한계를 규명할 것이다. 여기서 필자가 특히 주목하는 것은, 강한 정치적인 요구의 구속이 야기한 극본 텍스트로서의 한계이다. 다시 말해, 공연 예술적인 측면보다는 극본 문학에 치중한다는 의미인데, 한국전쟁과 한반도를 왜곡하는 연극적 장치를 살펴보고자 하는 것이다. 「백호단」은 현대 전쟁을 다룬 무희(武戲)로서, 전투 행위와 관련된 새로운 정식(程式), 즉 무대 언어를 창조하여, 경극의 현대화에 적지 않은 공헌을 하였다는 평가를 받기도 하지만, 이는 따로 논하기로 하고 본고에서는 텍스트 자체를 분석하는 데 집중할 것이다.

2

대체로 양판희는 한 개인이 한 시기에 창작한 것이 아니어서, 집단에 의해서 창작되고 또 공연을 거치면서 부단한 개작 과정을 겪게 된다. 「백호단」도 예외가 아니다.

한국전쟁을 배경으로 하고 있는 「백호단」은 이른바 중국인민지원군(中國人民志願軍: 이하 지원군) 소속 경극단(京劇團)에 의해 북한에서 창작되었다. 1957년 말 철수를 앞둔 지원군을 방문하러 온 저우언라이(周恩來)를 환영하는 자리에서 지원군경극단은 전통극 「진향련(秦香蓮)」을 연출하였다. 관람을 마친 후 저우언라이는 성공적인 공연을 칭찬하는 동시에 의미심장한 발언을 첨가하였다. "당신들은 머잖아 귀국할 터인데, 무엇을 갖고 조국 인민들에게 보고하겠소?" 저우언라이의 말에 자극을 받은 연기자들은, 1953년 7월 정찰소대장 양육재(楊育才)가 돌격대를 이끌고 한국군 정예부대인 백호단을 기습한 사실에 근거로 하여 「백호단」을 편극하게 된다. 이 때 「백호단」은 일종의 "활보경극(活報京劇)"으로 주인공 양육재의 사적을 중심으로 한 간략한 극이었다고 한다.[1] 어쨌든 이 극은 1958년 10월 지원군이 완전히 철수하기 전까지 열렬한 환영 속에 공연되었으며, 그러한 가운데 조선인민의 역할이 첨가되는 등 보완이 가해졌다.

　1958년 귀국한 지원군경극단은 얼마 후 산동성경극단(山東省京劇團)에 합병되었다. 원래 모습으로 간간이 공연되던 「백호단」이 본격적으로 개작된 것은 1963년 가을이었다. 이듬해 열릴 전국경극현대극경연대회(全國京劇現代戱觀摩演出大會)에 대비하여 개최된 산동성 경연대회에 산동성경극단은 「백호단」을 출품시켰다. 여기서 뜨거운 환영을 받자 산동성 유관 부서는 본격적인 개작 작업을 하도록 하였다. "진인진사(眞人眞事)"의 한계를 극복하기 위해 주인공을 엄위재(嚴偉才)로 개명하는 한편, 극의 전반부에만 나오던 조선 어머니(崔大娘)와 최씨며느리(崔大嫂)를 시종일관 극의 전개와 연관을 시키고, 인물형상, 창공(唱工), 무타기예(武打技藝) 등을 보완 강화시켰다. 따라서 「백호단」의 기본적인 틀과 총체적인 풍모는 1964년 경연대회

---

1) 戴嘉枋, 『樣板戲的風風雨雨-江靑·樣板戲及內幕』, 85쪽 참조.

에 참가할 때 구비되었다고 할 수 있다.

「백호단」이 양판희로 선정되는 데에 결정적인 역할을 한 사람은 역시 쟝칭이었다. 1964년 전국경극현대극경연대회를 지켜보던 쟝칭이 자신의 고향 극단이 출품한 「백호단」을 주목하였던 것은 자연스러운 일이었다. 당시 경극 개혁을 빌미로 문예계와 정치계에서 입지를 다지고자 하였던 그녀는 쟝춘쟈오(張春橋)를 내세워 「백호단」을 개작하도록 하였다. 이 때 그녀는 극의 자질구레한 것까지 사사건건 간섭하였지만, 가장 중점을 둔 것은 "무산계급전정(無產階級專政)"과 "마오쩌둥사상(毛澤東思想)"을 부각시키는 데 있었다.[2] 마침내 「백호단」은 1967년 양판희의 하나로 선정되고, 1974년 양판희 극본집에 수록되었다.[3]

이상을 통해 볼 때, 「백호단」이 처음 창작되어 양판희로 선정되기까지는 약 10년의 기간이 걸렸으며, 한 개인이 아니라 집단에 의해서 완성된 작품임을 알 수 있다. 비록 쟝칭 덕분에 「백호단」은 양판희가 되었지만, 그녀의 간섭은 순수한 예술적인 관점이 아니라 정치적 필요성에서 출발한 것이기 때문에, 오히려 작품성과 인물 형상에 부정적인 역할을 하였던 것으로 여겨진다. 이 점은 다음 구체적인 극본 분석을 통하여 입증될 것이다.

3

「백호단」은 9장과 서막(序幕) 그리고 미성(尾聲)으로 이루어져 있는데,

---

[2] 이에 대해 山東京劇團革命委員會는 「'奇襲白虎團'在鬪爭中誕生成長」에서 다음과 같이 회고하고 있다. "江青同志在百忙中親自指導了「奇襲白虎團」的加工修改工作, 對于劇中的一字一句, 一招一式, 一腔一調, 以及燈光, 布景, 化粧, 道具 …… 都進行了反復推敲, 作了重要指示, 在劇中突出了無產階級政治, 突出了偉大的毛澤東思想." (『革命文藝樣板評論集』, 214쪽.)

[3] 『革命樣板戲劇本匯編·第一集』, 人民文學出版社, 北京, 1974.

극의 구조를 파악하기에 앞서 각 장의 배경과 주요 사건을 정리해 둘 필요가 있다.

서막 : 함께 전진하세(幷肩前進)
① 지원군과 조선인민군이 국제가(國際歌) 속에서 어깨를 나란히 하고 전진한다.

제일장 : 전투로 맺어진 우정(戰鬪友誼)
배 경 : 1953년 7월 金城 戰線 부근 安平里
① 지원군(엄위재 등)과 조선군중(최씨 아줌마 등)이 우의를 노래한다.
② 백호단의 진격을 저지하기 위해 조선군중은 도로를 파괴하기로 한다.

제이장 : 끝까지 투쟁하자(堅持鬪爭)
배 경 : 3일 후 안평리
① 마을을 점령한 백호단은 주민을 도로 복구 공사에 차출한다.
② 이에 항거하다 최씨 아줌마가 살해된다.

제삼장 : 정찰(偵察)
배 경 : 다음 날 새벽 安平山 부근
① 엄위재 등이 백호단 부대 배치를 정찰한다.
② 안평리 마을의 수난을 알고 복수를 다짐한다.

제사장 : 출격 요청(請戰)
배 경 : 당일 오후 지원군 정찰소대
① 엄위재 등이 출격을 요청한다.
② 엄위재 등에게 돌격대(위장 침투조) 임무가 부여된다.

제오장 : 출동 선서(宣誓出發)

배　경 : 바로 뒤 지원군 연대 본부
　① 지휘부에서 작전을 모의한다.
　② 조선인민군 연락원과 함께 엄위재가 출동 선서를 한다.

제육장 : 적 후방 침투(插入敵後)
배　경 : 당일 밤 적 후방
　① 엄위재의 지휘 아래 지뢰밭을 통과한다.
　② 적 병사를 잡아 암호와 백호단 지휘부 위치를 알아낸다.

제칠장 : 초소 탈취(智奪哨所)
배　경 : 바로 뒤 백호단 초소
　① 엄위재 일행이 사단 수색대로 위장하여 초소를 탈취한다.
　② 생포한 적 소대장을 앞세워 침투하려 하나 난관에 봉착한다.

제팔장 : 길을 안내하여 험로를 넘다(帶路越險)
배　경 : 바로 뒤 다리 부근
　① 안평리를 탈출한 최씨 며느리와 엄위재 일행이 만난다.
　② 최씨 며느리의 안내로 절벽을 넘어 백호단 지휘부에 접근한다.

제구장 : 백호단 지휘부를 기습하다(奇襲僞團部)
배　경 : 바로 뒤 백호단 연대본부
　① 백호단 지휘부가 서로 책임을 회피하며 자중지란을 일으킨다.
　② 엄위재 일행이 창문을 통하여 기습한다.

미　성 : 승기를 타고 추격하다(乘勝追擊)
배　경 : 바로 뒤 같은 장소
　① 백호단 연대장과 미국 고문을 생포한다.
　② 지원군과 조선 군중이 국제가 속에서 함께 전진한다.

서막과 미성은 전체 극을 묶어주는 틀 역할을 하고 있다. 즉, 지원군과 조선인민군이 어깨를 나란히 하고 진군하는 것으로 시작하여, 임무를 성공적으로 수행하고 다시 함께 전진하는 것으로 마감하고 있다. 따라서 9장에 걸친 극의 줄거리는, 엄위재로 대변되는 지원군이 조선인민과 협력하여 백호단을 기습하는 과정으로 요약되는데, 이는 다시 네 단락으로 나누어 볼 수 있다.

제1장과 제2장은 사건의 발단이다. 「백호단」의 주요 부분은 제2장 안평리의 재난으로 시작한다. 안평리 최씨 아줌마의 희생은 조선 군중들의 고난을 상징하며 나아가 엄위재의 군사 행동에 당위성을 부여한다. 제1장에서 최씨 아줌마와 그 집에서 부상을 치료받은 적이 있는 엄위재 일행이 만나 재회의 기쁨을 노래하는데, 이는 지원군과 조선군중의 혈맹 관계를 보여줄 뿐만 아니라, 최씨 아줌마의 희생에 엄위재 일행이 격분하게 되는 동기를 부여한다. 다시 말해 최씨 아줌마의 희생은 양국 군민을 격앙시켜 극 전개의 원동력으로 작용한다.

두 번째 단락은 제3장부터 제5장까지로, 작전 계획을 수립하는 단계이다. 제3장에서 엄위재 등은 백호단 지휘부의 정확한 위치를 알아내는 한편 안평리 참사를 듣게 된다. 이어 제4장에서 엄위재 등은 "피는 피로 갚아야 한다"는 정신 아래 출격을 요청하고, 지휘부는 작전을 짠다. 이어 제5장에서는 조선인민군 연락원과 함께 엄위재가 출격 선서를 한다.

세 번째 단락은 제6장과 제7장이다. 백호단 지휘부를 기습하는 임무를 부여받은 돌격분대는, 엄위재의 지휘 아래 지뢰밭을 통과하고, 한국군 병사를 생포하여 암호를 알아낸다(제6장). 초소를 탈취하고, 생포한 한국군 소대장을 이용하여 남은 초소들을 통과하려 하나, 갑작스레 미군이 길목을 지키게 됨에 따라 난관에 봉착하게 된다(제7장). 정해진 시간은 다가오고 작전은 어려움에 처하게 된다.

위기는 안평리 마을을 탈출한 최씨 며느리를 청석리(靑石里)에서 만남으로써 해결의 실마리를 찾게 된다. 마지막 단락인 제8장과 제9장은 최씨 며느리의 안내로 절벽을 넘어 백호단 지휘부를 성공적으로 기습하는 내용이다. 결국 조선군중과의 협력으로 엄위재가 이끄는 돌격분대는 작전을 완수하게 된 것이다.

「백호단」의 핵심은 엄위재가 이끄는 돌격분대의 기습 작전이다. 조선 군중은 엄위재의 군사 행동에 당위성을 부여하고, 위기를 해결하는 실마리를 제공하는 역할을 할 따름이다. 비록 네 단락으로 구분되지만, 극은 전체적으로 볼 때, 아무런 반전도 없이 그저 밋밋하게 전개되고 있다. 조선 인민의 고난에 격분하여 출격을 요청하고, 작전을 모의 전개하며, 결국 조선 인민의 도움으로 성공을 거둔다는 너무나 평이한 구조를 보여주고 있는바 이를 도표로 나타내면 다음과 같다.

발단	전개1	전0개2	결말
제1·2장	제3·4·5장	제6·7장	제8·9장
中朝의 우의와 조선인민의 고난	출격 요청과 작전 모의	작전 전개와 난관 봉착	조선군중의 협력과 작전 성공

「백호단」이 보는 한국전쟁은 중국인민지원군의 일방적인 무대이다. 따라서 이 극의 최대 약점은 적대세력의 역할이 거의 전무하여 갈등이 불분명하기 때문에 위기감이나 고조를 이루지 못한다는 점이다. 다시 말해 대결이 결여된 엄위재의 군사 행동은 대부분 임기응변에 속할 뿐이고, 실질적인 극적 긴장감을 조성하는 데 실패하고 있다. 그렇다면 그 원인은 무엇인가? 앞서 우리는 개작 과정에서 쟝칭이 "무산계급전정(無産階級專政)의 부각"을 강조하였음을 살펴본 바 있다. "무산계급(工農兵)"이 "전정(專政)"하여야 한다는 관점에서 보자면, 이른바 "미제국주의"와 그 앞잡이인 "이승만 군대"

는 무산계급 전사인 지원군과 대등한 위치에서 대결할 수 없게 된다. 그런데 쟝칭이 주장하고 있는 "무산계급전정"은 중국공산당(中國共産黨) 팔차십중전회(八屆十中全會)에서의 모택동의 "절대로 계급투쟁을 잊지 말자(千萬不要忘記階級鬪爭)"라는 구호에 뿌리를 두고 있다. 결국 「백호단」이 보여주는 밋밋한 사건 전개는, "무산계급전정"을 외쳐대던 문화대혁명 시기의 경직된 세계관이 간접적으로 투영된 소치라 할 수 있다.

「백호단」에는 단역을 맡는 군중과 병사들을 제외하고도 20여명의 인물이 등장하는데, 이들은 적과 아로 확연히 구분된다. 적은 한국군과 미국군사관계자이고, 아는 중국인민지원군과 조선의 인민군과 군중이다. 적은 철저히 부정적인 반면인물로, 아군은 긍정적인 정면인물로 활동한다. 그렇지만, 이 가운데 핵심적인 역할을 하는 것은 위대한 마오쩌둥의 지시에 무조건 복종하는 중국인민지원군인데[4], 엄위재는 그 중에서도 단연 돌출되는 존재이다. 심지어 「백호단」에 등장하는 제 인물들은 주인공 엄위재의 형상을 부각시키기 위한 부속적인 장치에 지나지 않는다고 할 수 있다. 엄위재는 제2장을 제외한 모든 장에 등장하여, 사건을 전개하는 데 절대적인 역할을 하면서 부각되고 있다. 그는 호랑이 굴에 들어가서 호랑이를 잡아내는, 그야말로 지혜와 용기를 겸비한 영웅인물로 형상화되고 있다. 그를 영웅으로 만드는 작업은 제1장 서두 그가 등장하기 전부터 시작된다. 최씨 아줌마와 며느리의 대화를 통하여, "그는 부상을 당한 채 소대원을 지휘하여 미군 일개 중대를 섬멸한 인물"임이 제시되며, 이후 전개되는 작전에서 그는 열악한 상황을 극복하고 적을 이겨내는 용기와 지혜를 견지한다. 지뢰를 밟았을 때 침착하게 대응하면서 만일을 대비하여 직무대리를 선임하는 냉정함, 적을 생포하여

---

[4] 이 점은 제4장 關政委의 대사 "마오 주석이 말씀하시는 대로, 우리는 그대로 한다(毛主席怎麽說的, 我們就怎麽做.)"에서 극명히 드러난다.

암호 등 최신 정보를 얻어내는 민첩함 등은 모두 초급 지휘관 엄위재의 노련함과 능력을 나타내준다. 또 지뢰를 피하기 위해 개울을 택하고, 적 수색대로 위장하여 초소를 탈취하고, 끊어진 다리에서 밧줄을 이용하여 건너며, 창문을 통하여 적 지휘부에 침투하는 등등은 전쟁영웅으로서의 엄위재의 형상을 성공적으로 부각시키고 있다. 한편 엄위재는 다정다감한 정신의 소유자이다. 제1장에서 적기가 공습하여 오자 엄위재는 최씨 아줌마를 두 팔로 엄호한다. 또 안평리 마을의 소각과 최씨 아줌마의 희생(제2장)을 듣고, 미제국주의의 앞잡이인 장개석 군대에 어머니를 잃었던 엄위재는 "가슴이 찢어지고" "고향이 불타고 있는 듯한" 느낌을 갖는다. 이처럼 조선군중과 동고동락하는 그의 모습은 비록 편폭은 작지만 엄위재의 형상을 풍만하게 해준다. 전체적으로 볼 때, 엄위재의 형상은 영웅인물에 익숙한 중국 관객에게 강렬한 인상을 주었을 것이다. 그러나 여기서 유념할 점은 엄위재의 모습이 얼마큼 설득력을 구비하고 있느냐이다. 초급 지휘관에 불과한 엄위재의 형상은 차라리 우상에 가깝다. 문화수준 사상수준 군사수준 심리상태 등 어느 것 하나 부족한 게 없다. 일당백의 경지에 올라선 군사 능력, 누구도 능가할 수 없는 인격, 인류의 해방을 위해 분골쇄신하겠다(爲人類求解放粉身碎骨也心甘)는 원대한 이상 등은 아무래도 인위적인 감을 면키 어렵다. 우상이 군림하는 시대에 가능한 우상일 뿐이다. 특히 엄위재의 무소불능한 능력의 근원이 모택동의 가르침에서 유래한다[5])는 사실을 감안하면, 한 명의 영웅인물에 의해 좌지우지되는「백호단」은 결국 모택동 일인천하의 간접적인 투영에 지나지 않는다.

한편 조선 군중 가운데 최씨 아줌마와 며느리의 형상이 비교적 뚜렷하나, 엄위재의 군사 행동에 당위성을 부여하고, 위기 해결의 실마리를 제공하는

---

5) 제4장에서 엄위재는 "이것은 마오 주석 군사 사상의 위대한 승리이다(這是毛主席軍事思想的偉大勝利!)"라 선언한다.

등 역할이 극히 제한되어 있다.[6] 또 돌격분대를 지원나온 조선인민군 한대년과 김대용도 길을 안내하는 등 엄위재의 보조 역할을 하는 데 그친다. 따라서 서막과 미성이 제시하고 있는 중국지원군과 조선인민의 "어깨를 나란히 하고 전진한다(幷肩前進)"이라는 틀을 구현하기에 미흡하다.

반면 「백호단」은 반면인물에 대해서 철저히 부정적인 이미지를 부여하는데, 이는 "반인민성"과 "종이호랑이"로 집약된다. 엄위재를 위시로 하는 지원군이 모택동의 지시대로 조선 인민과 동고동락하는 입장에 서 있다면, 미국고문과 백호단 인사들은 인민의 삶을 파괴하는 존재들이다. 다음 대화는 이를 극명히 보여준다.

    중대장 : 보고합니다! 연대장님. 안평리 일대 주민들이 도로 보수 공사
            에 가지 않습 니다.
    미국고문 : 뭐! 내가 너희에게 일깨워 주었잖아. 군인이라면 어떻게 그들
            을 다루어 야 하는지 알아야 한다고!
    연대장 : (중대장 등을 향하여) 얼간이들! 곧장 마을 집들을 소각하고, 그
            들을 몰 아내 빨리 도로를 보수하도록 해!
    중대장 : 예! (소대장에게 손짓하며) 소각!
    소대장 : (병사들에게 손짓하며) 소각!(제2장)

그들은 연약한 인민들에게 횡포를 부리지만, 외면과 달리 내면은 무능하고 나약하기 짝이 없는 "종이호랑이"에 지나지 않는다. 아래로는 졸병으로부터 위로는 소대장에 이르기까지 포로로 잡히자마자 고분고분 복종할 뿐만 아니라, 미국고문의 경우 심지어 최씨 아줌마의 외침에 벌벌 떠는 모습을 보

---

  6) 제2장에서 최씨 아줌마가 도로 공사 차출에 반대하다 살해되자, 친어머니같은 정을 느끼고 있던 엄위재 일행은 "피는 피로 갚아야 한다"(제3장)라고 당위성을 외치며, 최씨 며느리는 제8장에서 돌격분대의 길잡이 역할을 한다.

인다. 이처럼 그들은 나약한 존재이다. 게다가, 야간 보초 근무 중 담배를 피우며 동료와 말다툼하는 등 군기가 해이되고, 명령 계통도 확립되지 못한 무능한 군대이다. 지원군의 대공세 속에 돌격분대가 막 기습하려는 순간 백호단 연대본부의 모습은 지휘 계통을 전혀 찾아볼 수가 없을 정도로 가관이다.

    기갑연대장 : (전군이 궤멸되었기에 화가 극에 달해서) 백창포! 우리 기갑 연대가 공산군에 궤멸 당했으니, 네가 책임져야 해!
    백호연대장 : 닥쳐! 너의 부대가 반시간만 빨리 갔어도, 국면은 이 지경이 되지 않을 거야! (기갑연대장 화가 나서 따지려 한다)
    참모장 : (백호연대장에게) 보고합니다, 연대장님, 무선이 끊겼습니다. (나즉히) 총 본부의 전보에 의하면, 전 전선 상황이 긴박하답니다. 얼른 준비하셔야겠습니다!
    미국고문 : (놀라 허둥대며, 급히 미군참모를 한 쪽으로 끌고서 나즉히) 곧장 우리 유탄포 대대를 철수시켜. 총 본부에 요청해서 헬리콥터 한 대 보내서 나를 데리고 가라 해. 빨리, 빨리! (제9장)

    긴급한 상황에서 그들은 서로 탓하고, 먼저 도망갈 궁리를 할 뿐이다. 이 점은 모택동의 가르침 아래 일사불란한 모습을 보여주는 지원군과 극명한 대조를 이룬다. 한 마디로 그들의 특성은 "반인민(反人民)"과 "종이호랑이"로 요약된다. 그런데 여기서 유념할 점은, 이러한 인물 형상은 바로 모택동의 연설 「미제국주의는 종이 호랑이다(美帝國主義是紙老虎)」를 그대로 반영하고 있다는 사실이다.7) 아무튼 「백호단」 속의 한국 쪽 인물은 차라리 어릿광대에 가깝다.
    이상을 통해 볼 때, 「백호단」의 인물은 적과 아로 양분되어 극단적으로

---

7) 毛澤東, 『毛澤東選集』제5권, 291쪽.

설정되어 있음을 알 수 있다. 엄위재와 지원군은 미화(美化)되고 있는 반면, 백호단 소속 인물은 한결같이 추화(醜化)되고 희화(戱化)되고 있는 것이다. 따라서 양자가 보여주는 특성은 극명하게 대비된다. 이를 도표로 보이면 다음과 같다.

	엄위재와 지원군	백호단 소속 인물
형상화 수법	미화	추화와 희화
성격 특징	다정다감하고 친인민적임	무자비하고 반인민적임
	군기가 엄정함	군기가 문란함
	기민하고 용감함	멍청하고 비굴함

역시 모택동의 어록에 근거하고 있는[8] 이러한 인물의 도식화는, 표면적으로는 적과 아를 효과적으로 대비시켜 아를 부각시키는 데 기여하는 것으로 보인다. 그러나 좀더 자세히 보면, 백호단 인물들이 지나치게 희화되어 극적 대결이 불가능하기 때문에 만화영화 같은 느낌을 주며, 또 엄위재의 영웅적인 형상에도 악영향을 끼치게 된다. 사실상「백호단」은 마오쩌둥의 전사 엄위재의 원맨쇼에 지나지 않는다.

---

8) 毛澤東,「항미원조의 위대한 승리와 금후의 임무(抗美援朝的偉大勝利和今後的任務)」(『毛澤東選集』제5권, 101-102쪽), "우리의 전사와 간부는 기지 넘치고 용감하고 죽음을 두려워하지 않는다. 그러나 미국 침략군은 죽음을 두려워하고 그들의 장교 역시 비교적 트릿하며 그다지 융통성이 없다. 그들의 전선은 견고하지 못하며 결코 철옹성이 아니다.(我們的戰士和幹部機智, 勇敢, 不怕死. 而美國侵略軍却怕死, 他們的軍官也比較呆板, 不那麼靈活. 他們的戰線不鞏固, 幷不是銅墻鐵壁.)"

4

　모든 정치선전극이 그러하듯이 「백호단」도 주제를 표면적으로 제시하고 있다. 「백호단」은 엄위재가 이끄는 돌격분대가 백호단 연대본부를 기습한다는 내용이다. 따라서 그 작전이 갖는 의의가 곧 이 극의 주제라 할 수 있는데, 미성(尾聲)에서 지원군 연대장 왕단장(王團長)은 성공적인 작전 수행을 "중국 조선 두 나라 인민의 어깨를 나란히 하고싸워낸 승리(中朝兩國人民幷肩作戰的勝利)"이자 "마오 주석 군사사상의 위대한 승리(毛主席軍事思想的偉大勝利)"라 선언하고 있다.

　우선 전자를 보자. 앞서 우리는 「백호단」의 구조를 살펴본 바 있는데, 서막과 미성이 일종의 틀 역할을 하며, 또 그것은 국제가(國際歌: The Internationali)가 울려 퍼지는 가운데 중국지원군과 조선군중(인민군)이 함께 전진하는 내용으로 서로 호응하고 있었다. 따라서 「백호단」은 "중국 조선 두 나라 인민의 어깨를 나란히 하고싸워낸 승리"를 구가하고 있다고 보아도 무리가 없을 것이다. 그러나 조선군중과 인민군의 역할이 극히 제한되어 엄위재의 보조에 지나지 않는다는 점에서 볼 때, 이를 「백호단」의 유일한 혹은 확실한 주제로 인정하기 어렵다.

　「백호단」이 궁극적으로 선전하고자 하는 주제는 오히려 후자일 가능성이 높아 보인다.9) 「백호단」은 엄위재가 이끄는 돌격분대의 기습작전을 내용으로, 엄위재의 영웅형상을 부각시키는 데 치중하고 있는 작품이다. 그런데 그를 영웅으로 만드는 모든 능력이 바로 모택동의 가르침에서 유래하고 있다. 따라서 엄위재의 승리는 결국 "마오 주석 군사사상의 위대한 승리"일 수밖에 없다. 물론 이러한 선전 주제 역시 무리가 없는 것은 아니다. 왜냐하면

---

9) 이는 극본 도처에서 모택동 어록이 직접 인용되고 있는 점이나, 또 앞서 살펴본 바대로 사건 전개나 인물 형상이 모두 모택동의 어록에 근거하고 있다는 점으로도 확인된다.

모택동의 가르침이 한 개인을 무소불능하게 만든다는 것은 객관적인 현실 논리에 부합되지 않기 때문이다. 다시 말해 마오쩌둥의 군사 사상이 정찰대 소대장 엄위재의 정신적인 지주로 작용할 수는 있지만, 구체적인 작전 승리의 직접적 혹은 유일한 요인이 될 수 없음은 자명한 일이다. 이처럼 「백호단」의 주제는 "중국 조선 두 나라 인민의 어깨를 나란히 하고싸워낸 승리"를 통하여 "마오 주석 군사사상의 위대한 승리"를 구가하는 것이라 요약할 수 있지만, 극본이 이를 자연스럽게 구현하고 있다고 보기는 어렵다.

일반적으로 양판희는 정치 선전을 지향한다. 다시 말해 양판희의 주제는 정치적 필요성에 입각하여 설정되거나 강조된다는 의미이다. 그렇다면 "마오쩌둥"으로 귀착되는 「백호단」의 선전 주제는 어떠한 정치적 필요성에 기인하는 것인가? 우선 「백호단」의 개작과 양판희 선정에 강력한 영향력을 행사하였던 쟝칭의 행적에 유의할 필요가 있다. 1965년 쟝칭은 야오원위엔(姚文元)을 내세워 우한(吳晗)의 신편역사극 「해서파관(海瑞罷官)」을 비판하고, 1966년 초 이른바 "문예흑선독재론"을 골자로 하는 「부대기요(部隊紀要)」를 발표하는데, 이러한 것들은 모두 문화대혁명을 일으키기 위한 전주곡이었다. 그런데, 문화대혁명 발발 과정 뒤에는 마오쩌둥이 자리하고 있음은 널리 알려진 사실이다. 즉, 대약진운동의 실패 이후 류샤오치(劉少奇)에게 국가주석을 물려주고 정치 이선으로 물러나 있었던 마오쩌둥이, 류샤오치를 축으로 하는 당권파를 타도하고 자신의 정치적 입지를 회복하기 위해 일으킨 극좌운동이 문화대혁명이었던 것이다. 한편 1964년 전국경극현대극경연대회(全國京劇現代戲觀摩演出大會)에서 일찌감치 「백호단」을 주목하였던 쟝칭은 1966년 초 전문적인 조직을 구성하여 「백호단」을 개작하도록 하였다. 「백호단」 개작과 「부대기요」 작성이 같은 시기에 동일 인물에 의해 행해졌다는 사실은, 「백호단」이 어떠한 정치적 요구를 반영하고 있는가를 이해하는 데 결정적인 시사점을 던져준다. 「부대기요」에서 "흑선독재론"을 내세워 류샤오치 일파를 비판한 쟝칭의 입장에서, 정면으로 마오쩌둥을 찬양할 필요가 있었을 것이다. 쟝칭은 「백호단」의 개작을 통하여 이러한 정치적 요구를 달성하고자 한 것이다. 결론지어 말하자면, 「백호단」은 문화대혁명 전후 조장되었던 마오쩌둥의 우상화라는 정치적 요구에 입각하고 있는 것이다.

5

이상에서 살펴본 내용은 다음 세 가지이다.

1) 한국전쟁 일화를 제재로 하고 있는 「기습백호단」은 중국인민지원군경극단에 의해 처음 편극되고, 1964년 산동성경극단이 전국경극현대극경연대회에 출품하면서 기본적인 틀과 총체적인 풍모를 구비하게 되었다. 이후 쟝칭의 간섭 아래 개작되어 양판희로 선정되는데, 이 과정에서 작품성에 심각한 영향을 끼치게 되었다.

2) 「백호단」은 엄위재가 돌격대를 이끌고 백호단 연대 본부를 기습하는 과정을 주요 사건으로 삼고 있으나, 갈등이나 대결 구조 없이 사건이 전개되기 때문에 극적 긴장감이나 고조를 찾을 수 없다. 이처럼 대결 구조를 설정하지 않은 이면에는 "무산계급전정(無産階級專政)"이라는 경직된 세계관이 자리하고 있다.

3) 「백호단」은 엄위재의 영웅적인 형상을 중점적으로 부각시키고 있는데, 지나치게 완벽하여 사실감이 부족하다. 또 「백호단」은 극중 인물을 적과 아로 양분하여 적에게는 醜化와 戱化 수법으로, 아에게는 美化 수법으로 인물을 극단적으로 도식화하고 있다. 이와 같은 인물 설정은 모택동의 어록을

그대로 반영한 것이지만, 어쨌든 극적 효과를 감소시키는 요인으로 작용하고 있다.

4) 「백호단」은 "중국 조선 두 나라 인민의 어깨를 나란히 하고 싸워낸 승리"와 "마오 주석 군사사상의 위대한 승리"라는 주제를 선언적으로 표방하고 있지만, 이를 구현하는 각종 극적 장치는 미흡하다. 이는 문화대혁명 전후 조장되었던 마오쩌둥 우상화라는 정치적 요구에 맹목적으로 추종한 결과이다.

결론지어 말하자면, 쟝칭의 영향 아래 개작된 「백호단」은 한국전쟁을 소재로 하여 마오쩌둥 사상의 위대함을 찬양하는 어용 연극이자, 마오쩌둥 우상화에 기여하는 선전극에 지나지 않는다. 게다가 모든 극적 장치가 정치적 요구에 구속되면서 문학작품으로서의 완성도가 크게 떨어지기 때문에, 예술적인 측면에서 보자면 결코 모범적인 연극(樣板戲)이 될 수 없다.

그러나 우리 입장에서 되짚어보아야 할 점은, 「백호단」이 한국전쟁을 마오쩌둥의 전사의 일방적인 독무대로, 한국 쪽 인물을 어릿광대로 만들고 있지만, 그럼에도 불구하고 그 연극이 지니고 있는 엄청난 영향력이다. 「백호단」은 문화대혁명 시절 아침저녁으로 보고 들었고, 지금도 여전히 무대에서 종종 상연되는 연극이기 때문이다. 중국인은 「백호단」을 통하여 한국전쟁을 파악한다. 중국인들 특히 문화대혁명 세대들의 깊은 뇌리에는 한국과 미국은 침략자로, 그 인물들은 우스꽝스런 존재로 각인되어 있는 것이다. 반면 마오쩌둥의 아들이 한국전쟁에서 전사하였던 사실을 떠올리며 북한을 혈맹의 우방으로 여긴다. 물론 국교 수립 이후 잦은 교류로 상황은 바뀌고 있지만, 최근 탈북자 처리 과정 등에서 알 수 있듯이, 그러한 인식이 여전히 잠재되어 있는 것이다.

한국전쟁과 터키문학

오은경*

1. 들어가며

터키 정부가 한국전쟁에 파병이라는 적극적 형태로 개입하였고, 대한민국 정부의 우방이라는 우호적 관계를 지속시켜왔다는 것에 관심을 가지고 있는 사람은 아마도 별로 많지 않을 것이다. 지난 월드컵이 계기가 되기까지 한국인들은 터키인들이 자유민주주의를 수호하고자 한국 땅에서 피를 토하며 죽어간 많은 상처를 간직하고 있다. 터키 정부가 파병을 결정하고 감행하기까지 터키 국내의 팽팽한 여론과 참전군들의 전쟁체험, 그리고 가족들의 애환은 '한국'이라는 머나먼 타국 땅이라는 공간적 거리감과 이질적 문화 체험과 더불어 고스란히 한국전쟁문학 작품 속으로 녹아들었다.

한국전쟁이 발발하고 휴전협정을 맺은 지 거의 반세기가 지난 오늘까지도 참전국들의 한국전쟁문학은 전혀 연구되지 않았다. 한국전쟁이 국내전을 떠나 유엔 16개국이 참전한 국제전의 성격을 지니고 있었음이 너무도 명백한 현실임을 고려해 볼 때 한국전쟁 참전국들의 작품을 발굴하고 연구하는

---

* 동덕여대 전임강사, 주요 저서로 『터키와 한국 소설 속의 여성』(터키문화부, 2003) 등이 있다.

작업은 필연적으로 요구된다고 할 수 있다.

본고는 이러한 문제의식을 가지고 한국전쟁에 가장 많은 병력을 파병하였던 나라 중의 하나이며, 군우리 전투와 금양장리 전투 등에서 맹활약을 보였던 터키의 한국전쟁문학을 고찰해 보고자 연구에 착수하였다.[1] 먼저 본 연구 수행을 위해 한국전쟁을 소재로 한 작품 발굴작업부터 시작하여야 했다. 터키 내의 모든 국립 도서관 소장 도서와, 1950년 이후 출간된 문학잡지, 일간지, 한국전쟁참전용사협회에서 발간하는 저널 등을 일일이 검색하였다. 그 결과 한국전쟁을 주제로 다룬 시, 소설, 희곡, 회고록 등 엄청난 분량의 작품들을 찾아낼 수 있었다. 이 작품들은 터키 문단에서 전쟁문학으로서 가능성을 재검토 받아야 할뿐만 아니라 비교문학과 역사적 사료로서 한국에도 반드시 소개되어야 할 필요성을 느끼게 되었기에 본 지면을 통해 국내에 소개하고자 하는 바이다.

'전쟁문학(War Literature)'이란 제 1차 세계대전 이후 독일에서 제기된 문학용어로 메츨러(Metzler)의 『문학어휘사전』에 따르면 간단히 '전쟁을 통해서 휴머니티의 문제를 탐구한 문학으로 정의된다.[2] 전쟁 문학의 연원을

---

1) 터키 정부는 1950년 10월부터 1953년 7월 27일까지 1만 4천 9백 36명을 파병하였다.
   ROK Ministry of Defense, *The History of the UN Forces in the Korean War*, vol. I-VI, 1972-77
   터키는 한국전쟁에서 군우리 전투(1950.11.26-30), 금량장 및 151고지 전투(1951.1.25-27), 장승천 전투(1951.4.22-23), 네바다전초전(1953.5.28-29)의 격전에서 고귀한 피를 흘렸다. 한국전 기간 동안 터키군의 인명피해는 무려 3천6백24명에 이르고 있다.『국방부국정감사자료』, 1995. 참조.
2) 그러나 전쟁이 단지 소재로서만 채택되는 넓은 의미의 전쟁 문학과 그것을 휴머니티의 탐구의 대상으로 하는 좁은 의미의 전쟁문학은 구별될 수 있을 것이다. 그 구별을 개념의 범주에 따라 도식화하면 다음과 같다.
   ① 좁은 의미의 전쟁문학-반전문학, 휴머니즘을 옹호하는 르포 혹은 다큐멘타리 문학, 귀향문학, 순수전쟁서정문학.
   ② 넓은 의미의 전쟁문학-좁은 의미의 전쟁문학, 선동선전문학, 전쟁동원의 르포 혹은 다큐멘타리 문학.
   Metzler Literatur Lerikon, Kriegsdiehtung, 오세영,「한국전쟁문학론연구」,『인문논총』, 제28

거슬러 올라가자면 서구의 경우 그리이스 시대의 「일리어드」, 십자군의 노래 등에까지 이를 수 있으나 그것이 문학에 있어서 장르적 개념으로 정착하기 시작한 것은 19세기 이후일 것이다. 터키의 경우에도 고대의 영웅적 행적을 찬양하기 위한 대서사시 「마나스 데스탄(Manas Destan)」이나 그 전통을 이은 여러 '데스탄(Destan)'에서 전쟁문학의 흔적을 찾을 수 있기는 하다. 그러나 본격적인 전쟁문학 작품이 창작되기 시작한 것은 아마도 근대 '독립전쟁(Kurtulus Savasi)'부터일 것이다. 독립전쟁 당시 터키에서는 전쟁을 다룬 수많은 작품들이 창작된다. 1차 세계대전과 독립전쟁 당시 대부분의 문인들은 민족의식을 고취시키며 터키인의 용맹을 찬양하고 자발적으로 전쟁에 참여하기를 유도하는 목적의식을 가지고 창작활동에 참여한다. 전쟁을 독려하고 서구에 대한 저항을 목적으로 한 문학적 대응은 터키 문학사에서 '민족항쟁문학 (Milli Edebiyat, 1911-1923)'이라는 독자적인 시기 구분을 마련하기에 이른다.[3]

그러나 이렇듯 많은 전쟁문학이 창작되었음에도 불구하고 터키에서는 아직 전쟁문학에 대한 논의가 심층적으로 이루어지고 있지 않다. 서구에서 '전쟁문학'이라는 용어 자체가 하나의 장르로 인식되기 시작한 것이 그리 오랜 일이 아니듯 터키에서도 '전쟁문학'에 대한 연구는 그리 많지 않은 편이다. 더구나 한국전쟁문학에 대한 논의는 전무한 상태이므로 필자의 연구로서 시발점을 삼고자 한다.

집, p.4-7에서 재인용. 이 글에서는 한국전쟁문학을 단지 휴머니즘만을 모색하는 협의의 전쟁문학으로 제한하지 않고 넓은 의미의 전쟁 문학 차원에서 다루고자 한다. 아울러, 터키의 한국전쟁문학의 경우, 전쟁이 진행 중이었던 1950-53년에 쓰여진 작품은 전시문학(War time)에, 이후 쓰여진 작품은 전후문학(Post War Literature)에 포함시킬 수 있겠다. 이 글에서는 전시문학과 한국전쟁이 끝난 이후에도 전쟁이 작품에 반영된 전후문학을 포괄한 개념으로 논의를 전개하도록 하겠다.

3) Kenan Akuz, Modern Turk Edebiyatinin Ana Cizgileri, Inkilap Kitapevi, 1990, pp.164-192.

이 글에서는 한국전쟁문학 형성의 동인이 되었던 터키 정부의 파병 배경을 알아보고, 터키 한국전쟁문학의 특성, 그리고 작품들을 각 장르별로 고찰하고 소개하는 것으로 만족하고자 하며, 지면의 한계로 인한 각 장르별 고찰은 후속 작업으로 남겨두고자 한다.

2. 터키 정부 한국전쟁 파병과 한국전쟁문학의 형성

1950년 6월 28일 유엔 안전보장이사회에서는 '한국원조에 관한 결의문'이 채택된다. 그 이후 7월 중순 유엔사무총장은 터키 정부측에게 지상군 파병을 요청한다. 이를 터키 정부가 적극적으로 수락함으로써 터키군의 한국전쟁 참전과 파병이 실행되었다. 제2차 세계 대전이 끝나기 직전인 1945년 3월 22일 대독선언을 계기로 연합군 측에 가담하였고, 친서방 국가로 선회함으로써 자유주의진영의 철저한 반공국가가 된 터키로서는 이를 거절할 명분이 없었던 것이다.

터키 정부의 한국전 파병 결정은 매우 신속하게 진행된다. 파병안은 1950년 7월 18일 당시 대통령 제랄 바야르(Celal Bayar)의 얄로바(Yalova)저택에 소집된 임시회의에서 논의되었으며, 여기에는 총리 아드난 멘데레스(Adnan Menderes), 부총리 사멧 아아오울루(Samet Agaoglu), 외무부 장관 쾨푸뤼뤼(Koprulu), 국방부 장관 레픽 인제(Refik Ince), 참모 총장 누리 야뭇(Nuri Yamut) 의 고위급 각료만이 참석하였던 것으로 보아 매우 은밀하게 진행되었던 것으로 보인다. 그 이후 7월 25일 저녁 앙카라 (Ankara)에서 소집된 비상각료회의에서는 한국전쟁 참전 문제를 전투병인 지상군을 파병하는 것으로 마무리하며, 국회 의결도 거치지 않은 채 이 결정은 곧바로 그날 유엔에 통보된다.[4]

터키 정부가 이렇게 신속하게 파병안을 결정하고 추진해 간 데에는 터키의 국익과 안보를 위해 행보를 정해야 하는 위급한 상황에 처해져 있었기 때문이었다. 구소련의 팽창과 공산주의의 확산을 의식하지 않을 수 없던 터키 정부로서는 자유주의진영의 보호 축으로 들어갈 수 있는 기반을 모색하지 않을 수 없었던 것이다. 이것은 터키의 안보를 위해서도 매우 중요한 것이었다. 당시 터키 언론은 터키 정부가 한국전 파병을 결정한 것은 터키의 안보를 담보로 제공받기 위한 것이며, 이는 미국의 군사적, 심지어 경제적 원조도 보장받을 수 있는 조치라고 '국익'을 내세워 국민들을 설득하였다.[5] 터키의 한국전 파병 결정은 명실공히 대외적으로 미국 중심의 자유주의 체제로의 진입을 확고히 하겠다는 의사 표현으로 받아들여 질 수밖에 없었다.[6] 터키 정부의 이러한 행보는 당시 중동에서의 구소련 세력의 팽창을 경계하고 있던 미국의 입장에서도 매우 반가운 일이었다. 따라서 중동지방에서 영국이 후퇴하고 구 소련의 세력을 견제할 만한 기반을 찾지 못했던 당시 상황에서 대소방위를 위해 터키가 전략적으로 지목되었고, 터키는 1951년 나토(NATO)에 가입함으로써 자유주의 진영국가로의 본격적 행보를 결정한다.[7]

---

4) Toker Metin, Demokrasimizin Ismet Pasa Yillari, Bilge Yayinlari, 1990. p.50.
5) "Kararimiz isabetli mi, degil mi?", Cumhuriyet, 28. VII.1950.
6) 그 당시 중동 지역이 국제 정치사 갖는 중요성은 다음과 같다. ① 옛소련이 중동에서 보루를 구축한다는 것은 전세계 힘의 균형에 결정적인 변화를 초래하게 되며, ② 옛소련의 석유 장악은 자유세계 경제에 치명적이며 ③ 이슬람세계 중심부에서 공산주의 승리는 차후의 아시아, 아프리카, 유럽에 걸친 전역에로의 확산을 의미하는 것이었다. 서재만, 「한국 전쟁 발발이 중동지역에 미친 영향」, 『국제문제』,(1979,6) 참조
7) 전후 영국의 후퇴로 힘의 공백지대이며 대소방위(對蘇防衛)의 보장이 전혀 없는 중동 지역에서 중동의 대소 방위 보장을 위한 전략지구로서 터키가 지목되었다. 그리하여 1951년 9월 오타와 제7차NATO 각료회의에서 미국은 NATO 동남부 지역의 전략적 취약성 보강과 동지중해와 중동 지역의 방위 효과를 동시에 가질 수 있는 방편으로 그리이스와 터키의 NATO 가입을 공식제의 하였고, 그 결과 10월 15일 양국의NATO 가입 협정이 체결되었다. 서재만, 앞의 글, p.15참조

터키 정부의 한국전 파병 결정은 터키 국내에서 대단한 파장과 국론의 분열을 초래한다. 극좌 계열인 '터키 평화 수호자 협회'와 공화국 수립 이후부터 줄곧 집권당이었다가 제 2정당으로 밀려난 공화당(CHP)의 반발은 극심하였다. 이들은 국회에 파병을 무효화하고 철회할 것을 요구하였다. 터키가 한국에 군대를 파병함으로써 소련의 보복 침략을 당할 수도 있다는 것이 그들의 반대 이유였다. 그 당시는 힘의 공백 상태에 있는 중동 지역에 구 소련과 미국의 냉전 체제가 새롭게 형성되기 시작하고 있었으므로 터키정부의 친미노선으로의 행보 결정은 구소련의 반감을 사기에 충분하며, 이것은 일정부분의 위험을 전제로 하지 않을 수 없는 것이었다. 그러나 실제로 이들의 반발은 한국전 파병이 휴머니즘의 실현 문제나 중동 지역에서 자국의 외교적 방향성을 결정할 수 있다는 문제보다도, 터키 정부가 국회 의결을 거치지 않고 각료들간의 은밀한 결정으로 일을 추진한 것 자체에 무게 중심이 실려 있었다.[8]

한국전쟁에 연합국의 일원으로 참전함으로써 반공국가의 색채를 분명히 갖게된 터키는 구소련을 적으로 설정하는 반공이데올로기를 이용하여 국민들의 설득을 얻어낼 수 있었다. 대다수의 국민들은 한국 전쟁 참전 결정에 지지와 성원을 보내게 되며, 심지어 당시 가장 규모가 큰 학생 조직인 "터키 민족학생연합(Turkiye Milli Talebe Federasyonu)"에서도 "자유와 인류애를 실현할 의무가 있는 터키 민족에게 내려진 기회"라고 지지 성명을 발표하기도 하였다.[9]

---

8) 터키의 한국전 파병은 1950년 7월 18일 당시 대통령 제랄 바야르(Celal Bayar)의 얄로바(Yalova)저택에소집된 임시회의에서 논의되며, 여기에는총리 아드난 멘데레스(Adnan Menderes), 부총리 사멧 아아오울루(Samet Agaoglu), 외무부 장관 쾨푸뤼뤼(Koprulu), 국방부 장관 레픽 인제(Refik Ince) , 참모 총장 누리 야뭇(Nuri Yamut)이 참가하였다. 그 이후 7월 25일 저녁 앙카라 (Ankara)에서 소집된 비상각료회의에서는 한국전쟁 참전 문제를 지상군을 파병하는 것으로 결정 짓는다. 이 결정은 곧바로 그날 유엔에 통보된다.

민중의 지지를 가장 크게 확보할 수 있던 이슬람 세력도 이에 합류하였다. 종교부 장관 아흐멧 함디 악세키(Ahmet Hamdi Akseki)는 "가장 신실한 신앙심만이 공산주의에 저항할 수 있는 유일한 무기가 될 수 있을 것"이라고 선언함으로써 한국전을 "성전(聖戰, cihad)"으로 공식 선포하였다.10)

3. 한국전쟁문학의 전쟁문학으로서의 가능성과 한계

야당이나 좌파 지식인들의 반발에도 불구하고, 터키 정부의 한국전 파병은 터키 국민의 대대적인 지지기반을 획득하는데 성공하였다.11)당시 구 소련을 통한 공산주의를 경계하기 위해 조성되었던 반공이데올로기는 파병 결정에 대한 적극적 동조를 얻어내는데 크게 기여했던 것이다. 또한 이것은 당시 터키의 이슬람교가 공산주의를 '적'으로 선언하며, 한국전쟁은 곧 '성전(聖戰, cihad)라고 선전하는 등 종교 이데올로기를 동원하면서 국민적 차원의 호응을 끌어내게 된다.12) 이러한 터키 정부의 전쟁 참여 정당화는 전쟁을 선전 선동하는 전쟁동원문학을 형성하게 된다.

이 때, 한국전쟁문학을 단지 휴머니즘만을 모색하는 협의의 전쟁문학으로 제한하지 않고 넓은 의미의 전쟁 문학 차원에서 다루어볼 때, 반전문학, 순수서정문학, 선전선동문학기록 문학의 범주에서 살펴볼 수 있을 것이다.13)

---

9) Mim Kemal Oke, Ibid, p.70.
10) Ilahiyet Kultur Telifler Basim ve Yayim Kurumu, Kore Savunmasina Katilmamizda Dini ve Siyasi Zaruret, (Istanbul, 1950), p.13-14.
11) 이 때 한국전쟁에 참전한 군인은 무려 지상군 1개 여단이나 되며, 1950년 10월부터 7월 27일까지 1만 4천 9백 36명이 파병되었다. 자세한 내용은, ROK Ministry of Defense, The History of the UN Forces in the Korean War, vol. I-VI, 1972-77.
12) Ilahiyet Kultur Telifler Basim ve Yayim Kurumu, Kore Savunmasina Katilmamizda Dini ve Siyasi Zaruret, (Istanbul, 1950), pp.13-14.
13) 오세영, 위의 글, p.4-7.

위의 범주에서 먼저 전쟁동원문학을 살펴보면, 여기에는 가장 먼저 현직 교사를 비롯한 일부 지식인이앞장을 섰으며 각 지방의 전통시인 아쉭(Asik) 들이 터키의 고유한 시 전통인 데스탄(Destan)을 창작하는 것으로 더욱 더 힘을 실어주었다. 전쟁동원문학에 압도적으로 많은 비중을 차지하는 것은 역시 시 장르로서, 이는 시 장르의짧은 시간에 작품을 완성할 수 있고,전문적인 교육을 받지 않고도 창작할 수 있다는 특성상 이점에서 비롯된 것으로 보인다. 그리고전쟁독려시에 참여했던 대다수의 사람들이 일부 지식인 및 참전군인 등의 아마추어 작가였던 점을 미루어 볼 때 더 더욱 장르상 적합성을 유추해 볼 수 있겠다.

전쟁이라는 상황 속에 처한 인간의 내면과 서정을 형상화한 전쟁서정문학의 경우 역시 일정부분 기록문학적 기능과 전쟁의욕을 고취시키고자 하는 목적의식이 완전히 배제된 것은 아니었다. 다만 표출된 서정성 속에 어느 정도 휴머니즘적 차원도 내재되어 있으며, 전쟁에 처한 참전군들의 전쟁에 대한 공포나 고향에 대한 향수, 고독 등이묘사되어 있어, 반전문학적인 성향을 보이기도 한다. 그러나 이것 역시 직접적인 반전을 의미하는 것은 아니었다.

한국전쟁이 발발하고 파병이 진행되던 당시 반전을 주장하는 문학은 찾을 수 없었다는 것이 터키 한국전쟁문학의 형성 과정에서 볼 수 있는 특이한 점이다. 소련의 공산화 위험과 맞닥뜨려 있는 터키가 반공주의를 국시로 내걸고 자유진영 국가로의 진입을 전세계에 표방함으로써 자국의 안보를 보장받고자 했던 것은 전 국민으로 하여금 한국전쟁에의 적극적인 개입에 동조하도록 유도할 수 있는 사상적 기반이었다. 그러나 당시 한국전쟁문학이 대부분 아마추어 작가에 의해 창작되었고, 대부분의 기존 작가들은 전쟁에 대한 찬반의 언급을 회피함으로써 한국전쟁파병에 대한 묵시적 반발을 표현하기도 하였다는 것에서 모든 국민에 적극적으로 동조했던 것은 아니라는 것을 알 수 있다. 한국전쟁파병에 대한 적극적인 반발 및 반대는 반공을 국시로 내건 당시의 상황과 정권의 경직성으로 볼 때 이것은 바로 생존권의 박탈로 연결될 수도 있었기 때문이다.

이러한 상황에서 한국전쟁문학에 대한 재평가가 서서히 고개를 들며 반전 문학의 형태로 창작 및 출판되기 시작한 것은 1980년대부터이다. 물론 그 중에는 한국전쟁 당시 창작되었으나 출판이 금지되어 80년대 후반에서야 출판이 된 작품도 있었다. 그러나 무엇보다도 아쉬운 것은, 한국전쟁문학의 창작은 시기상으로도 아주 늦게 이루어졌을 뿐더러 작품의 수로 미루어 볼 때도 극히 미미한 상태라는 것이다. 이때 반전문학은 전쟁동원문학이 압도적으로 시에 치중해 있는 것에 비해 시, 소설, 희곡 등의 장르로 창작되었으며, 전쟁의 무의미성을 고발하고, 인간의 실존을 탐구하며, 파병의 형태로 젊은이들의 삶을 희생시킨 정부에 대한 비판 등을 주제로 다루고 있다.

국민의 전쟁 참여를 유도하기 위한 전쟁동원문학과 전쟁서정문학의 작품 수나 참여 층의 지지기반 등을 미루어 볼 때, 터키 한국전쟁문학은 대단한 잠재력과 전쟁문학으로서의 가능성을 확보하고 있다고 볼 수 있겠다. 이에 비해 휴머니즘 차원에서 전쟁을 검토하고 재검토를 촉구하는 반전 문학의 수적 열세는 총체적인 전쟁문학 차원에서 한계로 남는 것도 사실이다. 그러나 반전문학이 존재할 수 없던 원인을 생존권을 위협받을 수도 있던 삼엄한 역사 현실 속에서 찾아야 한다는 점과 반전문학이 높은 문학적 수준을 보유하고 있다는 점을 고려해 볼 때 터키 한국전쟁문학은 여전히 전쟁문학으로서의 위상을 점유하고 있다고 하겠다.

4. 장르별 특성

4.1. 시

한국전쟁문학을 단지 휴머니즘만을 모색하는 협의의 전쟁문학으로 제한하지 않고 넓은 의미의 전쟁 문학 차원에서 다루어 보고자 했던 것을 염두에 둔다면 한국전쟁시도 역시 선전선동시, 순수서정시, 반전시로 나누어 볼 수 있겠다.

4.1.1. 선전선동시

아군의 전투 의욕을 높이고 전쟁에 국민을 동원하고자하는 의도로 창작한 목적시가 바로 선전선동시(Agitated Propaganda Poetry)이다. 터키 한국전쟁문학에서 전쟁동원의 성격으로 가장 많이 창작된 장르가 바로 시(Poetry)였다는 점은, 전쟁 발발 즉시 터키군의 참전을 정당화하고 국민적 차원의 동화를 끌어내고자 곧바로 창작에 착수해야 했던 당시 상황의 특수성에서는 '시'의 특성이 선전선동문학의 목적을 수반하는데 가장 적합했던 것을 입증해 준다. 특히 선전선동시의 창작은 현대시와 민속시라는 두 가지 큰 형식의 테두리 안에서 이루어진다.

현대시의 틀 안에서 한국전쟁참전을 독려하는 한국전쟁시 창작을 주도했던 사람들은 학생, 지식인, 참전 군인 등 아마추어 작가들이었다. 비록 기존 작가 층은 입을 다물고 있는 상황이었지만 비제도권 지식인들과 아마추어 작가들의 창작은 지식인들의 목소리를 대변해주고 있는 듯 보였다. 한편에서는 터키에 면면히 이어져 내려오는 민속시 전통이 한국전쟁 선전선동시로서 또 하나의 큰 줄기를 형성하였다. 아마추어 작가들에 의한 현대시 형식이 지식인층으로 독자층의 포커스를 맞추고 있다면 민속시 데스탄은 그야말로 민중들의 심장을 관통하는 호소력을 가지고 있었다. 따라서 터키에서 한국전쟁문학 창작 당시 선전선동은 터키군의 한국 파병을 설득하고 정당화하기 위한 것이었으므로 우군과 터키 국민을 대상으로 하는 것이었으며, 지식인과 민중을 모두 포섭대상으로 삼을 수 있었다.

민속시를 먼저 살펴보면, 민속시인 아식(Asik)들은 터키 고유의 독특한 전통시이며 서사시 형식인 '데스탄(Destan)'을 계승함에 있어 한국전쟁은 큰 역할을 담당하였다고 볼 수 있다.14) 민속시인 아식(Asik)들은 각 지방에 흩어져 사는 전통적 음유시인으로서, 전쟁이나 화재, 가뭄, 가난 등과 같은 심각한 상황이나 그 지방에 사회적 문제가 되는 사건이 발생했을 때데스탄(Destan)을 지어 마을 사람들과 소통하였다. 이때 데스탄은 해학성을 띠기도 하며, 형식에있어서는 코쉬마(Kosma)라는 6+5 나 4+4+3 음절의 4절 연시의 형태를 띠게 된다.15) 한국전쟁 당시 그 작품의 수로 미루어 볼 때 이들의 활약은 상당했던 것으로 보이며, 한국전쟁 발발과 터키군 파병이 주춤하던 데스탄 창작을 가속화하는데 큰 역할을 했던 것으로 보인다. 민속시인 아식들은 데스탄을 지어 터키군의 한국전쟁 참전의 정당성과 당위성을 국민들에게 널리 인식시키고 선전하는데 크게 기여했다.

그런데 여기에서 한가지 반드시 언급해야 할 것이 있다면 민속시인 뿐 만 아니라 대부분의 한국전쟁시를 창작했던 아마추어 작가들은 민속문학의 한 장르이며, 동시에 서사시 '데스탄' 형식을 차용하였다는 것이다. 그것은 터

---

14) 전통적인 민속시는 익명구전시, 아식(Asik), 테케(Tekke)로 분류되며, 위의 세 가지 시 형식은 다음과 같은 특성을 공유한다. 첫째, 음절 운율을 고수하며 4행으로 구성된다. 둘째, 반드시 음악 반주가 들어가야 한다. 따라서 시에 운율과 리듬이 들어가며 박자가 중요하다. 셋째, 대화체가 시에 삽입되어 주제를 암시하거나 서사를 이끌어간다. 민속문학의 한 갈래인 아식문학은 터키의 민족문학으로서 그 전통을 고수하고 있으며 터키 동부지방에서는 특히 20세기의 첨단기술의 발달과 더불어 그 면모를 달리하며 명맥을 유지해 가고 있다. Umay Gunay, Turkiye'de Asik Tarz Gelenegi ve Ruya Motifi, Akcag, 1993, p.5.
15) Emin Ozdemir, Edebiyat Bilgileri Sozlugu, Remzi Kitapevi, Istanbul, 1990. p.83.

키에서 오랜 시간 동안 면면히 이어져 내려오던 전쟁시의 하나인 데스탄이 전쟁선전선동을 위한 목적시로서 매우 적합하며 터키인의 정서에도 아주 잘 맞았던 것에서 연유하는 것으로 보인다. 또한 1911년 이후 시작된 '터키민족주의(Turkculuk)'는 터키 지식인들로 하여금 터키 고유의 전통을 회복하려는 움직임을 불러 일으켰다. 따라서 문단에서도 서구에서 받아들인 운문형식에 터키 고유의 민속시를 접목시키려는 여러 가지 시도를 가능하게 했다. 위에서 언급했던 한국전쟁 관련 시 창작에 현대시인들의 상당수가 데스탄의 형식을 차용했던 것도 이러한 시도 중의 하나로 보인다.

따라서 터키문학에서 한국전쟁시의 민속시는 크게 1) 아쉭문학으로서의 데스탄과 2) 현대시인들의 데스탄으로 나누어 볼 수 있다.

현대시인들의 데스탄은 운율이나 각운을 적용하는 면에서는 아쉭문학으로서 데스탄과 전혀 차이가 없었다. 그러나 위에서 언급한 가장 큰 특징 중의 하나인 마지막 절에 작가의 이름이 전혀 언급되지 않으며 시인이 구사하는 언어에서는 보다 깔끔하고 정제된 표현들이 등장하고, 형식에서는 일정부분 자유로움과 변형된 모습을 보인다. 이러한 형식상의 차이를 배제하면 아쉭문학으로서 데스탄과 현대시인들의 데스탄의 내용과 특성은 크게 다르지 않은 것으로 보인다.

내용면에서 볼 때, 데스탄에서는 터키군의한국전 파병이 정당화와국민들의 설득을 얻어내려는 목적이 다분했으므로, 거의 모든 작품에서 한국전쟁은 사실적이라기 보다는 감상적이며, 신화화적으로 묘사되며, 이상화된다. 이러한 선전과 선동의 목적시에 걸맞게 한국전쟁은 인류를 구원하기 위한 이데올로기 전쟁이며, 공산주의자와 당시 소련과 중국 등이 '적'으로 설정된다. 따라서 마오쩌뚱과 스탈린이 적의 상징 인물로서 등장하며, 마치 한국전쟁은 이슬람을 위협하는 공산주의와의 대결구도로서 존재한다. 따라서 한국전쟁에의 참전은 이슬람의 존재를 위협하며 인류의 생존을 위협하는 공산주의자들의 소탕을 위해 알라신이 명한 '성전(Cihad)'에 참여하는 것이다.

······ / 공산주의자 족속이여 볼세비키여 / 그 얼마나 미천하고 뻔뻔한가 / ······16) //
세상이 딱하게 되었구나 러시아 놈들 때문에 / 세상을 그 검은 혀로 휘감았으니/
모두가 그 스탈린 때문에 고생이네 / 알라신이여 그 놈 몸뚱이를 좀 없애주소 / ···17) //

위에서 볼 수 있는 것처럼 한국전쟁은 마치 이슬람 전사와 공산주의와의 이원적 구도 속에서만 묘사되며 한국전쟁 참전은 민족을 위한 행할 수 있는 가장 고매하고 애국적인 행위가 된다. 따라서 터키 중앙아시아 고대로부터 전승되어 오는 아틸라(Attila), 젱기즈(Cengiz), 티무르(Timur) 등과 같은 위대한 장군이나 오스만제국을 건설하였던 파티히 야부즈 슐레이만(Fatih Yavuz Kanuni Suleyman), 공화국을 출범시켰던 국부(國父) 아타튀르크와 같은 역사적 인물과 터키군으로서 한국전쟁 참전군의 지휘관이었던 제랄 도라(Celal Dora)와 타흐신 야즈즈(Tahsin Yazici) 등이 동일시되며 이들은 민족의 영웅으로 추앙 받게된다. 데스탄에서 볼 수 있는 가장 큰 특징은 참전군의 영웅화와 신화화이다.

한편 거의 모든 데스탄에서 볼 수 있는 한국에 대한 '형제애'도 흥미 있는 부분이다. 한국과 터키의 유대를 그들은 중앙아시아라는 공간에서부터 설정하고 있으며, 이때 중앙아시아는 그것이 윤색된 허구이든 순수 허구이든 터키와 한국을 엮어주는 매개가 되고 있으며, 터키인의 한국에 대한 형제애 및 동지애(同志愛)는 인류애로 확대된다. 이렇게 터키 한국전쟁 데스탄은 조상

---

16) Talibi Coskun, Kore Harbi Sehitlerinin Destani, 1952, p.1.
17) Huseyin Ozgul, Dunya Dusmani Staline, 1952, p.1

들의 영광과 자국민의 우월성 및 터키군의 용맹성을 드러내려는 집단의 욕구를 반영하고 있으며 이러한 집단의식은 '공산주의'라는 악에서 형제를 구출해야한다는 당위를 끌어낸다. 이때 형제애는 반전에 근거한 휴머니즘적 차원이라기 보다는 확대된 민족이데올로기이며 윤색된 역사와 이데올로기의 결합지점으로 등장한다.

민속시가 민중들을 위한 한국전쟁 선전선동시로 창작되었다면 지식인들에 의해 형성된 또 하나의 축은 '현대시로서의 전쟁시'이다. 이때 '전선의 선봉적 역할을 하는 문학'의 역할은 현직 교사로 활동하던 에니세 칸테미르(Enise Kantemir)가 시집 "한국찬가(Kore Destani, 1954)"를 창작하면서 본격화된다.[18] 향토연구소(Koy Enstitusu)의 역할도 무시할 수 없다. 한국전쟁 파병이 결정된 직후 많은 향토연구소에서는 한국전쟁참전의 정당성을 선전하며 국민의 지지를 호소하는 선전선동시 창작에 가담한다. 1951년 듀즈이치 향토연구소(Duzici Koy Enstitusu)의 무스타파 악수길(Mustafa Aksugil)과 유수프 규르오울루(Yusuf Guroglu)의 시집 『듀즈이치가 한국영웅들에게 보내는 인사말(Kore Kahramanlarina Duzici'nden Selamlar)』가 가장 대표적인 예이다. 많은 지식인들은 전쟁 동원 문학의 형태로 한국전쟁에 적극적으로 개입하며, 이것은 지식인 특유의 대중을 선도하려는 자발적 계몽의지에서 비롯된 것이었다.

위의 두 시집을 제외하면 대부분은 일간지나 문학잡지, 그리고 군 잡지에 실린 시들이며, 후방에서 참전군들의 승리와 용맹을 찬양하기 위해 창작된 작품들이다. 당시 시인 및 제도, 비제도권 지식인들이 대거 선동선전시 창작

---

18) 이 작품에 대해 터키의 가장 저명한 문학 저널로 꼽히는 『터키어(Turk Dili)』는 25호 (1954) 서평란에서 작품의 선동(propaganda)적 성향과 작가의 '선전'을 위한 창작의지를 높이 평가한다. 이것은 한국전쟁 당시 터키 문단이 문화인뿐만 아니라 국민 전체를 어떻게 전쟁에 끌어들이느냐로 관심의 초점을 모았다는 것을 짐작케 한다. 그러나 한국전쟁문학론에 대한 본격적인 논의가 있었던 것은 아닌 것으로 보인다.

에 참여하였으며, 가장 보편적인 것이 찬가의 형태였음을 알 수 있다.[19]

① 갔네, 죽었네, 땅 속에도 못 묻히고 / 중공 마오쩌뚱도 그 어디 한곳에 / 우리 가슴은 한국용사들에게로 / 죽었네, 조국 위해, 두려움 하나 없이 // 살아있는 사슬되어 죽어갔네 / 산 넘어 덫이 놓인 그 개울 넘어 / 갔네, 죽었네, 땅 속에도 못 묻히고 / 중공 마오쩌뚱은 그 어디 한곳에 // 모든 순국용사 연안처럼 감싸안자/눈에서 흐르는 진주를 보라 / 그들 모두 천국 일등석으로 / 그는 용사이니 별로 개의치 않네. (에딥 아옐, 「한국순국용사들」)[20]

② 터키인이 전쟁을 하니 온대지가 두려움에 떠네 / 알라신이 보우하사 에언자가 살피시어 / 순국영령에게 빛을 비추시니 / 가슴속 정기도 별이 되어 반짝이네 // 한국 산기슭에 풀들도 옹기종기 / 네 어찌 알았느냐 터키병이 밟아줄지 / 빗방울 대신 총탄이 퍼부울까 / 전쟁 있는 곳에 터키군 있으리니 // 터키군대가 사단과 맞붙었지 / 성난 파도처럼 밀려들었지 / 놀란듯한 적들의 눈이 부신듯 / 성난 사자같은 터키군의 위력이여 // …죽으면 순직이요 살아남으면 용사 / 알라신의 종들도 우리를 반기겠지 / 살아서 돌아오니 영예로운 용사 / 최후 심판의날 네게 물을 말 하나 없으리니 // ……후세인 옛트미쉬 「한국에서의 전투」[21]

---

19) 한국전쟁 선전선동시는 그 내용에 따라 찬가, 기원시, 격시, 애도시로 나누어 볼 수 있겠다.
20) Gittiler, dustuler, gomulmediler. / Cin u Macun icinde belli yere. / Kalbimiz her sehide oldu Kore / Oldular yurt icin uzulmediler // Canli zincir olup cozulmediler / Astilar dag gecti tuzakli dere / Gittiler, dustuler, gomulmediler / Cin u Macun icinde belli yere // Sarali her sehidi, sevgiler / Gibi, Gozden dokulmus incilere / Hepsi cennette on makama ere / O yigit ki fazla gumulmediler…, Edip Ayel, "Kore Sehitleri", Karaalioglu, Seyit Kemal, Turk Siir Sanati, 1980, p.214-215.
21) Turkler savasirken titriyor yerler / Allah muin olsun hem de Peygamber / Sehitler ustune sacil야 nurlar / gogsumuzde kudret yildizi parlar // Kore daglarinda ot kucak kucak / Ne bilsin caynisler Turkler basacak / yagmur yerine kursun mu yagacak / Harp yerinde sahin olan Turkoglu // Turk Tugayi ordula savasti / Coskun seller gibi kopurdu tasti / Yan bakan dusmanin gozu kamasti / Sanarsin kukremis aslan Mehmetcik // …Olursen sehitsin kalirsan gazi / Allah da kulu da bizlerden razi / Donerde gelirse o sanli gazi / Ahretinde sorgu sual yok imis // …Huseyin Yetmis, "Kore'de Savas", Gaziler, 1986(March 1), p.33

③ ……/ 군우리 신화는 네가 창조했다 / 온 세상에 영광을 날린 것도 네가 했고 / 네가 바로 모든 것의 주인공이지 / 하늘과 땅과 바다와 조국의 수호자 / 위대한 영웅이 된 병사여 // …사이프러스 원정을 역사에 남겼었지 / 그 산 속 자국 하나 안 남기더니 / 네 땀을, 피를 바쳤구나, 평화를 위해 / 조국의 수호자 위대한 병사여 // …이키즈 루트피 「위대한 병사여」[22]

한국전쟁을 주제로 한 찬가에서 찬양된 인물들은 한국전쟁에 참전한 무명 용사들이며, 참전군의 총지휘관이었던 타흐신 야즈즈(Tahsin Yazici)나 제랄 도라(Ceral Dora) 장군과 같은 고위 장교가 아니라 사병들과 생사를 함께 하던 최전선 장교들에게 초점이 맞추어진다.[23]

---

22) …Sendin Kunuri'de, destanlar yaratan / Duyurdun sanini, dunyaya oradan/Sahinsin havadan, denizden, karadan / Vatanin bekcisi, kahraman askerim… // Yazdirdin tarihe, Kibiris seferini / Birakmazsin darda, bir tek neferini / Doktun baris icin, kanini terini / Vatanin bekcisi, kahraman askerim…, Ikiz Lutfi, "Kahraman Askerim", Gaziler, 1992, vol 42, p.16.

23) 에니세 칸테미르(Enise Kantemir)의 시집 "한국찬가(Kore Destani, 1954)"가 찬가에 해당되는 대표적인 한국전쟁시집이다. 이 시집에는 <우리군인(Mehmedim)>, <5월 28일(28 Mayis)>, <첫 순직자 세닷보라에게(Ilk Sehitlerimizden Sedat Bora Icin)>, <한국에서 공산당에게 살해된 135명의 터키 포로들에게(Kore'de Kizillar Tarafindan Oldurulen Yuz Otuz Bes Turk EsiriIcin)> 등의 시가 수록되어 있다. 무스타파 악수길(Mustafa Aksugil)과 유수프 규르오울루(Yusuf Guroglu)이 발간한 시집『뒤즈이치가 한국영웅들에게 보내는 인사말(Kore Kahramanlarina Duzici'nden Selamlar)』도 역시 대다수가 찬가에 해당되는 한국전쟁시로 구성되어있다. 그 이외에도 수앗 알리 아슬란(Suat Salih Aslan)의 <한국에서 순직한 자에게(Kore Sehitlerine)>, 오스만 아틸라(Osman Attila)의 <네 사진을 신문에서 보았지(Gazetede Cikmis Buldum Resmini)>, 에딥 아옐(Edip Ayel)의 <한국순직자들(Kore Sehitleri)>, 메흐멧 카랄리(Mehmet Karali)의 <한국전참전용사들(Kore Gazileri)>, 르자 바를라스(Riza Barlas)의 <한국순직자들에게(Kore Sehitlerine)>, 나디르 크즐옥(Nadir Kizilok)의 <터키병사(Turk Eri)>, 페흐미 에게(Fehmi Ege)의 <어느 시골 카페에서(Koy Kahvesinde)>, 파룩 슈크르 예르셀(Faruk Sukru Yersel)의 <한국에서 순직한 영령들에게(Kore'deki Sehide)>, 히크멧 오마이(Hikmet Omay)의 <위대한 군인들(Kahraman Mehmedcik)>, 아흐멧 데미라이(Ahemt Demiray)의 <한국에 있는 우리 위대한 터키군에게(Kore'deki Sanli Tugayimiza)> 등이 있다.

4.1.2. 전쟁서정시

전쟁서정시는 전쟁이라는 특별한 상황에서 작가의감정이 어떤 방식으로 표출되는가가 무엇보다도 중요하다. 전쟁이라는 불합리하고 비인간적인 상황 속에서 작가는 전쟁이라는 상황 속의 인간적 의미를 감정적으로 노래하게 된다.이때 그 소재는 인간의 내면 그 자체일 수도 있고, 군대 및 병영 생활에 관한 것, 자연이나 사물에 관한 것 등이 될 수도 있다. 터키 한국전쟁문학에서 전쟁서정시는 보편적으로 참전군인들에 의해 가장 많이 쓰여졌다. 대체로 작가는 격렬한 전투를 마친 이후 전장의 절박성이 어느 정도 사그러든 후이거나 아니면, 전략적으로 중요한 전투를 앞둔 긴장과 공포의 상황에서 작가 자신의 감성을 가장 잘 드러내게 된다.24)전쟁서정문학 작품으로 분류되는 대부분의 작품에서는 이와 같이 전쟁이라는 상황 설정을 기반으로 하는 가운데, 그것에 대처하고 대응하는 인간에 대한 탐구로 일관하고 있다. 시에는 참전군들의 고독이나 두려움, 고향에 대한 향수, 전우를 잃은 슬픔 등과 같은 전시에서 느낄 수 있는 희노애락이 주요 테마가 된다. 다음은 전장의 전쟁에 대한 두려움과 고향에 대한 향수를 노래한 가장 대표적인 전쟁서정시로서 케말 에르튜르크(Kemal Erturk)의 『한국의 새벽녘에서(1952)』에 실린 시이다.

눈덮힌 산자락 허리춤에서 / 공격 명령을 기다리는데 // 한 밤중 / 고요한 밤 / 새벽을 기다리는데 / 나는 홀로 / 칠흙같은 밤하늘 / 별을 헤아려보네 /

---

24) 가장 대표적인 것이 시인이면서 한국전쟁 참전군이었던 케말 에르튜르크(Kemal Erturk)의 『한국의 새벽녘에서(1952)』이다. 이 시집은 술탄 아흐멧 남성예술원(Sultan Ahmet Erkek Sanat Enstitusu)에 의해서 출판되었다. 이 시집에서 작가는 타국 땅 한국산천에서 보내는 심정, 고향에 대한 그리움, 전장에서 전우를 잃었을 때의 슬픔, 한국전쟁 당시 유엔군들의 휴양지였던 일본에서 병원에서 만나 사랑에 빠진 일본인 간호사 등을 소재로 다루고 있다.

바람결 사이로 / 고향 땅 노래 한 소절 / 조용히 읊조리는데 / 누가 알겠소 / 내일도 / 이 별을 또 볼 수 있을까? / 아마 어쩌면 / 영원히 마지막일까? / 지금 이 순간 / 아내도 아이들도 / 머나먼 곳에 / 저 별처럼 멀기만 하구나 // …
(「덕천초소에서」)

4.1.3. 반전시

절대적으로 많은 시가 전쟁동원의 목적으로 쓰여진 것이 비해 나즘 히크멧은 터키의 한국전 파병을 감행한 당시 멘데레스 정권을 맹렬히 공격한다. 「낙후되는 터키와 멘데레스에게 보내는 충고 한마디(Gerileyen Turkiye yahut Adnan Menderes'e Ogutler)」에서 보여주는 시인의 공격성은 미국의 앞잡이가 되고자 자국의 수많은 젊은 청춘을 희생시킨 정부에 대한 비판으로 일관한다. 나즘 히크멧은 결국 반체제 운동으로 국외로 추방당하며 구소련으로 귀화하게 된다. 1987년 『나즘 히크멧 시 전집』이 출판된 이후로 한국전쟁을 다른 각도에서 재평가하는 반전시가 터키 문단에 소개되기 시작한다. 다음은 나즘 히크멧 시집에 수록된 시 두 편이다.

앙카라에서 먹었노라 맛난 과일을 / 그러나 씹은 것은 거짓 세상뿐… / 앙카라에서 태웠노라 주민등록증 // 어머니에게 전하시오 눈물 좀 흘리시라고 / 내 색시 하티제(Hatice)도 꽁꽁 묶어 놓고 // …앙카라에서 빠져 나왔소 난 안전하오 / 군우리 전투에서 모든게 끝났도다 / 내 색시 하티제(Hatice)는 누가 돌볼꼬 // 어머니에게 전하시오 통곡이라도 하시라고 / 내 각시 새하얀 면사포 까맣게 타들어 가네 // 무덤이라도 파시오 깊게 깊게 파시오 / 사방을 백합과 장미꽃으로 장식도 하고 / 나 죽으면 각시 하티제(Hatice)는 누가 돌볼꼬 // 어머니에게 전하시오 통곡이라도 하라고 / 그 통곡에 내 가슴도 타는데. // (「한국 찬가」)

두 눈을 똑바로 뜨셨나, 아드난씨 / 두 눈으로 보시오 / 사악한 / 매국노

두 명 / 기름진 두 눈으로 올리브만 바라보네 // 국회에선 아첨만 살랑살랑 / 농장은 당신들의 땅덩어리 / 그리고 수표더미 /

　두 손 모두 제대로 달렸나, 아드난씨 / 두 손으로 쓰다듬어보오 / 통통하고 / 하얀 / 송송 땀방울 맺힌 당신 두 손으로 말이요 / 쓰다듬어보구려 기름진 당신의 머리칼을 / 쌓아놓은 달러들 / 정부의 젖가슴을 // 두 다리 모두 제대로 달렸소, 아드난씨 / 두 다리는 제대로 엉덩이에 붙어 있소 / 두 다리로 아이젠하워 앞에라도 나서보시지 / 모든 걱정 근심 / 다리 둘이 맞붙은 곳 / 사람들 발길질을 막아주네 // 나도 두 눈이 있었지 / 난 두 팔이 있었지 / 난 두 다리도 있었어 / 근데 난 죽었지 / 나를, 대학도 나온 예비 장교인 나를 / 한국에 보내 소모해 버렸지, 아드난씨, 당신이 // 당신 두 손이 날 몰았네 죽음으로 / 송글송글 땀 맺힌 통통한 두 손으로 / 두 눈으로내 등을 보았지 / 시뻘건 피 토하며 나 죽어갈 때 / 내 비명 못 듣도록 / 당신을 데려갔지 두 다리를 자가용에 태우고 / 그래도 난 뒤쫓았네 당신을 / 시체는 자동차보다 더 빠른걸 / 눈먼 내 눈 / 잘려진 내 팔 / 동강난 두 다리로 당신을 쫓았지 / 보상금이라도 내놓으시오, 아드난씨 / 눈에는 눈 / 이에는 이 / 다리에는 다리 / 보상금을 내놓으시오 / 보상란 말이오 //

　(「한국에서 순직한 어느 예비 장교가 멘데레스에게 보내는 글: 보상금」)

나즘 히크멧은 처음으로 파병을 '용병'으로 칭하고 있으며, 당시의 멘데레스 정권을 어린 고국 병사의 생명을 팔아 벌어들인 외화로 호위호식하는 독재정권으로 매도하였다. 나즘 히크멧의 파병에 대한 비판과 반발은 반전 작품 중에서도 가장 강도가 강렬한 것이었고, 나즘 히크멧의 반전시가 좌파 지식인이 아닌 다수 대중들에게 다가서기에는 이념적인 한계가 명확했다. 사회주의노선을 표방하는 나즘 히크멧의 반전의식은 이미 자유주의 노선을 굳히고, 반공이데올로기를 내면화한 터키인들에게는 쉽게 다가설 수 없는 거리가 있었다.

4.2. 소설

시에 비해 극소수의 작품만이 배출된 소설 장르에서는 주로 전시의 이산 가족이 등장한다. 머나먼 타국 땅인 한국으로, 더구나 전쟁터로 아들이나, 남편, 애인을 떠나보낸 가족들에게 전쟁터에서 날아오는 편지는 떨어져 있는 그들을 이어주는 유일한 연결고리였다. 따라서 편지는 많은 작품에서 사건의 발단으로 인용된다. 이러한 가족이나 연인사이의 이산의 아픔을 주제로 다룬 작품은 전쟁 당시 국민적인 차원에서 대대적인 호응을 얻는다.[25] 대표적인 두 작품 파룩 규벤튜르크(Faruk Guventurk)의 『한국 북극성(Kore'de Kutup Yildiz)』과 『한국에 남겨진 연인(Kore'deki Sevgili)』모두 편지로 인해 사건이 시작되며, 소설 자체가 서간체로 구성되어 있기에 소설의 플롯 자체

---

25) 가장 대표적인 작품으로는 파룩 규벤튜르크(Faruk Guventurk)의 『한국 북극성(Kore'de Kutup Yildiz)』과 『한국에 남겨진 연인(Kore'deki Sevgili)』이다. 『한국 북극성(Kore'de Kutup Yildiz)』은 한국전쟁 당시 종군 기자로 참전했던 파룩 규벤튜르크(Faruk Guventurk)의 작품이다. 소설은 주인공 샤인(Sahin)이 여자친구 셈라(Semra)의 오빠 원수를 갚아주기 위해 한국전쟁에 지원하는 것으로 시작된다. 오빠가 한국전쟁에 파병된 후 전사했다는 소식을 듣고 커다란 슬픔에 빠진 그녀를 위로하기 위한 것이었다. 한국에 가게된 주인공 샤인(Sahin)은 한국의 실정과 자신의 모든 체험을 낱낱이 편지로 전해온다. 편지는 전쟁터인 한국과 남겨진 가족들이 있는 터키를 이어주는 유일한 출구이자 통로가 된다. 이로써 셈라도 주인공 샤인의 눈을 통해 전쟁을 체험하고 한국이라는 나라를 느낄 수 있게된다. 전반적으로는 작품에 흐르는 것은 샤인과 셈라의 사랑이야기이지만 편지를 통해 전해지는 한국에 대한 소개와 전시 상황 설명은 작품의 기록문학적인 성향을 드러내주고 있기도 하다.
『한국에 남겨진 연인(Kore'dekiSevgili)』은 터키에서 가장 많이 판매되는 일간지 중의 하나인 휴리엣(Hurriyet) 신문에 1953년 11월 27일부터 1954년 1월 9일까지 42일간 연재되었다. 작가는 오스만 일하미 빌게르(Osman Ilhami Bilger)로 현재 그에 대한 기록은 남아있지 않다. 이 소설 역시 익명의 편지 한 장으로 사건이 전개된다. 연극배우인 누르한(Nurhan)은 무대에 오르기 위해 화장을 다듬고 있을 때 한국으로부터 날아온 편지 한 장을 받는다. 이것으로 누르한의 인생에는 큰 변화가 생기게 된다. 편지는 고향인 터키에 편지를 쓸만한 가족이 한 사람도 남겨져 있지 않은 한 병사에게서 온 것이다. 편지는 계속되고, 거기에는 익명의 병사의 외로움이 묻어있으며 한국에서 일어나는 모든 정보가 담겨 있다. 이로써 어느 날 문득 누르한은 그 익명의 병사를 사랑하게 됨을 느낀다.

보다도 편지로 전해지는 한국의 전시 상황과 사실성에 초점이 맞추어져 있다. 그리고 두 작품 모두 일간지에연재 소설 형태로 출판되었으며, 기성작가보다는 참전군에 의한 작품이므로 전문성을 요구하지 않는 서간체가 글의 전개에 수월하지 않았을까 하는 생각이 들기도 한다.

이 소설들에서는 한국과 터키로 떨어진 전쟁 이산과 남녀의 사랑이 중요한 주제로 등장한다. 고국인 터키와 전쟁터인 한국을 이어주는 편지는 가족과 연인의 이산의 상처를 달래주는 심리적, 물리적인 끈의 기능을 담당하게 된다. 동시에 전쟁을 겪는 참전군들에게는 그들의 감정을 분출할 수 있는 출구가 된다. 편지는 한국의 전쟁 상황을 터키에 보도하는 미디어의 기능을 담당하였음으로 참전군의 시각으로 바라본 한국과 한국전쟁을 고찰해 볼 수 있는 중요한 단서가 된다. 편지의 기능이 부가됨으로써 전쟁서정문학은 어느 정도 기록문학으로서의 기능도 담당하게되며, 일정부분 선전문학으로서의 목적성도 띠게 된다. 여기에서 중요한 기능을 하는 것이 언론의 역할이다. 한국전쟁 당시 터키 일간지는 총력을 다해 한국 소식을 실어 나르며, 한국전쟁과 터키 국민들을 정서적, 육체적으로 밀착시키는데 매우 커다란 공헌을 한다. 전쟁을위한 노골적 선동과 선전이 아닌 한국의 소식을 고국의 가족에게 전하는 서간체의 문학작품은 현실을 기반으로 하고 있는 것으로 리얼리즘적인 요소가 매우 짙으며,한국과 터키를 심리적으로 연결해 주는 것으로서 간접적인 전쟁동원문학의 기능도 담당하게 된다.

마지막으로 전쟁서정문학을 구성하는 사랑의 테마 중에서 고국에 연인을 두고 온 병사의 사랑이야기 외에 주요한 소재로 등장하는 것이 전쟁 당시 타국에서 체험하는 이국 여성과의 사랑이야기이다. 이때 터키 참전군의 사랑의 대상이 되는 계층은 주로 일본인 간호사이거나 게이샤들이다. 당시 일본은 연합군이 휴가를 즐기던 휴양지였으며, 부상병들이 치료를 받기 위해 머물던 곳이었다. 따라서 한국 뿐 만이 아니라 많은 일본의 문화가 그들의 편지를 매개로 터키에 소개되며, 터키군들에게 일본 여성은 동양 문화의 표상으로 등장한다. 전시를 배경으로 한 터키군과 일본 여성과의 사랑은 터키인의 이국적인 일본인 여성에 대한 찬미와 다시 전쟁터로 돌아가야 하거나 고국으로 돌아가야 하는 아픔 등으로 채워져 있다. 터키군/일본여성의 관계는 남성/여성, 강자/약자, 보호하는 자/보호받는 자, 명령/복종의 이분법적인 틀을 벗어나고 있지 못하며 신비주의로 부각된 동양이 일본 여성의 이미지로 등장하는 오리엔탈리즘의 구도 안에서 그려지고 있다.

이처럼 참전군의 직접적인 체험을 배경으로 한 전쟁서정문학은 참전군들의 시각과 인식 틀 속에 한국전쟁이 재현되었다는 점에서 그들의 전쟁 체험과 인식, 그리고 한국과 동양의 이미지를 추적하고 고찰해 볼 수 있는 귀중한 작품들이다.[26]

본격적인 반전의식을 볼 수 있는 작품으로 아틸라 일한(Attila Ilhan)의 『상처 짓이기기(Yaraya Tuz Basmak,1982)』를 들 수 있다. 한국전 파병을 본격적으로 비판하는 소설로서 작가는 소설에서 한국전쟁 당시의 전쟁 상황을 소개하고, 터키 내부의 혼란스런 정치적 분열과 정부의 무책임성을 지적하고 있다. '정부의 전쟁 참여 결정과 안보라는 국익을 위해 희생될 수밖에 없던 한 개인의 삶은 결국 누구에게서 보상받을 수 있을 것인가' 라는 문제제기와 함께 전쟁의 참혹성을 지적한다. 전쟁후유증을 극복하지 못하고 사회에서도 배제된 채 살아갈 수 없는 소외된 참전군의 전후 삶을 추적하면서 파병의 오류를 비판하고, 과연 그것이 터키 정부의 피할 수 없던 최후의 선택이었는가를 되묻는다. 터키의 국익을 위한 파병이었지만 그 결과 모든 삶

---

[26] 당시 참전군들이 바라본 한국과 한국전쟁의 이미지를 가장 구체적이며 생생하게 파악할 수 있는 것이 참전군의 회고록이다. 그러나 회고록은 별도의 접근과 분석이 요구됨으로 본 연구에는 연구대상으로 포함시키지 않았다. 이것은 후속 작업으로 남겨두고자 하며, 이슬람인에 의해 기록된 한국의 이미지를 파악할 수 있는 귀중한 자료임을 아울러 밝혀두고자 한다.

이 파괴되어버린 참전군들의 삶을 드러냄으로써 국익이라는 명분 하에 철저하게 망가진 한 개인의 삶은 누구의 것인가를 묻고 있다. 이것은 국가는 누구를 위해 존재하는 것인가 하는 국가와 민족에 대한 부정으로까지 이어지고 있다. 작가의 인간의 실존 의식과 생명을 존중하는 휴머니즘 사상은 국가주의를 넘어선 전쟁 인식이 무엇보다도 소중함을 일깨우려는 태도로 일관한다.

4.3. 희곡

한국전쟁을 다룬 가장 대표적인 희곡작품은 『벼이삭 푸르러질때(Pirincler Yeserecek, 1969)』이다. 터키에서 인류학 교수를 지낸 작가 세닷 베이스 외르넥(Sedat Veyis Ornek)은, 자신의 젊은 시절 한국전쟁참전 체험을 희곡으로 작품화하였으며, 『벼이삭 푸르러질 때(Pirincler Yeserecek)』는 1969-70년에 앙카라 극단에 의해서 여러 차례 무대에 올려진 바 있는 단막극이다. 세닷 베이스 외르넥은 얼마나 많은 사람들이 '국가'이데올로기와 체제 수호 명분 하에 죽어갈 수밖에 없는지를 비판하고 있으며, 특별히 한국의 순박한 여성이 매춘부로 전락해 가는 삶을 통해 묘사하고 있다. 작가는 '전쟁은 정치의 연장선상에 있으며 하나의 전략일 뿐이다. 전쟁은 중대한 목적을 위한 중대한 수단이다. 동시에 모험성, 대담함, 무모함 등이 요구되는 전쟁의 본질은 인간의 정신에 가장 적합하다'[27]라고 하는 전쟁론이 소수 지배층의 궤변에 지나지 않음을주장하고 있다.

전쟁\이라는 전략과 전술을 통한 강대국의 게임이 소수자와 약자, 특히 여성에게 있어 얼마나 큰 파괴력을 갖는지를 고발하는데 주력한다. 유엔군 남성과 포주가 되어 돈을 뜯어가고, 여성을 학대하는 한국인 남성을 통해 '남

---

[27] 클라우제비츠 폰, 『전쟁론』, 류제승 옮김, 책세상, 2002년, pp.52-53.

성'의 전시 가해자 역할에 주목한다. 국가의 안보와 체제를 수호하고 국익을 위한 전술로서 전쟁이 반드시 필요한 것이라면, '여성에게 있어 국가는 무엇인가?'하는 물음을 던져 볼 수 있을 것이다. 여기에서 '여성에게 국가란 없다'라는 공허한 답변만이 작가가 찾아낼 수 있던 답변이었을 것이다. 국가가 없는 전쟁에서 남성은 여성에게 전시 가해자로서 등장하는 전시의 힘의 역학관계에 초점을 맞추고 있는 작가의 반전의식은 '젠더 논의'로부터 출발하고 있다. 여기에 국가주의를 넘어선 작가의 전쟁인식이 드러난 작품이다.

4.4. 회고록

터키군의 한국전쟁 당시 활약과 체류 중 체험했던 한국을 가장 사실적이며 생생하게 알 수 있는 장르가 회고록이다. 회고록은 기록문학으로써 역사성을 담고 있기에 연구 가치가 매우 높다. 뿐만 아니라 터키 참전군의 한국전쟁회고록의 경우 고향을 벗어난 낯선 이국의 문화를 체험한 여행기이기도 하므로 여행자문학의 한 갈래로서 비교 문화적 층위에서의 접근도 가능하다. 참전군들의 한국전쟁 회고록은 전쟁을 계기로 한국을 접하게 된 무슬림들의 한국체험이라는 면에서 그들에게 비추어진 한국과 한국인의 이미지를 추적해 볼 수 있으므로 문화사적인 연구 가치가 크다고 볼 수 있다. 이것은 오랫동안 한국과의 교류가 단절된 이슬람인과 한국인의 현대적 만남이며, 한편으로 서양인의 여행기에 그려진 한국의 이미지가 아닌 이슬람인의 시각을 볼 수 있다는 점에서 독자적인 의미를 내포하고 있다.

회고록은 대체로 참전군이었던 지휘관과 사병 양 계층에 의해 쓰여졌으며, 한국에서 고국으로 귀국한 그 즉시 출판한 작품이 대부분이었으나 최근까지도 오랜 시간 간직했던 일기문 등의 사적인 기록들이 출판되는 경우가 있어 흥미롭다. 내용은 주로 출발 직전의 심정부터, 전쟁 체험, 한국에 대한 묘사, 전쟁 당시 상황 묘사 등으로 이루어져 있다. 이와 더불어 흥미로운 점은, 문화적인 측면에서는 한국에 대한 설명보다는 대체로 일본 문화에 대한 관심과 소개에 무게중심이 놓여진다는 사실이다. 당시 일본은 전쟁에서 부상을 당한 병사들의 요양소나 휴가병들이 휴식을 취하는 장소였으므로 전시였던 한국의 상황보다는 여유 있는 관찰과 직접적인 문화체험이 가능했으리라는 유추도 가능할 것이다. 특히 터키군들의 일본 여성과의 연애담은 이국적인 문화 체험의 절정으로 그려지고 있다는 점도 주목해 볼 만하다.

현재까지 쓰여진 한국전쟁 회고록은 12권이며, 이 중에서도 당시 터키군의 총사령관이었던 지휘관 타흐신 야즈즈(Tahsin Yazici)의 회고록은 세밀한 묘사와 사실적 기록이 돋보이는 작품으로서 비교문학과 역사적 사료로서 매우 연구 가치가 높은 작품이다.[28]

5. 맺으며

터키의 안보와 자유진영에의 돌입이라는 국익을 위해 진행되었던 터키

---

[28] 발굴된 한국전쟁 회고록은 다음과 같다. 누리 메틴(Nuri Metin)의 『자, 한국이여(Iste Kore)』, 판 프랭크(Pan Frank)의 『무시무시한 한국의 밤(Korkunc Kore Geceleri)』, 힐미 엘치(Hilmi Elci)의 『한국에서 터키군의 승리가 전 세계에 미친 영향과 터키군의 자긍심(Kore'de Turk Ordusu Tarafindan Yapilan Muhaberelerin Dunya Uluslari Uzerindeki Tesirine Dair Muhtira ve Turk Ulusuna Ihsan Edilen Gurur)』, 무자페르 셴부르치(Muzaffer Senburc)의 『한국 순국열사들(Kore'de Direilen Sehit)』, 위스튄귈(S. Ustungul)의 『한국이 어디요?(Kore Nire?)』, 무자페르 크란(Muzaffer Kiran)의 『새벽녘 전투(Safakta Hucum)』, 쉬나시 슈크란(Sinasi Sukran)의 『마리코 마츠바(Mariko Matsuba)』, 바키 반데미르(Baki Vandemir)의 『한국영웅들(Kore Kahramanlari)』, 이스마일 곡첸(Ismail Gokcen)의 『한국을 향해서(Kore'ye Dogru)』, 나즘 둔다르 사을란(Nazim Dundar Sayilan)의 『터키군이 함께한 한국전쟁(Kore Harbinde Turklerle)』, 제랄 도라(Ceral Dora)의 『한국전쟁에서의 터키군들(Kore Savasinda Turkler)』, 타흐신 야즈즈(Tahsin Yazici)의 『터키 1여단의 한국 회고록(Birinci Turk Tugayinda Hatiralarim)』등이다.

정부의 한국전쟁에 대한 적극적 참여와 개입은 1만 여명이 넘는 지상군을 파병하는 것으로 구체화되었다. 이를 위해 언론은 물론 문학도 적극적인 방법으로 정부의 결정에 힘을 실었다. 민속시인 뿐만 아니라 대다수의 지식인들은 국민을 전쟁에 끌어들이고 한국전쟁 파병을 정당화하기 위한 방법으로 전쟁동원문학을 창작하였다. 대다수가 시에 치중하기는 하였지만, 소설, 희곡 등의 전쟁문학동원문학이 형성되었다. 더불어 간접적인 목적성을 함축하기도 하지만 대다수는 참전군들의 서정을 노래한 전쟁서정문학이 한 축을 이루기도 하였다. 마지막으로 많은 시사점을 던져주는 것이 반전문학이다. 반전문학은 주로 전후 문학으로 창작되었으며, 반전의 목소리는 결국 생존권 박탈로도 이어질 수 있었던 시대상을 반영하는 것이기에, 뒤늦은 출현이 오히려 깊은 의미를 내포하고 있기도 하다.

　터키군이 한국전쟁에 파병이라는 적극적인 형태로 개입한 이상 한국전쟁이 그들에게 있어 터키인의 생사를 다룬 역사의 일부로 기록되고 있다는 것은 그리 이상한 일이 아니다. 전쟁참여자와 한편으로 가해자로서 그들의 전쟁 체험과 의식을 고찰해 보는 것은 이미 국제전의 성격을 띠고 있던 한국전쟁을 총체적으로 파악하는 차원에서 반드시 필요한 일이다. 뿐만 아니라 그들의 체험과 이념이 녹아들었던 한국전쟁문학은 전쟁동원의 성격이든, 서정문학이든 아니면 반전문학이든 각각이 상징하는 의미가 다채롭게 분석되어야하며, 전쟁문학의 장르로서 자리매김 되어야 하고 재평가되어야 한다. 특히 비교문화적 차원에서 역사성을 담보로 하고 있는 회고록도 반드시 국내에 번역되고 소개되어야 할 자료이다.

　본고는 터키문학 속에 자리잡고 있는 한국전쟁문학을 발굴하고 소개하는 차원에 머무르고 있다. 그러나 위에서 언급한 전쟁문학과 비교문학, 그리고 역사적 사료로서의 가치를 지닌 한국전쟁문학 작품들이 재평가되고 담론화되기를 바라며, 각각 장르별 분석을 후속작업으로 남겨두고자 한다.

참고문헌

강정구, 「베트남 전쟁과 한국전쟁의 비교연구」, 『사회과학연구』제 4호, 1997.
김동춘, 『전쟁과 사회』, 돌베게, 2000.
김현아, 『전쟁의 기억, 기억의 전쟁』, 책갈피, 2002.
클라우제비츠 폰, 『전쟁론』, 허문열 역, 동서문화사, 1981.
서재만, 「한국전쟁이 중동지역에 미친영향」, 『국제문제』, 제10권 6호, 1979.
송승철, 「베트남 전쟁 소설론: 용병의 교훈」, 『창작과 비평』, 제 21권 2호, 1993.
오세영, 「한국전쟁문학론연구」, 『서울대인문논총』, 제 28호, 1992.
오은경, 「터키와 한국전쟁문학」, 『정신문화연구』, 제26권 제 1호, 2003.
이명재, 「전쟁과 한국전쟁의 문제점」, 『문학정신』, 제 54호, 1991.
이완범, 「중국의 한국전쟁 참전: 중국 - 러시아 자료의 비교를 중심으로」, 『정신문화연구』, 제23권 제2호, 2000.
임헌영, 「문학작품에 나타난 한국전쟁」, 『새교육』, 452호, 1992.

And, Metin, Dunyada ve Turkiyede Kisa oyunlar, Ankara: Turk Dili, Temmuz:8, 1969.
Attila, Osman, Turk Kahramanlik Siirleri Antolojisi, Ankara: Ak Yayinlari, Istanbul 1986.
Aytac, Gursel, Cagdas Turk Romanlari UzerindeIncelemeleri, Ankara: Gundagan,1990.
Bener, Vusat. O / Siyah-Beyaz, Iletisim Yayinevi, Istanbul 1993.
Berkok, Ismail, Kore Kahramani, Genel kurmayi Basimevi, Ankara 1952.
Bezirci, Asim, Halkimizin Diliyle Baris Siirleri, Su Yayinevi, Istanbul 1986.
Binyazar, Adnan, Pirincler Yeserecek Hakkinda Elestirisi, Ankara: Turk Dili 214,

Temmuz:24, 1969.

Bora, Cemal, Kore Destani, Anadolu Matbaasi, Izmir 1951.

Erkmen, Seyfi, Koreden Geldim, Ege Matbaasi, Istanbul 1991.

Erturk, Kemal, Kore Safaklarinda, Sultanahmet Erkek Sanat Ensrurus Matbaacilik Bolumu 1952.

Frat, Pat, Korkunc Kore geceleri, Nebioglu Yayinevi, Istanbul 1953.

Guventurk, Faruk, Korede Kutup Yildizi, Gunbasimevi, Istanbul 1954.

Hikemt, Nazim, Yeni Siirler, Adnan Yayinlari, Istanbul 1987.

_____, Son Siirler, Adam Yayinalari, Istanbul 1987.

Lentin, Ronit (ed.), Gender and Catastrophe. New York 1997.

Ilaydin, Hikmet, Turk Edebiyatinda Nazim, Sulh Garan Matbaasi, Istanbul 1961.

Karpat, Kemal, Cagdas Turk Edbiyatinda Sosyal Konular, Varlik Yayinevi, Istanbul 1971.

Lee, Chan, Korea Georapical Perspectives, Seoul (Korea Educational Development Institute) 1990.

Macdonald, Sharon / Pat Holden / Shirley Ardener, Images of Women in Peace and War, London 1987.

OH, Eunkyung, Turk Edebiyatinda Kore Savasi, K.T.B. Ankara, (Publishing)

Ornek, Sedat Veyis, Princler Yeserecek, Ankara: Turk Dili 202, Temmuz: 12, 1968.

_____, Pirincler Yeserecek, Devlet Tiyatrosu Aylik Sanat Dergisi, 47, Kasim:1, 1969.

Puskuluoglu, Ali, Yeni Turk Yiyatrosu, Nokta Yayinlari, Ankara 1969.

Saywell, Shelley. Women in War. Markham, Ont: Viking 1985

Turgut Cemal, Kore Destani, Mudafi Matbaasi, Samsun 1952.

Turkben, Attila, Kore Gazi ve Sehitlerine Destani, Buket Basimevi, Ankara 1951.

Yasnar, Dursun, Korede Gorulen Dava, Guven Basimevi, Istanbul 1951.

Yuce, Ali, Siir Tufani, Ucbilek Matbasi, Ankara, 1989.

한국전쟁과 일본문학
-『記念碑』『玄海灘』『風媒花』-

伊豆利彦(이즈 토시히코)*

1

1950년 6월 25일, 예고 없이 한국전쟁이 시작되었다. 堀田善衛(홋타 요시에)의 『廣場の孤獨(광장의 고독)』은 "2분 정도의 간격으로 단문과 장문이 뒤섞인 전문이 쉴 새 없이 날아들었다"라는 문장으로 시작된다. 신문사의 외신부다. "전차 5대를 포함한 공산군 태스크 포스는"이란 영문을 이렇게 번역해야 할까? "적 기동부대"라고 번역하는 것을 들은 木垣(키가키)는 흠칫 놀랐다. "적? 적이라 함은 누군가? 북조선군은 일본의 적인가?"

일본이 북조선을 적으로 삼을 이유는 어디에도 없었다. 종전으로부터 5년이 지났고, 일본국 헌법 이른바 평화헌법이 시행된 지도 3년이 지났다. 전쟁 직후 대다수의 가옥이 소실되고 민중은 기아에 허덕이면서 생활의 기반을 잃어버린 채 혼란과 허무의 심정으로 방황하고 있었다. 당시의 국민 대다수는 아무 것도 믿지 않았다. 새로운 헌법에 대해서도 거의 무관심했다. 눈앞

---

* 橫浜(요코하마)市立大學 名譽敎授, 대표적인 저서로『漱石と天皇制(소오세키와 천황제)』(1989, 有精堂)가 있음. 이 글의 번역은 공군사관학교 오준영 교수가 담당하였음. 본문의 주는 모두 번역자의 주임을 밝힘.

에 놓여 있는 생활만이 존재했을 뿐, 중국의 내전이 어찌 되든 한국이 어찌 되든 거의 무관심했던 것이다.

그렇지만 전쟁의 재화를 몸소 겪은 이상 전쟁을 진정으로 증오하였고, 생활은 힘들었어도 평화로운 신시대를 환영하였다. 생활을 위한 국민적인 운동이 전개되었고, 노동자는 지금에 와서 돌이켜 보아도 상상할 수 없을 정도의 대규모 파업으로 투쟁했다. 노동운동이 고양되고 자유와 해방을 추구하는 기운이 퍼지면서 민주주의라는 말이 환희 속에서 받아들여졌다. 그토록 격렬하게 싸웠던 적국이자 점령국이었음에도 불구하고 미국에 대한 국민의 감정은 대체로 호의적이었다.

그러나 전후의 국제관계는 급격하게 변화하였고 미국의 점령정책도 일변했다. 1948년 연두에 로열 미 육군장관은 일본을 공산주의의 방벽으로 삼겠다는 취지의 연설을 하였고, 7월에는 맥아더의 지시로 공무원의 단체교섭권, 쟁의권을 부인하는 <정령 201조>가 공포되는 등 노동운동에 대한 억압적 경향이 강화되었다. 같은 해, 미 군정 하에 놓여있던 한국에서는 제주도 4·3봉기 등 남한만의 단독 선거에 반대하는 민족적인 투쟁이 한반도 전역에 퍼졌으나, 이 투쟁이 진압됨으로써 대한민국이 성립되었다. 이어서 조선민주주의인민공화국 즉 북한이 수립되어 한국은 남북 분열 국가가 되었다. 일본에서는 전국 각지에 조선인학교 폐쇄 명령이 내려졌고, 이에 반대하는 조선인의 대중운동에 대해서 점령군은 비상사태를 선언하여 탄압하였다. 다음 해 4월에는 맥아더의 지시에 의해 <단체 등 규제령>이 제정되고 이로 인해 재일조선인연맹(朝連)이 해산된다.

1949년은 중국혁명이 성공하고 중화인민공화국이 성립된 해이다. 미국은 일본을 아시아에서의 반공의 성채로 만들기 위하여, GHQ를 통해 <경제안정 9원칙>을 일본정부에 지시했다. 강권적인 디플레이션 정책을 시행함으로써 인플레이션을 극복하고 일본경제의 재건을 추진하려 했던 것이다. 이로 인해 중소기업의 도산이 속출했고 대량의 실업자가 출현했다. 특히 공무원의 대량해고를 목적으로 한 <행정기관 직원 정원법>이 공포되어 285,124명이 해고의 대상이 되었다. 국철노동조합은 이에 맞서 쟁의행위를 금지하는 <공로법>을 무시하고 <파업을 포함한 실력행사>로 대항하려 했다. 그러나 下山(시모야마) 사건1), 三鷹(미타카) 사건2), 松川(마츠카와) 사건3) 및 괴사건의 속출, 조합내부의 民同派에 의한 조합분열, 점령군의 탄압

---

1) 1949년 7월, 下山定則(시모야마 사다노리) 국철 총재가 변사체로 발견된 사건. 1949년 6월 1일, 공공기업체인 일본국유철도가 운수성으로부터 분리되어 발족되고 동시기에 쟁의금지를 포함한 공공기업체 등 노동관계법이 시행되었다. 국철 당국은 약 10만명에 이르는 인원을 해고한다는 방침의 새로운 체제를 취했는데, 東神奈川(히가시카나가와), 三鷹(미타카) 등지의 국철노동조합은 이에 반대하며 파업에 들어갔다. GHQ는 파업을 위법이라 하여 중지 명령을 내리고 66명을 해고하였다. 이어 국철당국은 7월 4일 약 3만명을 지명 해고하였는데, 이 때 일본공산당원 조합간부는 제외시켰기 때문에 下山 총재는 정부여당과 GHQ로부터 강한 비난을 샀다. 다음날 아침 집을 나선 下山 총재는 행방불명되고 그 다음날인 6일 국철 稜瀨(아야세)驛 부근에서 변사체로 발견되었다. 사건은 타살설이 유력해지고 이 사건을 적색테러로 규정하는 분위기가 고조되면서 三鷹(미타카) 사건, 松川(마츠카와) 사건의 계기를 마련하였으며, 9월에는 국철을 비롯한 각지에서 인원해고가 단행되었다. 이 사건은 국철, 東芝(토시바) 등 공공·민영기업으로부터 일본공산당계열 세력을 축출하는 계기가 되었다.
2) 1949년 7월 15일, 국철 중앙선 三鷹(미타카)驛 구내의 하행선 홈에서 차고로부터 7량의 무인전차가 폭주, 역을 부수고 나가 민가에 돌입하여 6명의 사망자와 십여 명의 부상자를 낸 사건. 다음날 吉田(요시다) 수상이 "사회불안은 공산당 선전이 원인"이라는 발언을 함으로써, 6월 9일의 국철 파업으로 면직된 국철노조원 11명을 체포하였고 이 중 中野(나카노)電車區分會 前 투쟁위원장 山本久一(야마모토 히사카즈)를 제외한 10명을 기소하였다. 검찰측은 공산당원의 공동모의 사건이라 주장했지만, 유일하게 공산당원이 아닌 竹內景助(다케우치 케이스케)가 단독범행이라고 자백하였다. 竹內(다케우치)는 공판정에서 수차례에 걸쳐 서로 다른 공술을 하였으나 다음해인 1950년 8월 11일 제1심 판결에서 竹內(다케우치)의 단독범행을 인정하고 무기징역을 언도하였으며 공동모의는 '공중누각'이라 하여 전원 무죄를 언도하였다. 제2심에서는 竹內(다케우치)의 사형을 확정하였는데 단 한차례의 구두변론도 허락하지 않은 상태에서 판결을 내림으로써 문제점을 남겼다. 竹內(다케우치)는 1956년 2월에 동경고등재판소에 재심을 신청하였지만 그 결정이 나기 이전인 1967년 1월 18일 뇌종양으로 동경구치소에서 사망했다.
3) 1949년 8월 17일 동북본선 송천 부근에서 14량 편성의 상행선 열차가 탈선 전복하여 기관사 石田正三(이시다 세이조) 등 승무원 3명이 사망한 사건. 경찰과 검찰당국은 국철노동조

에 대한 두려움 등으로 인해 결정적인 투쟁으로 번지지는 못했다. 이리하여 노동조합 내에서 공산당의 힘은 쇠퇴해 갔다.

1949년 1월의 총선거에서 일본공산당은 35명의 당선자를 냄으로써 대약진을 이루었지만, 점령군과 정부는 下山(시모야마) 사건, 三鷹(미타카) 사건, 松川(마츠카와) 사건 등을 이용하여 공산당에 대한 국민의 거부 감정을 고조시키는데 성공했다. 이리하여 대량의 인원해고를 강행하고 공산당원을 색출하여 해고하였는바, 이와 같은 사실상의 Red purge[4] 로 인해 약 3만명이 추방되었으며 교육계에서도 1949년부터 50년에 걸쳐 <적색교원 추방>이라는 이름 아래 초·중·고교의 교직원 약 2천명이 해고되었다.

1949년 8월에는 소련이 제1회 원자폭탄 실험에 성공하였고, 1950년 1월에는 미국의 트루먼 대통령이 수소폭탄 제조를 명령하였다. 미·소의 대립은 핵전쟁의 위험을 안은 채 세계의 역사를 심각한 양상으로 밀어 넣었다. 1950년 1월 연두에는 맥아더가 일본국 헌법은 자위권을 부정하지 않는다는 성명을 발표하였고, 코민포럼은 野坂参三(노사카 산조오)의 평화혁명론을 "제국주의 점령자 미화이론", "미 제국주의 찬양이론"이라고 비판했다. 긴장이 고조되고 있던 미·소의 대립은 한국을 발화점으로 하여 폭발 직전에 있었으며, 일본의 국내 정치도 그러한 소용돌이 속에 놓여 있었다. 국민 한 사람 한 사람의 운명도 이 소용돌이 속에서 자유로울 수는 없었다.

1950년 6월 6일, 맥아더는 공산당 중앙위원 24명(국회의원 7명 포함)을 공직에서 추방할 것을 지시했다. 이어서 7월에도 공산당 중앙기관지인 『赤

합 福島(후쿠시마) 지부 노조원과 東京의 芝浦(시바우라)전기 松川(마츠카와)노조원의 계획범행으로 지목하여 10명을 체포, 기소하였다. 제2심까지는 사형판결이 내려졌으나, 강요 자백에 의한 날조사건임이 밝혀져 고등재판소에서 전원 무죄 판결이 내려졌으며, 1963년의 상고심도 기각되어 무죄가 확정되었다.

[4] 공산주의자, 공산당원을 공직에서 추방하는 것. 일본에서는 1950년 6월 6일, 일본점령군사령관인 맥아더가 이 지령을 발령하였다.

旗』(아카하타)의 편집위원 17명을 공직에서 추방했다. 또한 한국전쟁 발발 후에는 『赤旗』(아카하타) 간행 금지령을 내렸다. 7월말부터 신문, 통신, 방송관계에서 Red purge 가 시작되었고, 8월초에는 50개사에서 704명이 해고되었다. Red purge 는 전 산업에 미쳤고 민간기업에서 537개사 10,972명, 정부기관에서는 1,171명에 달하는 인원이 추방당했다. 전쟁을 시작하기 위해서는 전쟁에 반대하는 세력을 매스컴이나 정계, 노동계로부터 배제시킬 필요가 있었던 것이다.

한국전쟁이 시작되자 맥아더는 유엔군 총사령관에 임명되었고, 일본 주둔 미군은 한반도로 출동했다. 일본은 한국전쟁의 후방기지가 되었고, 대량의 병력과 군수 물자가 일본으로부터 한반도로 운송되었다. 그뿐 아니라 橫田(요코타)를 비롯한 일본 각지의 기지로부터 B-29 폭격기가 직접폭격을 위해 출격하고 福岡(후쿠오카)현의 板付(이타즈케)에서는 전투기가 발진했다. 이로 인해 국내의 미군기지가 허술해져 맥아더는 75,000명의 경찰예비대를 창설할 것과 싱해보안청에 8,000명을 증원할 것을 지시하였다. 정부는 8월 10일 포츠담 정령으로 경찰예비대슈을 제정, 공포하였다.

2

『광장의 고독』은 이처럼 밑뿌리부터 흔들리던 시기의 일본 사회문제를 국제정세에 가장 민감한 신문사의 아시아 담당부문에 초점을 맞추면서 묘사했다. 북조선군을 적이라고 부른다면 전쟁에 한 발짝 더 들여놓는 결과가 된다. 그 점에 의문을 품은 木垣(키가키)는 섭외부 副부장 原口(하라구치)로부터 "사상이 나쁘다", "너희들 동조자"라는 말을 들었다. 정부의 공산당 탄압 정책이 발표되자 호외가 발행되었다. 原口(하라구치)와 애국심에 관한 논쟁을 벌였던 御國(미쿠니)는 공산당원으로 지목되어 아무런 예고도 없이 추방되었다. "1950년 7월, 보도관계를 필두로 일본의 전 산업에 미친 적색추방령 red purge 가 그 날 오후 발동된 것이다." 경영자는 어찌할 바를 몰라 당황해하며 "'초헌법적 법규범에 따른 것'이라든지, '현재는 초헌법적 상태'라는 따위의 말을 하는가 싶더니, 이번에는 '기업을 방위하기 위해서다. 그리고 헌법 그 자체를 방위하기 위한 조치'라는 말도 덧붙이기도 하였다."

한국에서 갓 돌아온 미국인 기자 하워드 헌트는 일본을 '전선기지'라고 말한다. 그 '전선기지'의 최전선인 비행장을 보려고 木垣(키가키)는 羽田(하네다)로 가는 하워드와 동행하여 橫浜(요코하마)로 떠난다. 도중에 "군수품을 실은 듯한 트럭 한 무리가 사이렌을 울리는 지프차의 선도를 받으면서 질주해" 가고 있었는데, "트럭 무리가 향하고 있는 바로 그 앞에서 폭발과 동시에 붉게 피어오르는 화염이 보이는 것 같았다." 그러나 하워드가 일을 마치는 것을 기다리고 있는 동안에 木垣(키가키)는 어느 한 선술집에서 "전쟁 중에는 뭐니 뭐니 해도 경기가 좋은 법이지"라는 노동자의 말을 듣게 된다. 그는 또 "일본이 전쟁을 일으켰을 때 거들었었는데 말이야, 지금은 또 미국 전쟁을 거들고 있지"라고 말한다. 전쟁 중에는 "중국이나 남방 등지의 비행장을 전전하였는데", 전쟁 후에는 진주군의 손에 넘어간 羽田(하네다)에서 똑 같은 일을 하고 있다는 말이었다. 그리고 "공산당 천하가 되면 말이야, 이거야. 그치?"라며 목을 조이는 시늉을 했지만 지프차를 타고 따라온 木垣(키가키)를 보더니 경계하듯이 곧바로 나가버렸다. 그들은 전쟁으로 인해 일자리를 얻고 값싼 술이나마 마실 수 있는 행복을 누리고는 했지만 늘 불안한 마음을 감출 수 없었으며 공산세력과 미국에 대한 두려움을 느끼고 있었다.

川崎(가와사키)의 중공업 공장지대는 태평양전쟁의 흔적이 아직까지 생생하게 남아 있었다. 불에 타다 남은 뼈 모양을 한 철골은 "양손을 들어올리고 뭔가를 기원하고" 있는 것처럼 보였다. 그러나 폐허 속에서도 한 공장은 "날름날름 붉은 화염을 내뱉으며" 철야 작업을 하고 있었다. "전쟁으로 인한 폐허의 한가운데 서 있는 공장"이 다시 전쟁을 위해 활기를 띠고 있다고는 믿어지지 않았다. 木垣(키가키)는 "만일 저 공장이 전쟁을 위해 가동되고 있다고 한다면 거기서 일하는 사람들이 어째서 고독하지 않다고 말할 수 있을까?"라고 생각한다.

일본 경제는 특수경기로 들끓고 있었지만 국민들에게는 이 전쟁에 가담할 의사가 없었으며, 전쟁에서 이익을 얻는 것에 대해 꺼림칙한 감정을 느끼고 있었기에 국민들은 미국을 경계하고 소련을 두려워하고 있었다. 木垣(키가키)는 선술집에서 자신에게 던져진 젊은이의 예리한 경계의 눈빛을 떠올리면서 "요컨대 일본은 누구의 적도 아니야. 일본은 그저 아시아의 동쪽 끝에 있는 나라라는 얘기지"라고 말한다. 이에 대해 하워드는 환하게 불이 켜진 공장을 가리키며 "기분 여하에 관계없이 일본은, 다시 네 말을 빌자면 이미 일본은 <커미트>[5]하고 있어. 그리고 저기서 힘을 합쳐 일하고 있는 사람들은 절대로 고독할 리가 없어"라고 말한다.

하워드는 "너희들은 아직 확실한 전쟁이 아니라고 생각하고 있을 지도 모르지만, 실제로는 유엔 대 북조선의 생사를 건 싸움이니까"라고 말하는가 하면, '기묘한 일본지식인의 애국론'이라는 제목의 논설에서는 일본의 지식인들의 "국제정세에 관한 인식이 놀랄 정도로 감상적이며 유아 수준을 벗어나지 못하고 있다"고 논평했다. "긴박한 정세, 특히 한국전쟁 이후에는 어디에도 고립이나 고독이 있을 수 없다는 것을 깨닫지 못하고 있고, 깨달았다하

---

[5] 하워드가 일본은 자국의 의지와 관계없이 이미 전쟁에 가담하고 있다는 내용을 일본어로 순간적으로 적절하게 표현할 수 없었기 때문에 영어 commit를 그대로 발언한 것이라 여겨짐. 또 외국인과의 대화를 현장감 있게 나타내기 위해 작가가 의도적으로 영어를 그대로 사용한 것으로 여겨짐.

더라도 의도적으로 모르는 체하려 한다"라는 말이다.

신문은 4단짜리 표제로 "전면 강화는 기대하기 어려움. 군사기지 반대는 이상론"이라고 쓰고 있다. 御國(미쿠니) 일행은 추방당하고 原口(하라구치)는 신설되는 경찰보안대로 자리를 옮기려하고 있었다. 일본은 일본인의 다양한 생각에도 불구하고 오로지 전쟁을 향해 돌진해나갔다. 木垣(키가키)는 국제정치가 "인간의 이성을 초월한 상태에서 전쟁을 유일한 현실로 삼는 괴물적인 논리로, 아니 조직으로 이끌고 가고 있는 것 같다는 생각을 지울 수가 없다"고 말한다. 御國(미쿠니) 일행은 이와 같이 현실로부터 부정되고 고립화되는 이성을 결집하여 현실과 투쟁하는 것이 공산주의자들의 입장이라고 말하지만, 그것은 역시 다른 한쪽 편에 서서 투쟁하는 것과 다를 바 없다. 그리고 막상 전쟁이 일어나면 그 또한 전쟁의 논리에 지배된다. "동란이나 혁명은 인간적인 이유로부터 시작되어 비인간적인 결과를 낳는다"는 망명 귀족 텔빗츠의 말은 강렬하게 木垣(키가키)의 가슴에 새겨져 있었다.

3

전후의 일본을 지배한 것은 민주주의 사상이며 전쟁을 부정하는 감정이었다. 전쟁의 시대는 암흑시대로서 저주의 감정으로 이야기되며 이성과 휴머니즘의 입장이 강하게 주장된다. 전쟁의 시대! 얼마나 자신은 전쟁에 고통을 겪어야 했는가? 이 비인간적인 현실 속에서 얼마나 인간적으로 되고자 고뇌했던가가 끊임없이 이야기되었다. 이 시대를 지배한 것은 피해자적 감정이었다. 다른 전쟁책임을 추궁하는 목소리는 높았지만 일본 국민의 대다수, 즉 전쟁을 찬미한 자, 전쟁에 굴복하고 협력하며 전쟁에 이끌려 살았던 사람들은 자기의 진실을 말하려하지 않았다. 일찍이 전쟁을 미화하는 말이

범람했던 일본이 이번에는 휴머니즘과 민주주의, 전쟁 부정의 목소리로 가득차려 하고 있다. 전쟁의 시대에 대해서 사람들은 끊임없이 이야기하지만 전쟁의 시대를 살았던 인간의 진실은 끝까지 거론되지 않았다.

그러나 새로운 전쟁은 다시금 전쟁에 대한 일본인 한사람 한사람의 판단과 책임을 묻고 있다. 자신은 누구이며 무엇을 하려고 하는가? 전쟁 속에서 산다는 것은 무엇을 의미하는가? 전쟁의 시대에 인간적 진실을 관철하면서 사는 것은 과연 가능한 것인가? 전후 민주주의의 허망은 폭로되지 않을 수 없었다. 한국전쟁은 정치적인 문제임과 동시에 인간의 문제이며 문학의 문제이기도 하였다.

木垣(키가키)는 그 어느 쪽에도 치우치지 않고 자유로운 인간으로서 이성적인 입장을 관철하려 하지만, 이 격렬한 대립의 시대에서 그러한 태도는 자기 자신을 관념적인 허구와 같은 존재로 만드는 것이라고 여겨져 판단을 보류해야만 했다. 그리고 이러한 그도 전쟁을 지지하는 쪽으로 크게 기울어버린 신문사의 일을 하는 이상, 전쟁에 <커미트>하지 않을 수 없다. 한국전쟁이 일본문학에 던진 문제는 이러한 것이었다. 문학은 자기 내면의 고뇌를 고백하는 것으로 끝나지 않기에 결국 <자기>는 세계의 한 가운데에 서 있는 자로서 세계 측으로부터 조명되고 그 애매성이 폭로되었다. 전체주의에 대해 <자아>를 절대화하고 보편적인 휴머니즘을 신봉하며 <자기>를 세계의 중심으로 삼는 전후 민주주의 시대는 끝났다.

한편, 인간의 <부조리>가 강하게 의식되고 일본이 점령 하에 있다는 사실에 대한 인식이 심화되면서 <평화>의 문제와 함께 <민족>의 문제가 국민적 과제로 자각되었다. 그것은 오로지 서구문화의 수입과 모방에 의해 발전된 일본의 진보주의적 근대문화에 대한 전면적인 비판을 낳았다. 여기서 <민중>의 문제가 새로운 시각에서 제기되었으며, <국민문학>의 주장이 한국전쟁 하에서 일본인의 마음을 강하게 움직여 국민적인 문학운동으로 급속도로 번져나갔다.

  물론 그러한 배경에는 조기에 단독 강화를 체결하고 안보조약을 맺음으로써 점령지인 沖繩(오키나와)를 비롯한 일본 각지에서 군사기지를 확보하고 소련과 중국에 대한 전진기지를 고정하려는 미국을 상대로, 전면강화를 통해 평화와 독립을 실현하고자 하는 국민운동의 고조가 있었다. 하지만 한국전쟁으로 인한 특수경기가 일본 경제를 급속히 부흥시키고 국민생활을 풍요롭게 했다는 사실 때문에 이 운동은 일본인의 마음속에 커다란 비틀림을 초래하게 되었다.

  明治(메이지) 이후의 일본은 일관되어 아시아의 희생 속에서 발전해 왔다. 특히 한국의 경우, 청일전쟁 때나 러일전쟁 때에도 일본군은 한반도를 통로로 하여 중국에 침입하였고 결국에는 <한일합병>에 의해 그 주권을 빼앗고 식민지 지배를 하였던 것이다. <만주사변>때에도 한국으로부터 일본군 대병력이 중국으로 침입하여 중국의 동북부를 탈취하였는바, 그것이 비참한 15년 전쟁의 발단이 되었던 것이다. 일본의 패전 후, 한국이 남북으로 분단되고 최종적으로 한국전쟁에 의한 동족상잔의 비참한 운명을 걷게 된 것도 한국이 일본에 종속되어 있었기 때문에 빚어진 결과였다. 게다가 중국이 비참한 내전을 거쳐 가까스로 중화인민공화국이 성립된 시점에서 미국은 일본을 기지로 삼아 한국 전역에 포탄과 폭탄을 쏟아 부으면서 한 때 중국 국경까지 밀고 올라가는 등 처절한 전투를 전개했던 것이다. 이 전쟁에서는 '한국인만도 남북 합하여 126만명에 달하는 전사자를 냈고 이별, 사망, 고아의 대량 발생 등으로 인해 현재도 천만명(남북 총인구의 5분의 1)이라 일컬어지는 이산가족이 발생했다'(『백과사전』,平凡社)고 한다. 일본은 이 전쟁의 탄약 공장이 되어 특수경기를 누림으로써 경제부흥을 실현한 것이다. 이 피에 물든 일본과 아시아의 관계를 정면에서 다룬 작품이 武田泰淳(다케다 타이준)의 『風媒花(풍매화)』였다. 金達壽는 가혹한 전쟁의 현실을 직시하면서 일본이 지배한 당시 한국의 현실을 그린『玄海灘(현해탄)』을 썼다.

4

1952년 2월에 芥川賞(아쿠타가와賞)을 수상한 <광장의 고독>은 1951년 9월호 <중앙공론>에 발표되었는데, 이보다 조금 앞선 1951년 3월에는 廣島(히로시마)의 원폭피해자이면서『夏の花(여름 꽃)』을 펴낸 작가 原民喜(하라 타미키)가 철길자살을 하였다. 한국전쟁은 중국 의용군이 투입되면서 대량의 사상자를 내는 일진일퇴의 가혹한 전투가 지속되었고, 미국의 트루먼 대통령은 한국에서 원자폭탄을 사용할 수도 있다고 밝혔다. 원자폭탄의 충격을 잊을 수가 없어 그 기억에 시달리면서 황폐해진 전후의 현실 속에서 끝없이 방황하고 절망 속에서 평화에 대한 염원을 기원해 마지않았던 原民喜(하라 타미키)의 자살은 그로부터 얼마 되지 않은 시점이었다. 이 해 1월부터 8월에 걸쳐서 大岡昇平(오오오카 쇼헤이)는『武藏野夫人(무사시노 부인)』을 중단하고『野火(들불)』을『群像(군조오)』에 연재하였다. 大岡(오오오카)는 한국전쟁이 불러일으킨 전쟁 기억을 소재로 하여 필리핀 전선에서 죽음과 방황을 지속하면서 광인이 된 병사를 주인공으로 등장시키면서 굶주림에 죽어간 병사들의 원통한 마음과 평화에 대한 뜨거운 염원을 그렸다. 大岡(오오오카)에게는 불과 5년만에 한국전쟁에 휩싸여 단독 강화와 재군비를 향해 급속도로 치달리는 일본의 현실에 대한 절박한 위기감이 있었다.

<현해탄>은 이 전쟁이 한창이던 1952년 1월부터 53년 11월까지 <신일본문학>에 연재되었다. 어렸을 적 아버지에게 이끌려 일본으로 건너가 고학으로 대학졸업 자격을 취득한 청년이 조국에 돌아와「경성일보」의 기자가 되고, 기자생활을 통하여 한국의 현실을 알게 되고 민족적 자각에 눈뜨게 된다는 이야기와 식민지조선의 현실에 절망하여 집안에 틀어박혀 아무 것도

하려하지 않던 청년이 특별고등형사의 모략으로 한국의 역사를 알게 되어 독립운동에 참가하게 된다는 이야기가 뒤섞여 전개되는 작품이다.

일본에서 지방신문 기자를 하고 있던 西敬泰는 일본인 애인의 무의식적인 차별에 괴로워하며 총독부의 준기관지인「경성일보」의 기자가 됨으로써 콤플렉스를 해소하고자 하였다. 당시 부산항에는 검문소가 있었다. 조선인은 엄중한 검문을 받았으며, 가혹한 식민지 지배에 토지를 빼앗긴 사람들이 원통한 마음을 품고 이곳으로부터 현해탄을 건너갔다. 경태는 일본인들 틈에 끼어들어 도항증명서 없이 연락선에 오르려했다. 이것이 <半일본인>경태의 삶의 방식이었다.

김달수는 경태 일가가 도항한 1925~26년경의 일뿐만 아니라 "조금이라도 말할 줄 아는 녀석은 감옥으로 / 들판으로 나온 놈은 공동묘지로 / 아귀 한 마리라도 낳을 줄 아는 계집년은 창녀촌으로 / 광주리를 멜 수 있는 젊은 애는 일본으로"라는 노래라든지, "쓰라림이여 안녕 / 돈이여 안녕 / 너희들은 비 내리는 品川(시나가와)역에서 승차한다…"라는 中野重治(나카노 시게하루)의 시를 인용하여 釜關연락선으로 해협을 건넌 한국인의 역사를 이야기하고, "이리하여 부산항의 역사는 그대로 또 일본제국주의 지배자의 조선인에 대한 축소판이기도 하다"라고 기술하기도 한다. 부산에 대해서 무엇인가 쓰고자 할 때 위와 같은 내용을 쓰지 않으면 도저히 견딜 수 없었던 것이리라.

관동대지진때 수많은 조선인이 살해되기도 했지만[6] 지진 후에는 저임금

---

6) 1923년 9월 1일 關東(칸토오) 전역과 서남쪽의 靜岡(시즈오카)縣, 山梨(야마나시)縣 등지에 M7.9의 대지진이 일어났다. 지진으로 인한 인명 피해는 사망자 99,331명, 부상자 103,733명, 행방불명자 43,476명이었고, 파괴된 가옥도 70여만 채에 달했다. 山本權兵衛(야마모토 곤베에) 내각은 치안유지를 위해 계엄령을 발령하여 혼란수습에 나섰으나, '조선인이 방화를 하고 폭동을 일으키려 한다' '조선인이 우물에 독약을 집어넣었다'는 등의 유언비어가 유포되자, 군대·경찰·自警團 등에 의한 조선인 학살이 자행되었다. 이때 학살

의 조선인 노동자가 환영을 받았기 때문에 도항은 비교적 용이한 편이었다. 그러던 것이 1930년대에 들어서면서부터는 지속되는 불황과 노동운동의 격화로 인해 도항을 제한하는 조건이 강화되었고 특별고등형사에 의한 사상조사 또한 엄중해졌다. 그러나 일본이 중국을 상대로 전쟁을 일으키고 나아가 태평양까지 전쟁을 확대하면서 "인적자원"의 수요가 급증하였다. "예를 들어 25세가 징용대상이라면 25세에 해당하는 사람들은 정해진 날짜에 일제히 붙잡혔고, 그들은 청색 작업복으로 갈아 입혀져 그토록 꿈에 그리던 부관연락선뿐만 아니라 수송군함에까지 태워져 속속들이 운송되었다."

『현해탄』의 작품 배경은 1943년의 조선이다. 조선인의 취직이 어려운 「경성일보」에 무리한 방법으로 입사한 경태는 그 후 또 무리한 방법을 써서 교열부의 교정담당에서 사회부 기자로 옮긴다. "조선 제일의 중앙지·대신문사 편집국 사회부 기자"라는 자부심을 갖게 된 경태는 일본인 애인에 대해서도 부끄럽지 않다는 생각을 했다. 신문사의 급료는 총독부보다 약간 많았지만 결혼해서 둘이 살기에는 부족했다. 일본에 유학해서 대학을 나와도 직장을 구하지 못하는 사람이 대다수였다. 제대로 된 직업을 얻으려면 총독부 등 일본인 지배기구의 말단을 담당할 수밖에 없었지만, 그것도 생활이 곤란한 저임금이었다.

신문기자라 해도 결국은 식민지 지배를 미화하는 일밖에 할 수 없었다. 경태는 일을 통해 굴욕적인 조선의 현실을 알게 되고 자신의 위치를 파악해 간다. 충격을 받은 것은 양정중학교 학생들이 대량으로 검거되어 트럭에 실려 가는 것을 목격한 사건이었다. 트럭에 실려지는 학생 한 명과 눈이 마주쳤을 때 그는 경태를 노려보았다. "그 눈은 더없는 경멸과 증오로 가득 차 있었다. 그 순간 경태의 눈 속에 새겨진 그 눈길은 지금까지도 지워지지 않

된 조선인의 수는 6,000여명에 이르렀다고 한다.

왔다." 김일성의 이름도 이 때 특별고등형사가 알려줘 처음으로 알게 되었
다. 그리고 "조선독립 만세!"라는 외침을 들었을 때는 "눈물이 왈칵 쏟아졌
다." 그것은 "태어나서 처음으로 들은 신선한 말"이었지만 경태는 그 사건
에 대한 기사를 쓰지 못했다.

1943년, 문과계 학생의 징병 연기가 취소되고 이른바 학도출정이 실행되
자 <지원>이라는 형태로 조선 학생들의 강제병역이 시작되었으며, 「경성
일보」는 모든 지면을 <지원>이라는 구호로 가득 메웠다. 각계의 주요 조
선인의 이름이 사진과 함께 실렸고 "반도의 학도들은 흔쾌히 이 영광을 향
해 일신을 던지고 一死皇恩에 보답해야만 합니다."라는 따위의 상투적인 문
구가 섞인 담화가 가득 실렸다.

<지원>학생의 "결의"도 사진과 함께 연일 게재되었다. 동경의 M대학에
서 열린 설득연설회에서 조선인 학생들이 강연자인 작가 이광수(李光洙)에
게 "우리들은 왜 목숨을 바치지 않으면 안 되는 것인가!", "우리들이 죽음으
로 지켜야만 하는 조국은, 국가는 도대체 어디에 있는 것인가!"라고 따지고
들어 이광수를 포함한 모두가 그 자리에서 통곡했다는 내용의 동경발 외신
등은 게재가 금지되었다. 이와 같은 사건은 경성에서도 끊임없이 일어났고,
경태도 "우리들의 적은 도대체 어디에 있는 건가요? 도대체 누가 어느 쪽이
우리들의 적이란 말입니까?", "어찌하여 우리들은 출정해서 누군가를 죽이
고 그리고 자신도 상처받거나 죽지 않으면 안 되는 겁니까?"라고 따지는 말
에 한마디도 답변하지 못했지만, 회사에 돌아오자마자 곧바로 "흔쾌히 한
목숨을 던져서…" 라는 기사를 썼다.

맨손으로 일본에 건너가 사탕 행상을 하면서 부를 축적한 前 국회의원 朴
春金과 담화를 하기 위해 그를 방문한 경태는, 일본식 집에 살면서 하오리[7]

---

7) 명주로 된 겉옷.

에 하카마8) 차림을 한 박춘금이 일본인과 마찬가지로 조선인을 멸시하고 거만한 태도를 취한 것에 분개하여 "개자식! 이 천한 종놈!"이라고 욕을 퍼붓지만, 경태는 그러한 자신은 뭔가라는 생각이 들어 기겁을 한다. 자신도 마찬가지로 일본인의 하수인이 되어 민족을 배반하고 있는 것이 아니었던가? "그 <지원>학생들의 눈, 눈. 트럭에 실리던 양정학교 학생들의 경멸과 증오에 가득 찬 시선. <조선독립 만세!> 목을 찌르는 듯한, 찢는 듯한 목소리." "<나는 도대체 지금 무엇을 하고 있는 것일까?>, <나는 저 학생들이 볼 때 도대체 어느 쪽에 서 있는 걸까? 나는 도대체 어디의 누군가! 조선인이 아니었던가?> 김일성의 정치공작원이라는 것은 무엇일까. 김일성이라 함은―."

『현해탄』은 한국전쟁이 한창 진행되던 중에 쓰였다. 동경이나 神奈川(카나가와)의 미군기지에서 조선을 폭격하는 비행기가 날아오르고, PD공장에서는 무기와 탄약이 밤낮없이 제조되었으며 그러한 대량의 미군물자가 철도와 항공기로 운송되었다. 북한군은 유엔군과 일진일퇴의 치열한 전투를 전개하고 있었다. 전사한 미군병사의 무참한 시체가 속속 이송되고 후송된 많은 부상병이 일본의 병원에서 치료 받고 있었다.

전쟁은 3년에 걸쳐 진행되었고 1953년 7월이 되어서야 가까스로 휴전협정이 체결되었다. 김달수는 1953년 12월의 일자가 찍혀 있는 '편집후기'에 "우리 조선인민군은 잘 싸웠다. ……최후까지 잘 싸웠다."라고 쓴다. 그리고 "조선인의 이러한 에너지의 근원지"를 명백히 밝히기 위해 "심야에 머리 위를 날아가는 미군 항공기의 폭음을 들으면서 신음하는 듯한 기분으로 끙끙거리며 써내려갔다"고 기술하고 있다. 그리고 직접적인 독자인 일본인에 대해서는 "민족의 독립을 상실한 제국주의 치하의 식민지라는 것이 어떠한 것

---

8) 하오리와 함께 입는 주름잡힌 하의.

인지를 표현하고자 했다"라고 기술하고 있다.

김달수는 1919년 한국의 경상북도 창원군에서 태어났다. 일가가 일본에 이주한 후 조모와 함께 고향에서 살고 있었지만 아버지가 세상을 떠난 후인 1930년 열한 살 때 도일한 재일조선인1세이다. 고향의 기억은 그 이후의 힘든 생활 속에서 끊임없이 떠올랐으며, 그것은 그의 사상과 문학을 근저에서 뒷받침해주는 것이 되었다. 도일 후의 생활은 경태의 경우와 거의 비슷하다. 고학으로 日本(니혼)대학 예술과를 졸업한 후「神奈川(카나가와) 신문」기자가 되어 橫須賀(요코스카)에서 살았다. 군항도시인 橫須賀(요코스카)에는 많은 동포가 어려운 생활을 하고 있었다. 아버지를 여읜 조선인 가족의 비참한 생활, 그리고 주위의 친족이나 동포들, 나아가 기자 생활을 하면서 접하게 된 동포들의 고된 생활이 김달수에게 강한 민족의식을 길러주었다. 이 고난으로부터 탈출할 수 있는 수단으로 학력을 선택한 김달수는 역경을 딛고 대학졸업 자격을 취득하였고 신문기자가 되었지만 조선인이기에 받아야 했던 의식적, 무의식적 차별과 편견에 괴로워하며 조국에 대한 생각을 굳게 다져갔다. 1943년 5월, 한국에 돌아와「경성일보」기자가 되지만 경태와 동일한 경험을 하게 되는 그는 결국 다음해 4월에 다시 일본으로 돌아가「神奈川(카나가와) 신문」기자가 되었다. 일체의 자유를 빼앗긴 식민지 조선의 현실은 비참했다. 그러나 그 경험이 김달수를『현해탄』작가로 길러냈다. 학생시절부터 소설을 쓴 김달수는 이 경험을 토대로『후예의 마을』을 쓰기 시작하였지만 전쟁이 눈앞에 다가오면서 발표할만한 동인잡지도 없었기 때문에 회람잡지 <鷄林>을 발행하여 거기에 연재하였다. 전후 재일조선인연맹의 결성에 참가하여 <민주조선>을 창간하고 다시『후예의 마을』을 연재하였는데, 2장까지는 전쟁 중에 쓴 것이라고 한다.

김달수에게 있어서 일본의 패전은 조국의 해방이었다. 그러나 남북 분단에서 한국전쟁에 이르는 현실은 견디기 어려운 고통이었다. 반면 미군에게 한 치도 양보하지 않는 조선민주주의 인민공화국은 더없는 희망이었고 기쁨이었다. 전쟁 시기에 조선인 지식인의 대다수는 일본인에게 굴복하고 민족을 배반하였으며 굴욕적인 삶을 강요당했다. 민족에 대한 자각이 싹텄지만 그 어디에도 출구가 없었기에 절망과 퇴폐적인 생활을 보내는 수밖에 없었다. 『후예의 마을』에는 그러한 고통이 묘사된다. 전쟁이 끝난 이후에야 조선민족의 독립을 위한 투쟁의 역사와 김일성이라는 존재를 알게 된 김달수의 감동은 『현해탄』의 등장인물 白省五의 감동과 오버랩된다. 그것은 민족의 발견이자 자기발견이었다.

5

『현해탄』은 식민지 조선의 지식인이 민족에 눈뜨게 되고 자기를 발견하게 되는 이야기의 작품인데 비해, 동일하게 신문사를 소재로 삼은 『광장의 고독』은 한국전쟁 하의 일본 지식인이 복잡한 세계정세를 알게 되고 일본의 현실을 알게 되면 될 수록 회의적이 되며, 결국 고독에 빠져들어 자기를 상실해 간다는 이야기의 작품이다. 그 주인공 木垣(키가키)의 고독과 고뇌는 지식인의 문제임과 동시에 한국특수로 인해 경제를 부활시키려 한 일본의 문제이기도 했다. 미국에 점령되어 미국에 종속된 일본은 전후 5년 만에 다시 아시아의 전쟁에 가담하게 되고 아시아인의 피로써 미국과의 전쟁에서 파괴된 폐허로부터 탈출하려했다. 이는 일본인의 자유 의지에 따른 선택만은 아니었다. 왜냐하면 점령 하의 일본은 미국이 시키는 대로 하였을 뿐이었기 때문이다. 일본은 세계정세에 농락당해 어디로 가야할 지 몰랐다. 바로 그러한 점에 미국에 종속되어 아시아를 적대하게 된 일본의 고독이 있었다. 『광장의 고독』은 단순히 지식인의 고독을 나타내는데 그치지 않았다. 기지의 노동자나 PD공장의 노동자 모두 미국 전쟁의 혜택을 받고 있었으면서도 미국의 전쟁을 지지하지는 못했다. 그렇기에 그 혜택을 마냥 기뻐할 수도 없었다. 일본은 어디로 가는 걸까? 武田泰淳(다케다 타이쥰)의 『風媒花』는 이러한 일본의 고뇌, 일본과 아시아 관계의 근본적인 모순을 파헤치려 한 작품이었다.

『風媒花』는 1952년 1월부터 『현해탄』과 같은 시기에 <群像>誌에 연재되었으며, 한국전쟁이 한창일 때 한국전쟁으로 인해 위기에 몰리고 있는 점령 하의 일본을 그린 작품이다. 『風媒花』에는 일본에 주둔하는 미군병사가 묘사되고 있으며 그들과 관련된 일을 하며 생계를 이어가는 여자들의 모습이 그려져 있다. 미군은 일본의 해안에서 상륙연습을 하고 있었다. 그 해안에서는 노파와 소년까지 섞인 재일조선인 노동자들이 묵묵히 일하고 있었다. PD공장에서는 일본인 노동자가 조선인이나 중국인을 살상하게 될 무기와 탄약을 제조, 수리하고 있었다. 마을 거리에는 흰옷을 입은 부상병이 무리지어 있었고 전신주에는 '反共援蔣'[9]라고 쓰인 포스터가 붙어있었으며, 前 육군대학 교수인 중국문학 연구자 日野原(히노하라)는 반공의용군의 우국지사가 되어 우익청년들을 이끌고 대만으로 밀항하려 하고 있었다. 추방해제가 된 A급 전범인 淸風莊 주인은 전쟁 중의 연고로 홍콩 무역과 대만 무역을 시작하고 은닉된 구 일본군의 무기 밀매매와 마약 밀수입 등으로 자금을 모아 일본의 정치를 움직이려 하고 있었다. 제국은행사건, 下山(시모야마)사건, 三鷹(미타카)사건, 松川(마츠카와)사건 등 불가사의한 사건이 잇따라 일어나고, 峯(미네)의 의동생인 鎌原(카마하라)는 사고사인지 자살인지 그 원인을 알 수 없는 추락사를 당한다.

일본과 중국의 가교역할을 하는 것이 청춘 시절부터 품었던 峯(미네)의

---

9) 중국의 공산주의를 반대하고 蔣介石 총통이 이끄는 대만의 독립을 지지한다는 내용의 표어.

꿈이었다. 그는 대학시절에 軍地(군지)와 함께 중국연구회를 시작했는데 중국이라는 말을 처음으로 사용한 것이 바로 그들이다. "괴뢰 만주국이 아직 성립되지 않았"던 시절이었다. 지금은 보통 명칭이 된 중국을 그때까지만 해도 支那라 부르고 있었던 것이다. 그러나 얼마안가 전쟁이 시작되자 峯(미네)와 軍地(군지)의 꿈은 깨졌다. "중일전쟁을 잊은 채 중국에 대해 논하는 것은 그들 어느 누구에게도 용인되지 않았다." "인접국 사람들의 선혈과 비명과 저주가 뒤섞여 소용돌이치는 그 거대한 사실이 그들의 출발점이었다." 峯(미네)와 軍地(군지)도 다른 동료들과 같이 징병되어 중국대륙에 동원되었다. "몇 만 몇 십만 명의 중국민중 가정을 불태우고 그 부모 형제를 죽인 전쟁"의 "어두운 사실"이 "그들의 인생 전체를 감추고" 있었다. 한국전쟁이 시작된 지금 일본을 기지로 삼아 미군이 출격하는 시대를 맞이하였다. "모임은 격심한 국제정세의 풍압 하에서 서서히 응결되면서 선명한 결정체가 되고 있었다." "모임은 청춘기에 그들이 정의라고 믿었던 것을 지금까지도 대표하고 있었다."

그러나 峯(미네)는 모임으로부터 조금씩 이탈해 갔다. 軍地(군지)는 일본의 과거를 격렬하게 규탄하고 현재의 지식인을 가차 없이 비판했다. 峯(미네)의 어정쩡하고 애매한 태도도 절대로 용서하지 않으려 했다. 軍地(군지)는 정의로웠다. 하지만 峯(미네)는 그러한 정의에서 빠져나가려는 작가였다.

峯(미네)는 스스로를 에로작가라 불렀다. 軍地(군지)의 정의는 에로티시즘이라든지 에고이즘, 다양한 욕망, 추함, 허약함 등 인간의 내부에 도사리고 있는 어둑어둑하고 불투명한 것을 일체 부정하는 정의였다. 峯(미네)는 그러한 정의는 관념적이기 때문에 무리가 따른다고 생각했다. 또한 그 정의는 동료를 파멸시키고 일본의 역사를 살아가는 일본인의 생활 전부를 부정하고 고립과 자기파멸을 초래할 지도 모른다고 생각했다.

일본은 중국과 한국을 지배하고 침략하고 착취하면서 성장해왔다. 이것이 일본의 운명이었다. 일본에서 생활하는 이상, 아시아에 대한 침략 및 착취와 무관한 삶을 살 수는 없는 노릇이었다. "軍地(군지)가 아무리 반성하고 비판한다하더라도 軍地(군지) 자신도 이 운명을 짊어진 한 사람이니까 말이야." "당신은 노력하면 할수록 동료를 파멸시킬 타입의 인간이에요. 동료를 자꾸자꾸 파멸시키면서도 자신의 정의에 대해서는 의문을 품지 않는, 그런 종류의 인간이에요."라고 일본인과 중국인 사이에서 태어난 혼혈아인 三田村(미타무라)는 말한다.

일본인으로서 아시아 인민에 대한 특권 생활을 향수하고 일본인 중에서도 '제국대학'에서 배운 '특권적 인간'이 일본을 비판하고 아시아의 인민과 연대하려 하는 것은 모순이며 무리였다. 물론 어떠한 '정의'라도 거기에는 무리가 있다. 무리가 있더라도 '정의'는 추구되지 않으면 안 될 것이다. 그렇지만 그 무리를 자각하고 모순을 추궁하지 않으면 무리와 모순에 가득 찬 생활을 강요당하는 민중으로부터의 고립을 피할 수 없다. 峯(미네)는 병사로 출정하여 대륙에서 싸운 기억을 잊을 수가 없었다. 술에 취해 노래를 부를 때는 언제나 전쟁 중에 불렀던 군가가 입에 올랐다. 전쟁 말기에는 上海에서 점령자로서의 특권 생활을 보내면서 이른바 일·중 친선을 도모하는 일에 종사했다. 당시 상하이에서 그와 동일한 생활을 하고 있던 사람들은 전쟁 때의 자기 자신을 추궁하지는 않으면서 전후의 새로운 중국을 찬미하였다. 그리고 신중국의 문학작품을 대량으로 번역하면서 인민문학을 주장하고 있었다. 신중국의 성립을 기뻐하고 모택동에게 기대를 걸고 있는 峯(미네)였지만, 과거의 자신을 잊을 수가 없었고 자기 자신을 믿을 수 없었기에 중국혁명 이후 갑자기 유행하기 시작한 신중국 찬미세력에 가담할 수가 없었다.

泰淳(타이쥰)은 일본에 소용돌이치는 다양한 세력을 묘사해 냈다. 이들 세력이 뒤엉키고 갈등하면서 역사는 움직이고 있었다. 이들 세력은 제각기 자기의 정당함을 주장했지만 峯(미네)는 모든 이상과 정의에 대한 주장에 대해서 회의적이었다. 그러한 주장은 이상과 정의라는 이름 하에 타인을 지배하려는 권력주의의 표출은 아닐까? 민중의 대다수는 정의나 이상에 관계없이 다양한 욕망에 지배받으며 살아가고 있는 듯이 보였다. 이 민중을 움직이는 것이 역사를 움직이는 것이리라. 그러나 아직까지도 일본은 그 중심적인 세력을 찾지 못하고 사분오열의 양상을 심화시키고 있었고, 결국에는 전적으로 미국에 종속되어 다시 아시아를 적대하는 길을 걸으려 하고 있었다.

泰淳(타이쥰)의 인식은 어두웠다. 인간을 지배하는 것은 악이었다. 살육과 파괴는 인류의 파멸과 멸망이 도래할 때까지 지속될 것인가? 특히 아시아의 희생으로 발전해 온 일본은 앞으로도 수많은 아시아인의 생명과 피를 희생으로 삼지 않으면 살아갈 길이 없는 것일까? 한 漢학자는 만주에 유토피아적인 국가를 건설하려는 이상을 품고 <王道樂土>라는 슬로건을 내걸기도 하였는데, 그것이 매우 주관적인 것이었음에도 불구하고 결과적으로는 일본의 아시아 지배의 도구가 되었으며, 그 이상에 동조한 중국인 청년은 매국노로 탄핵되어 처형되있다. 모든 낭만주의적인 이상주의는 결국 현실 직시를 회피한 자기기만에 지나지 않는 것일까?

당시 세계를 움직이는 커다란 세력은 스탈린주의와 모택동사상, 그리고 미국의 제국주의였지만 얼마 안가 스탈린 비판이 일고 문화대혁명이 일어났다. 소련은 무너졌고 미·소 냉전체제도 끝났다. 하지만 현재 세계 각지에서 민족분쟁이 끊이지 않으며 아프가니스탄이나 팔레스티나에서는 미국과 이스라엘의 강대한 군사력이 극도의 빈곤에 허덕이는 현지주민을 대량으로 살육하고 있다. 한편 일본은 한국전쟁을 계기로, 미국의 지시에 의해 발족된 경찰예비대가 강대한 자위대로 성장하였고 미국의 전쟁을 지원하는 체제로 착실하게 정비되고 있다.

한국전쟁으로부터 50년, 일본은 미국에 종속됨으로써 번영의 길을 걸었다. 이 사이에 오로지 미국에 의존하는 경제체제가 만들어지고 일본을 지배해 온 정치가들은 그저 미국의 안색을 살피면서 미국의 의향에 따르기만 했다. 일·중 국교 회복도 이미 미국이 실현해 놓은 상태였기에 일본도 그에 따른 것에 지나지 않았다. 일·북 교섭에서도 미국의 의향만이 중시되었기 때문에 현재까지도 여전히 평화조약이 체결되지 않고 있다. 러·일 관계도 마찬가지였다. 일본은 유일한 원폭피해국이며 앞으로 세계가 나아가야 할 방향을 가리키는 지침서이기도 한 비무장평화 헌법을 지닌 세계 유일의 국가이다. 그럼에도 불구하고 유엔과 기타 국제사회에서 일본은 독자적인 발언권이나 주도권을 발휘하지 못하고 미국이 하는 대로 덮어놓고 따라가기만 할 뿐이다. 그러나 미국의 모순이 노출되기 시작하면서 세계가 다시 걷잡을 수 없는 혼란의 소용돌이에 휩말리고 있는 현재에도 일본은 과거와 동일한 입장을 취할 수 있을 것인가? 또한 그것이 허용될 것인가? 일본은 아시아와 세계에 대해 명료한 입장과 방침을 지니지 않으면 안 되는 처지에 놓였다.

  이는 정치나 경제 문제에 국한되지 않는다. 이른바 사상이나 문학의 세계에서도 단순히 서구의 뒤를 쫓지만 말고 스스로의 역사와 경험 위에서 새로운 독자적 세계를 열어갈 것이 요구되고 있다. 明治(메이지) 이후의 일본역사, 특히 태평양전쟁의 경험은 일본 독자적인 관점에서 총괄하지 않으면 안 된다. 이러한 의미에서 전후 5년 만에 다시 전쟁의 소용돌이에 휩말린 한국전쟁 당시의 현실을 직시하면서 아직까지도 생생하게 기억에 남아있는 전쟁을 일본과 아시아의 관계 속에서 파악하려 했고, 아울러 明治(메이지) 이후의 일본역사와 연관지어 다루고자 한 『風媒花』는 현재의 우리들에게 신선한 의미로 되살아나고 있다. 지금까지는 누구나가 일본을 가해자라 불렀지만 그것이 널리 일본인에게 의식되게 된 것은 한국전쟁에서 다시 일본인이 아시아에 대한 가해자가 되려한다는 것이 자각되었기 때문이다. 일본의 가해자성이라는 것은 단순히 과거에 어떠한 행위를 했는가라는 문제를 넘어서 그야말로 현재의 문제, 미래의 문제인 것이다. 그것은 군부나 지배적 정치가

나 자본가의 문제일 뿐만 아니라 국민전체의 문제이며, 일본인이 일본인으로서 살아가는 한 벗어나기 어려운 문제이기도 하다. 물론 그것은 일본인만의 문제가 아니라 모든 선진 자본주의국가, 제국주의국가의 국민의 문제일 것이다. 그렇지만 일본은 패전으로 인해 전쟁의 참화를 생생하게 체험하고 자국의 역사를 반성하는 기회를 지녔으며 평화를 갈망하는 국민으로서 다시 태어난 셈이었다. 그러나 지금 다시 전쟁에 휩싸임으로써 전쟁과 평화의 문제를 생활의 문제와 결부시키면서 한층 더 심각하게 자각할 수 있는 기회가 주어진 것이다.

물론 일반 국민은 전쟁의 희생자다. 희생자임과 동시에 가해자였다는 점에 문제가 있다. 전쟁에 반대하고 평화를 추구하겠다고 주장한다 해도 전쟁으로 인해 부흥한 생활을 향수하고 있는 한 역시 가해자라는 점을 벗어던질 수는 없다. 일본이 변하고 아시아가 변하고 일본과 아시아의 관계가 근본적으로 변하지 않으면 안 되지만 그리 쉬운 일이 아니다.

『風媒花』는 너무나도 무거운 문제를 제기하고 있기에 탈출구가 없다. 자국의 역사를 반성하기는커녕 그것을 미화하면서 전쟁의 길을 걸으려 하는 풍조가 다시 일본을 지배하려 하는 현실을, 그리고 그에 대한 일본국민의 책임을 더욱 더 강하게 추궁하지만 현실적으로 그 책임을 다 짊어질 수는 없었다. 무력하고 겁쟁이고 이기적인 우리들은 일상생활에 일신을 맡긴 채, 자신이 가해자라는 것도 자각하지 못한 채, 단지 살기 위한 생활을 지속하는 수밖에 없을 지도 모른다. 일체의 낭만적 이상주의, 오로지 타인을 비판함으로써 자기의 생존이 불가피하게 짊어지게 되는 가해자성과 죄악성을 자각하지 못하는 비평가의 고매한 논의를 부정한 武田泰淳(다케다 타이쥰)은 약자인 민중에게 시선을 돌린 것이다.

자각하지 못한 채 전쟁에 동원되고 자기의 의지에 상관없이 가해자가 되고 그러한 사실을 패전 후에 통절하게 알게 된 민중이 있다. 武田泰淳(다케다 타이쥰)은 중국 잔류자의 수기에 마음이 끌리는 소녀를 묘사하면서, 강제 연행된 중국인 노동자 다수를 살상한 花岡(하나오카) 사건10)을 염두에 두었을 것이라 여겨지는 F마을 사건 가담자의 고뇌를 주제로 삼았다. 그들은 자신도 모르게 일본의 침략과 살육에 참가했다. 그들은 그 현장에서 자신 스스로의 가해자가 되고 흐르는 피로 말미암아 자신의 죄를 자각했다. 그러나 이 자각이 민중 일반의 자각이며 일본인 전체의 자각이 되는 날은 언제쯤일까? 그때까지 더 많은 피가 흐르지 않으면 안 되는 것일까?

한국전쟁의 현실은 명치 이후의 일본과 아시아의 관계를 전면적으로 되물을 수 있는 좋은 기회였다. 그것은 현장에 있었던 개개인의 윤리적 문제라기보다는 아시아를 희생으로 삼아 발전하는 일본사회의 모습에 대한 문제이며 나아가 그러한 발전을 불가피하게 만든 세계의 경제와 정치, 역사에 관한 문제일 것이다. 단순히 과거의 군부나 정치가, 지식인을 비판하면 된다는 식은 아니었다. 한국전쟁을 계기로 堀田善衞(홋타 요시에)의 『歷史(역사)』, 『記念碑(기념비)』, 『審判(심판)』, 大岡昇平(오오오카 쇼헤이)의 『野火(들불)』, 武田泰淳(다케다 타이쥰)의 『ひかりごけ(반짝이끼)』, 遠藤周作(엔도 슈우사쿠)의 『海と毒藥(바다와 독약)』등, 일본인의 본질을 묻고 나아가 인간 존재의 근저를 파헤치는 작품이 잇따라 발표되었다.

---

10) 1945년 6월 31일 秋田(아키타)현 동북부의 花岡(하나오카) 광산 鹿島(카시마) 작업소에서 발생한 중국인 봉기사건. 가혹한 노동과 학대에 격분한 중국인은 일제히 봉기하여 일본인 담당자 4명, 중국인 1명을 학살하고 도주했다. 일본측은 경찰과 헌병을 동원해 7월 3일까지 대부분 진압하여 792명을 체포하였고 고문 등으로 인해 123명이 사망했다. 봉기 주동자 11명에 대해 秋田(아키타)지방재판소는 일본의 항복 후인 9월 11일 무기징역 이하의 판결을 내렸고, 생존자 중 531명이 11월에 귀국하였다.

한국전쟁과 세계문학

인쇄일 초판 1쇄   2003년 06월 07일
　　　　 2쇄   2015년 02월 20일
발행일 초판 1쇄   2003년 06월 24일
　　　　 2쇄   2015년 02월 23일

지은이 이 기 윤 * 신 영 덕
발행인 정 찬 용
발행처 국학자료원
등록일 1987.12.21, 제17-270호

서울시 강동구 성내동 447-11 현영빌딩 2층
Tel : 442-4623~4 Fax : 6499-3082
www.kookhak.co.kr
E-mail : kookhak2001@hanmail.net
ISBN 978-89-541-0060-1 (93810)
가격 12,000원

*저자와의 협의 하에 인지는 생략합니다.